教育社会学研究

第 114 集

特集　学問の自由・大学の自治

2024

日本教育社会学会編

目　次

特集　学問の自由・大学の自治

論　稿

書　評

課題研究報告

学会賞選考委員会報告

特集　学問の自由・大学の自治

教育社会学研究第114集（2024）

学問の自由の基盤を考える
――科学者集団の役割を中心に――

阿曽沼　明裕

【要旨】

「学問の自由」は「大学の自治」と結び付けて議論されることが多い。大学の自治は学問の自由の制度的保障であるとされ，研究者を雇用する大学が大事であることは言うまでもないが，研究者の準拠集団である科学者集団（科学コミュニティ，科学共同体，学界）もまた不可欠な組織である。このため「大学の自治」だけでなく「科学者集団の自律性」も，学問の自由の基盤となると捉えることができるのではないか。とはいえ，科学者集団については科学社会学や教育社会学で研究されてきたものの，学問の自由の観点からは大学の自治ほどには十分に論議されてこなかった。

そこで本稿では，学問の自由の観点から科学者集団の役割をどのように捉えるべきかを検討した。具体的には，学問の自由の問題は自主性と効率性の対立から生じると捉え，知識形成メカニズム，経済的基盤（研究費体系），学術体制に着目し，それぞれのレベルで自主性と効率性の理念がどのように反映されているのか，そしてそこに科学者集団はどのように関わるのかを検討した。その結果，自主性の理念は科学者集団を通じて維持されてきたこと，ただし科学者集団が機能しない場合も少なくなく，さらには効率性の拡大で科学者集団を通じた自主性も相対的に抑制されていることなどが指摘される。加えて最後に，科学者集団の自律性に関わる本質的で厄介な問題点についても議論される。

キーワード：学問の自由，科学者集団，自主性と効率性

東京大学

はじめに

「学問の自由」は，研究の自由，研究発表の自由，教授の自由，学習の自由，大学の自治などであり，特に「大学の自治」と切り離せないものとされることが多い[(1)]。大学の自治は学問の自由の制度的保障とされる[(2)]。さらに高柳（1983）は，学問の自由は一般市民の自由と本質的に同質であるとしつつも，わざわざ学問の自由を言うからには，民主社会の市民的自由以上のものが研究者に与えられることになるが，その根拠はどこにあるのかと問う。これに対しては，研究者は研究手段を持たないがゆえに自由な探求が困難になる可能性が高く，一般市民には必ずしも与えられない学問の自由を特に保障しなければならならない，そのために生産手段を持たない研究者に学問研究の場を与えるのが大学であり，その研究者に学問の自由を保障する場としての大学は自治を有する必要がある（pp.36-42及び第二章），ということになる。この論理であれば学問の自由は大学の自治と切り離せない。

だが，大学ではなく，例えば国立の研究所の研究者には学問の自由はないのか。研究課題や内容は機関のミッションに従わねばならないし，発表も知財の関係で制約がかかることもあるので，大学ほど自由ではないだろうが，学問の自由の埒外にあるというわけでもない。また，日本学術会議の議員任命拒否問題では，学問の自由が侵されたという批判がなされたが，それは大学の自治の話ではない。

さらに同学術会議問題は学問の自由の問題ではないという見解もあり，確かに誰かの研究の自由が侵されたわけでも研究発表の自由が侵されたわけでもない（村上 2020）。その意味では，直接に「学問の自由」の問題というよりも，科学者集団（コミュニティ）の自律性の問題として位置付けるべきものだろう（阿曽沼 2022）。それが学問の自由の問題とされたのは，科学者集団の自律性が，大学の自治のように，学問の自由（ここでは，研究の自由や研究発表の自由のような，狭義の「学問の自由」）に繋がると多くの人が考えているからであろう。

しかし，学問の自由における科学者集団の役割については，大学の自治ほど十分な議論がなされていないように思われる[(3)]。科学者集団については科学社会学や教育社会学で研究がなされてきたが，主に科学者集団の内部構造についての実証的研究，科学知識の社会学が展開されてきた。

そこで本稿では，学問の自由の基盤を考えるうえで，科学者集団の役割をどのように捉えるべきかを検討する。具体的には，学問の自由を左右すると考えられる，①知識形成メカニズム，②経済的基盤とくに研究費体系，③マクロな学術体制を取

り上げ，そこに科学者集団がどのように関わるのかを検討する。

以下ではまず，大学と科学者集団の位置関係，学問の自由の捉え方など，本稿での前提や枠組みについて説明した上で（第1節），知識形成（第2節），経済的基盤とくに研究費体系（第3節），そしてマクロな学術体制（第4節）における科学者集団の役割について検討する。最後に学問の自由の観点から科学者集団とその自律性を考える際の問題点についても論じる。

1. 前提と枠組み

1.1. 大学と科学者集団（大学制度と科学制度）の位置

現代の学問研究は，分野や内容によってはアマチュア的に個人で行うことも不可能ではないが，大部分の研究者は大学や研究機関で雇用されて専門的に研究を行う。だが雇用の機関ではない「科学者集団」もまた重要な組織である。

「科学者集団（scientific community）」は，「科学（者）コミュニティ」「科学（者）共同体」「学界」などとも呼ばれる。実際には専門に分かれた「専門学界（専門分野）」で構成され，それらは抽象的なネットワークだが，「○○学会」と呼ばれるような「専門学会」が具体的な組織となる。それだけでなく，研究会や小規模な萌芽的な科学者集団もあり，専門学界や専門分野を超えた科学者の団体もある。日本学術会議などは科学者集団の大規模のものであるし，国境を越えた組織ネットワークも存在する。

大学や研究機関が，そこに所属する研究者にとってタテの組織であるとすると，科学者集団はヨコのネットワークであり，研究者は大学等の研究機関に所属するとともに，科学者集団を準拠集団として行動する。その意味で学問研究にとって大学と科学者集団が車の両輪といえる。このため，「大学の自治」とともに「科学者集団の自律性（自治）」も「学問の自由」に関わると考えて無理はないだろう。

歴史的に見れば，「学問の自由」は，18，19世紀ドイツで形成されたとされるが（高柳 1983，Brown II and Baez 2002等），「大学の自治」は中世12世紀頃に，組合・団体・法人としての自治として形成された[4]。ただしそれは，中世大学で次第に国家的原理が強くなり（島田 1990），国家施設型の大学へと変容するなかで，国家主導の近代大学形成の代償というべきか，19世紀ドイツで国家の過度な介入に抗する，対国家的な「大学の自治」へと変容した。他方で科学者集団は，18，19世紀に科学の専門職業化が進むなかで，科学者の社会的認知の獲得のために，科学の有用性のアピール，科学者による学協会や振興協会の組織化，大学における後継者養

成システムの構築などを経て，社会の中での職能集団としての自律性を形成していった（吉田 1980）。「専門職業化は専門家集団が外部に対して何らかの社会的便益を提供することと引換えに，一定程度の自律性を獲得するための一つの方策」であった（Gibbons & Wittrock eds. 訳書1991，p.xviii）。

このように学問の自由，大学の自治，科学者集団の自律性の出処は別である。本稿でもこの3つを分けて考え，その上で大学の自治と科学者集団の自律性を学問の自由の基盤として捉える。なお，学問の自由の議論では「学問（研究）共同体」という用語を使う場合があるが，大学を指すこともあって紛らわしいので，本稿では「科学者集団」を使う。「科学」であるが学問分野全般を含む。

1.2. 学問の自由の問題化の捉え方―自主性と効率性―

学問の自由の根拠として，しばしば「真理探究」が強調される。真理は社会の公共の福祉に貢献するからだが，絶対的な真理ではなく，常に修正されていくものなので，自由な批判的探求が必要であるとされる（高柳 1983，p.120）

ただし，真理探究の成果が社会に負の影響を及ぼす可能性もあるし，問題解決による社会貢献を目指す応用学問や専門職分野もある。そうした学問の多様性を考慮すれば，真理探究に限定せずとも，自由な学問探求が結局は社会に貢献するはずだという社会的合意が学問の自由を支えていると考えればよいであろう。

であるなら，どのようにして学問の自由が問題となるのか。本稿では学問と社会とが互いに不可欠の関係であることに起因すると捉える。19世紀の制度化（専門職業化）を経た現代の学問研究においては，一方で研究内容や成果についてはその価値や妥当性を専門家である研究者自身でなければ評価し判断することが難しい。しかし，他方でそれにもかかわらず，研究活動に必要な膨大な資源を社会に依存せざるを得ず，同時にその研究成果は社会に対して大きな影響を与える（負の影響もある）可能性が大きい。前者の側面からすれば，社会としては学問研究のことは研究者の自主性に任せておくべきだという考え方となるだろう。だが逆に後者の側面からすれば，学問研究といえども効率的に推進するべきであり，社会による介入あるいはコントロールが必要だという考え方が生じる。

前者を「自主性」，後者を「効率性」の理念と呼ぶと（阿曽沼・金子 1993），「学術研究の内在的な論理や研究者の自主性を重んじ，研究活動基盤の保証を目標とする」のが自主性の理念，「社会的貢献と資源の有効利用を重んじ，特定目的の効率的な達成を目標とする」のが効率性の理念である（阿曽沼 2003）。効率性を重視す

ると，特定の学問研究を優先的に推進あるいは規制するとか，選択や集中によって資源配分を効率化することになるが，しばしば自主性の理念とは衝突するであろう。もし予定調和的に，研究者の自主性に任せることで学問は効率的に発展する，と考えられていれば，学問の自由は問題とならないが，常にそうなるとは限らない。本稿ではこの二つの理念の対立が学問の自由の問題につながると捉える。

1.3. 知識形成・経済的基盤（研究費体系）・学術体制

このように捉えた学問の自由に対して，科学者集団はどのように関わるのか。それを検討するのが本稿の課題だが，具体的な対象として，①知識形成メカニズム，②研究活動の経済的基盤（研究費体系），③マクロな学術体制に着目する。

まず学問の自由は，研究の自由に絞れば，研究内容・課題の決定の自由，及び研究成果の公表の自由，である。これらが維持されるかどうかを見るには，どのように知識形成が行われるのか，知識形成のメカニズムを検討する必要があろう。

また，研究活動ではとりわけ経済的基盤が学問の自由を大きく左右するだろうから，研究費や研究費体系について検討する必要があると考えられる。

他方で，知識形成にはマクロな学術体制も影響するだろう。ここでの学術体制とは，学術研究を進めていくための体制であり，政府の学術政策・行政，それを左右し担う政治，行政機構，学術団体など，そしてそれらの関係性である。このマクロな学術体制からすれば知識形成はミクロであり，それらをつなぐのが資源配分に関わる研究費体系だと捉えることもできる。

かくて本稿では，知識形成，経済的基盤（主に研究費体系），マクロな学術体制が，学問の自由の観点からどのように位置づけられるのか（自主性と効率性の理念がどう反映されているのか），そして，そこに科学者集団はどのように関わるのかを検討する。なお知識形成や経済的基盤については，主に科学者集団の役割の違いに着目し，経済的基盤と学術体制については，戦後の変化を追うことで科学者集団の役割の変化をみる。

2. 知識形成

2.1. 科学社会学におけるアカデミズム科学モデル

知識形成についてはマートン学派の科学社会学が参考になる。詳しくはMerton（訳書1961，1973），Hagstrom（1965），Storer（1966），有本（1987），松本（2016）などを見ていただくとして，大雑把に以下のような特徴を有する。

科学制度は，科学者集団で確証された知識の増大を制度目標とする制度であり，科学者集団は独自のノルム，規範を有する（Communism, Universalism, Disinterestedness, Organized Skepticism）。また独自の褒賞システム（褒賞体系，報酬系）を擁し，そこでは独創性が重視されるため，科学者は独創性をめぐって先取権競争に勝つために研究に邁進する。具体的には研究成果は専門分野のジャーナルに投稿され，科学者集団のピア・レビュー（査読）を経て掲載され，「認知」を受ける。科学者集団の褒賞システムは，研究成果（論文）と認知が交換されること（情報—認知交換系）で成立し，その結果科学者集団に階層構造が形成される。

以上の特徴はアカデミズム科学を図式化したものであり，このアカデミズム科学モデルでは，科学者集団で「認知」を獲得できれば，認知が研究資源の獲得，ポストやそれに伴う報酬の獲得につながるという意味で，一般社会とは異なるが「通貨」の役割を果たし，「一般社会とは違った通貨を使う結果，科学者はかなり大幅な自律性，とくに技術的専門家としての判断の自律性を維持できる」（Barns 訳書 1989，p.64）。マートン学派の捉え方は，科学者集団における論文の評価や引用のルールに規範系があり，論文の評価が報酬にむすびつく報酬系があり，科学者集団や科学の自律性を当然視する（松本 2016，p.95）。

しばしばマートン学派と対比されるクーンの科学論でも，パラダイムを奉じる科学者集団の一般社会からの独立性が強調される(5)。

科学者集団の概念に早くに言及したのは，「暗黙知」で有名なポラニーだが，彼はバナール等の科学の計画化（Bernal 1939，訳書1981）に抗する形で，科学の自由，学問の自由，そのための科学者集団の自律性が保証されるべきであると考えた（Polanyi 初版1951，訳書1988）。科学動員は第一次世界大戦で本格的に始まるが，その後科学の計画化や社会主義的な統制が科学研究に及ぼす影響に対する危機感が高まった。ポラニーの，開かれた民主社会・自由社会の一つの系としての科学あるいは科学者集団の自治を擁護する，という論理構造は当時珍しくなく，上述した1942年のマートンの規範構造論（Merton 1973 所収）も全体主義に対して科学と民主社会を守るべきという主張が背景となっている。このように科学者集団という捉え方はもともと科学者集団の自律性とそれによる科学の自律的な発展が前提とされる傾向がある。

このアカデミズム科学モデルでみれば，大学の自治も科学者集団が左右することになる。大学の知は専門分野の科学者集団で決められるため，大学の知に対する外部からの政治圧力への抵抗の源泉は科学者集団にあるし，大学の教員人事は研究実績に基づいてなされ，科学者集団の評価システム（褒賞システム）基づく業績主義的な人事が，外部の政治圧力に抗する源泉となる。また，科研費のようにピアレビューに基づく研究費では資源配分を左右する。吉岡（1991, pp.40-8）の表現によれば，専門学界が「情報管理権」を持ち，実質的に「人事権」と「資源配分権」を掌握し，専門学界の自治が大学の自治より優位にあることになる。

2.2. 多様な知識形成モデルと科学者集団

だが，こうしたアカデミズム科学モデルには批判がなされてきた。科学者集団における規範系と褒賞系について疑問が出され（Mitroff 1974, Jevons 訳書1983等），科学者集団の自律性ひいては科学の自律性は限定的だといった批判がなされた。新科学哲学や科学知識の社会学（SSK）による，科学知識の中立性や客観性に対する本質的な問題提起もあったが，有名な産業化科学（Ravetz 訳書1977），ザイマンのPLACE（Ziman 訳書1995），モード２（Gibbons 他 訳書1997）等の議論は，アカデミズム科学モデルが当てはまらないタイプの研究活動を想定したものであり，全面的にアカデミズム科学モデルが否定されているわけではない(6)。もちろんアカデミズム科学の変容自体は認識されてはいるが，アカデミズム科学モデル以外のタイプの研究活動の拡大，研究活動の多様化が強調された。

つまりアカデミズム科学モデルは研究の多様性を十分には説明できない。その多様性を見るために，ここでは「好奇心駆動型」「ピアレビュー型」「研究受託型」「研究業務型」という知識形成モデル（阿曽沼 2023）を利用しよう。このモデルは知識の生産と流通に着目して，知識の生産（動機・目的，課題設定要因，方法），流通（受け手・評価者・消費者，伝達方法），経済的基盤などの諸要素の構成の違いから，異なる知識形成メカニズムを設定したものである（表１）。

表１　多様な知識形成モデル

知識形成タイプ		好奇心駆動型	ピアレビュー型	研究受託型	研究業務型
生産	動機・目的	好奇心	科学者集団で認知獲得	ミッション遂行	人事評価
	課題設定	好奇心	パラダイム	スポンサーミッション	組織ミッション
	方法	何でも	ディシプリン依存	学際的	学際的
流通	評価・消費者	自分・同僚・社会	科学者集団	委託者（スポンサー）	所属機関
	伝達方法	著書・論文で公開	論文で公開・流通	報告書・スポンサーに還流	実践で応用・非公開
基盤	経済的基盤	個人・GUF	ピアレビュー型資源配分	受託費	所属機関資金
例		個人的研究	科研費研究	受託研究	企業内・行政内研究

注：阿曽沼（2023, p.15）表１を，一般化して修正。

アカデミズム科学モデルに相当するのが「ピアレビュー型」である。阿曽沼（2023）によれば，「科学者集団が中核にあって，研究者はそこでの認知の獲得を動機に研究し，パラダイムに沿った課題を設定し，研究方法はディシプリンに依存する。知識（成果）の受け手，評価者，消費者は科学者集団であり，同僚評価（ピア・レビュー）で知識が正当化され，学会誌論文という形で公表されるのが典型的である。研究費配分も，科学研究費のように，研究者が提出した研究計画や業績を評価して，同分野の研究者が審査し採択が決められる」（pp.14-5）。知識の生産・流通・経済的基盤の全般にわたって科学者集団が主導的な役割を果たす。

しかし，「好奇心駆動型」「研究受託型」「研究業務型」は科学者集団がそれほど機能しない。研究の動機や課題設定は，科学者集団ではなく，「好奇心駆動型」であれば個人の好奇心，「研究受託型」「研究業務型」であればスポンサーや機関のミッションに基づき，方法も専門分野のディシプリンに縛られることもないし，学際的に行うことも容易である。研究成果の評価は，専門学会（科学者集団）で報告，発表されることもあるが，「好奇心駆動型」であれば研究者本人や社会，「研究受託型」や「研究業務型」ではスポンサーや所属組織によってなされ，公表についても学会誌などに載せる必要もない（場合によっては秘匿される）。経済的基盤は，科学者集団が配分する研究費ではなく，「好奇心駆動型」であれば個人資金や大学一般資金（general university funds），「研究受託型」ではスポンサーの提供する受託研究費，「研究業務型」では研究機関が提供する内部資金等が財源となる。

これらは理念型にすぎないが，知識形成の多様性を理解できる。ではこの違いは学問の自由にどうかかわるのか。研究課題の設定と研究成果の公表における自由で考えれば，個人の自主性を尊重する「好奇心駆動型」が最も自由度が高いと言えよう。「ピアレビュー型」では，研究者が科学者集団のディシプリンやパラダイムから制約を受けるが，科学者集団で何が価値ある研究課題なのかが決められることで研究はより効率的に進められる。その意味では「ピアレビュー型」は「好奇心駆動型」よりも効率性重視だが，個人の自主性ではないにせよ，科学者集団の自主性が尊重されているとも言える。他方で，「研究受託型」や「研究業務型」は，一般的に課題の設定や成果の公表に対してスポンサーや組織からの制約がかかるため（効率性重視），相対的に研究者や科学者集団の自主性は必ずしも尊重されない。

現実の個々の知識形成はこれらのモデルが組み合わさったものになる。現在の学問研究では「好奇心駆動型」よりも「ピアレビュー型」が主流であり，その「ピアレビュー型」を通じて，（個人の自由に制限を加えつつも）科学者集団は学問の自由に寄与しているが，効率性重視の「研究受託型」「研究業務型」の増加はその科学者集団の寄与を縮小させるだろう。

3.　経済的基盤・研究費体系

3.1.　雇用と人件費

学問の自由の経済的基盤といえば，研究費の前に雇用の問題がある。安定した雇用が学問の自由をもたらす。雇用は主に大学や研究機関の問題であるが，業績主義的に専門学界の評価・褒賞システムが利用される場合，科学者集団の役割も小さくない。ただし，科学者集団が直接に人事に関わるわけではないし，そもそもマクロな研究者・教員のポストの配置（全体の規模や分野別内訳）は科学者集団で決まるわけではなく，教育需要，産業界の需要，さらには人口動態，経済規模などで決まる。また大学でも，大学経営の観点から，機関のミッションに基づく教員，学際プログラムの教員，実務家教員なども増え，特定専門分野の科学者集団の評価よりも，大学独自の評価基準で採用される場合も増えている。当然そういう場合は科学者集団の役割は相対的に低い。従って雇用の安定は学問の自由の基礎になるだろうが，科学者集団が全面的に機能しているわけではなく役割は限定的で間接的である。

なお，人件費が競争的なプロジェクト資金を財源とする場合も増えており，特定の研究機能の促進や，限られた財政資源を有効なプロジェクトに集中できる点で効率的ではある。しかし，雇用の不安定化を招いているし，研究者が特定の研究課題に取り組まざるを得ないといった点で，学問の自由にとっても課題である。

3.2.　研究費体系

研究資金については既に知識形成モデルでも考慮されているが，さらにそれを補強するために，大学の研究費補助を分類した阿曽沼（2003）の枠組みを利用しよう。本稿の枠組みである「自主性と効率性」の理念もこれに依ったものである。

同枠組みでは，研究費の「目的の限定性」と「配分方法」の２軸に着目し，研究の目的が限定されているのか否か（一般目的か，特定目的か），また配分の方法が競争的か否か（競争的か，総花的または均等か）で，研究費（補助）を①「一般目的／非競争」，②「一般目的／競争」，③「特定目的／競争」，④「特定目的／非競争的」の４タイプに分類した。この枠組みでは，目的の設定が自由で安定的な財源となる，①「一般目的／非競争」タイプが最も自主性に振ったタイプであり，効率性を高める方向に，競争化と特定目的化の２つがあること示したことに特徴がある。

①「一般目的／非競争」タイプには，目的は指定されず総花的に配分される，国立大学でいえば，戦前の講座研究費，戦後の教官当積算校費，基盤校費等，いわゆる一般大学資金 GUF が想定され，②「一般目的／競争」タイプには，予め研究目的は指定されないが，申請・審査・選抜を経て配分される，科学研究費補助金（特に，基盤研究やかつての一般研究等の種目）が想定される。③「特定目的／競争」タイプは，予め目的やミッションが設定され，選抜を経て配分される，各省庁の研究助成金，受託研究費，民間から研究資金等などである。これらほどに特定目的ではないが，科研費の中でもかつての重点領域研究，特定領域研究のようにある程度目的や領域が決められた種目も含まれる。④「特定目的／非競争」タイプには，競争的に配分されるわけではないが，特定の研究目的を有する組織である研究所の経費（特別事業に必要な経費等）が想定される。

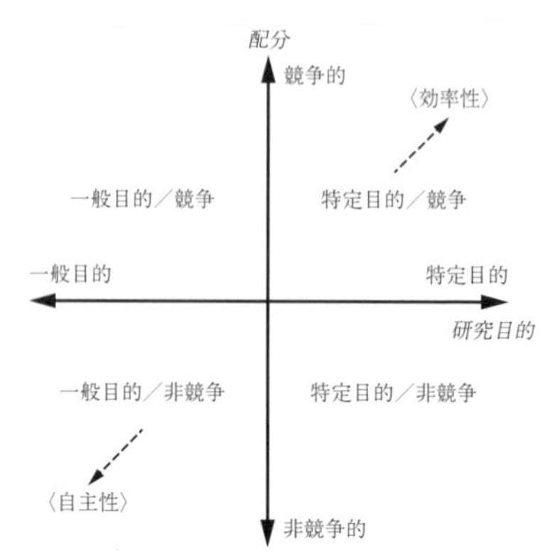

図1　研究費補助の分類枠組みとタイプ
出典：阿曽沼（2003，p.39）の図0－3。

戦後日本の国立大学においては，阿曽沼（2003）によれば，1960年代に「一般目的／非競争」タイプの教官当積算校費の拡充が著しく，研究活動が校費で賄われる，いわば自主性に傾斜した研究費体系であったが，1970年代以降相対的に競争的な科研費の比重が増していく。財政難の中で総花的な配分が難しく，効率的な資源利用には選択的・競争的な配分がなされざるを得ない状況へとシフトした。さらにその後1980年代には奨学寄付金等の民間資金の増加，1990年代以降の競争的資金（受託研究費）の増加のなかで，特定目的化の方向での効率性の比重の増加も見られ，効率性拡大の方向にある。

以上の枠組みを知識形成モデルに当てはめれば，「好奇心駆動型」は「一般目的／非競争」タイプ，「ピアレビュー型」は「一般目的／競争」タイプ，「研究受託型」は「特定目的／競争」タイプ，「研究業務型」は「特定目的／非競争」タイプの研究費が知識形成を支えると考えることができるだろう(7)。

そして，科学者集団の役割という観点から見れば，「一般目的／競争」タイプの科研費で科学者集団がよく機能する（「ピアレビュー型」）。1960年代に「好奇心駆動型」を支える「一般目的／非競争」タイプの積算校費が充実していたが，その後

「ピアレビュー型」を支える「一般目的／競争」タイプの科研費が拡大したことは，科学者集団の役割が拡大したことを意味するが，競争化という点では効率性が増している。これは，「好奇心駆動型」における個人の自主性が後退し，科学者集団の自主性へとシフトしたとも捉えられる。ただし1980年代以降は特定目的化が拡大し，科学者集団の役割も相対的に低下してきたといえよう。

なお，科研費はもともと，戦前に講座研究費では講座を超えた重点的な課題や共同研究が難しいために導入された経緯があり，効率性を重視する研究費であった。それが科学者集団の役割を前提とすることで，科学者集団レベルの自主性が維持されてきたといえる。ただし，その後も，科研費審査員の選定方法の議論や，重点領域研究や特定領域研究等の設定，基盤研究においても「試算型（各分野への科研費の配分を分科細目ごとの応募件数・応募金額に応じて算出するタイプ）」ではなく「分野調整型」で配分を効率化すべきといった議論があり，効率化の議論は続いており，研究費体系における科学者集団の役割も揺らいでいる。

4. 学術体制

4.1. 学術体制の戦後的構造の形成

第二次世界大戦後，学術体制刷新運動を経て1948年に日本学術会議が創設された。学術会議は，米国占領下の民主化を背景に，戦前の学術体制の下での科学技術動員やエリート支配への反省から，研究者の直接選挙で会員が選ばれる民主的組織として発足した。「学者の国会」といわれ，科学者集団の総意とその自主性に基づいて科学政策・科学行政をけん引する機関として期待された[(8)]。

ただし，発足当初からその役割を制限する要素も組み込まれていた。学術会議は議論の末に審議機関に留まり，直接に行政に関与せず，その任を同年発足の科学技術行政協議会（STAC）に譲った（広重 1973，pp.265-9）。さらに，政府は学術会議に対して諮問を義務づけられるという当初の案は，占領軍が「政府によって諮問することができる」と訂正したことで，政府に対する拘束力は制限された（広重 1973，p.270）。また，学術会議が総理府に置かれたことは，実質的に行政官庁として予算を動かす文部省への影響力も弱くした。加えて革新的な社会科学者や民主主義科学者協会の会員を中心に左傾化したことは（中山 1995a，p.25），のちに政府，文部省に対する対立姿勢をもたらし，その影響が排除される要因ともなった。

このような問題を含みながらも，発足後しばらくは，学術会議が学術政策の中心にあり，文部省も日本学術会議を尊重，「科学政策にかかわる重要事項についての建議や勧告が数多く学術会議から提出され，文部省はそれを受け取り，こなすことがその仕事であるかのような状況も見られ」（手塚 1995, p.68），「学術会議の建議や勧告をひたすら尊重する姿勢をとり続けた」（手塚 1995, p.69）。具体的には，研究所設立に関して，政府は学術会議の設立勧告をそのまま受け入れ設置し，研究費の配分についても，学術会議が配分機関である文部省学術奨励審議会に審査委員を順位をつけて推薦し，それがそのまま実現される状態が続き，学術会議が主導権を握る時期があった（阿曽沼 2003, pp.114-118）。

ただし，学術政策を左右する日本学術会議が，科学技術政策については早期に埒外に置かれ，学術政策と科学技術政策の乖離が形成されたことも重要である。学術会議は大学人を中心とするアカデミックな志向の強い機関になったことで，応用的な科学技術振興に消極的で，科学技術庁設置（1956年），科学技術会議設置（1959年）へとつながった。文部省についても，1950年代後半からの理工系拡大では科学技術政策に押される形となったが，その後は分担管理原則に沿って，科学技術行政は総理府や科技庁，大学に関わる学術行政は文部省が担当する役割分担が続いた。こうして学術体制は，いわば自主性理念に基づき日本学術会議（と文部省）が主軸となり，効率性重視の科学技術行政とは距離をおく構造が形成された。

4.2. 学術体制の戦後的構造の変容①（文部省の積極化）

この学術体制の戦後的構造は，文部省が主体性を増すことで変容する（中山 1995b, 阿曽沼 1999a）。政府の学術会議への諮問は激減し，50年代半ばにはすでに政府との関係において，諮問・答申の関係はなくなっていたが（中山 1995c, p.96），さらに学術会議以外に学術政策に関する総合的な審議機関として，中央教育審議会と並ぶ審議会が構想され，1967年の学術審議会の設置へと至った。

1960年代には，科学研究費補助金の制度改善問題，素粒子研究等のビッグ・サイエンスの研究体制の問題，附置研究所問題などが表面化し，文部省として主体的に取り組まざるを得なくなっていた（阿曽沼 1999a, p.99）。日本学術会議はあったが，科研費配分の効率性を巡って1950年代から文部省との不協和音があり，60年安保闘争や大学管理法を巡る政府との対立も激化，研究費配分を文部省から切り離し，科学者自らの組織によって配分する「科学研究基金」構想，科学者の自主性に基づく科学研究基本法案の勧告（1962年），科学研究基金構想を核にした科学研究第一次五ヵ年計画の勧告（1965年）などを通じて，文部省は日本学術会議との溝を深めた（阿曽沼 2003, pp.182-3）。そして1960年代末には，1960年代に国立大学の拡充で学術研究基盤の全般的な復興がなされたこともあって（阿曽沼 2003，第4章），「今後世界の先進諸国に伍してわが国の学術の進展を図るためには，諸般の施策を長期的視野に立って，計画的，総合的に講ずることが必要」（学術審議会 1969）との認識のもとで，1967年の「学術審議会の発足によって名実ともに文部省の科学政策上の責任が内外に明確になった」（手塚 1995，p.71）とされた。

文部省内でも，1967年に大学学術局に国際学術課が設置され，日本学術振興会が文部省の特殊法人として再出発，1974年には大学学術局が大学局（後に高等教育局となる）と学術国際局に改組分離された。「これら一連の改革で，学術行政のための体制はその基礎が確立し，これまで，どちらかといえば，傍系と思われていた学術行政が，教育行政と同じ主流の座を認められ，予算獲得の上でも大きな力を持つに至ったのである」（飯田 1998，p.61）。

いわば文部省による効率性重視へのシフトであり，その第一歩は科学研究費補助金（科研費）の制度改革であった。日本学術会議との審査委員指名を巡る対立（日本学術会議編 1974，pp.176-7）は，学術会議の妥協で終わり，日本学術会議に対する学術審議会と文部省の優勢の時代となる。また国立大学の研究所設置についても，学術会議の勧告に基づく附置研設置はなくなり，学術審議会と文部省主導の国立大学共同利用機関，研究センター類（全国共同利用施設，学内共同教育研究施設）の設置へとシフトした（阿曽沼 1999a）。学術会議は研究所設置に関する権限も実質的に失い，学術体制の主役は日本学術会議から文部省へ移った。

4.3　学術体制の戦後的構造の変容②（内閣府・政治主導へ）

この文部省の学術政策の積極化によって，1970年代には科研費，研究センター類，大学共同利用機関などの重点的な拡充がなされた。それは1980年代に入っても続くが（阿曽沼 2003，第6章），同時に1980年代には科学技術庁や各省庁でも基礎科学振興施策が盛んとなった（阿曽沼 2003，pp.275-8）。1981年には科学技術振興調整費が始まり，米国からの基礎科学只乗り批判もあって，1980年代後半には各省庁の研究助成も基礎研究重視にシフトした（阿曽沼 1999b）。

とはいえ，それが大学の研究基盤の整備に直接つながったわけではなく，むしろ1980年代には大学一般の研究環境は悪化（阿曽沼 1999b），1980年代末には大学の窮乏化が問題となった。財政難を理由に「選択と集中」がすでに始まっており，配分が総花的な教官当積算校費の単価の据え置きが顕著であり，総じて大学一般の研究機能の充実は置き去りにされていた観がある。この大学の窮乏化に対して，予算増額キャンペーンが展開され，さらにバブル経済崩壊で，研究開発投資に消極的になった産業界は政府に基礎科学予算の拡大を求め，省庁や政治家もさまざまな手だてで予算獲得に乗り出し，その結果政府の科学技術予算の増額が現実化し始めた。それが，1995年の科学技術基本法成立，1996年の科学技術基本計画に繋がり，科学技術関係予算倍増（17兆円）が決定された。「新産業創出」のための基礎研究振興がうたわれ，1996年度から建設国債を財源とする出資金（国債発行対象経費）による研究費助成も始まった（阿曽沼 1999b）。1980年代に始まる省庁の研究助成金は1990年代に拡大，大学でも受託研究費が大幅に増加した（阿曽沼 2003，第7章）。ただしこれは「選択と集中」を加速させた。

こうした科学技術政策の拡大に伴い，学術体制にも大きな変化が生じた。2001年に，行政改革による省庁統合で総理府が内閣府に統合，権限強化され，文部省は科学技術庁と統合され文部科学省となり，学術審議会も「科学技術・学術審議会」に変わった。さらに同年には，1959年設置の「科学技術会議」が廃止され，「総合科学技術会議（CSTP）」が設置された。もともと分担管理原則による省庁の縦割り行政を「総合調整」するために，科学技術政策では科学技術庁と科学技術会議が置かれていたが，2001年の総合科学技術会議の設置は，さらなる科学技術政策の司令塔機能の強化が目的であった。そして科学技術庁の文部科学省への統合，科学技術・学術審議会設置は，それまで分担管理原則をもとに文部省が主導してきた学術政策・行政に科学技術政策・行政が大きく影響する契機となった(9)。

総合科学技術会議はさらに，2013年の答申「科学技術イノベーション総合戦略について」を経て，2014年に再度科学技術政策の司令塔機能の強化を目的に「総合科学技術・イノベーション会議（CSTI）」と改称された。総合科学技術会議は，文部科学省が有していた予算配分に係る調整機能に対して十分な関与ができなかったが，CSTIは内閣府と共に政府全体の科学技術予算編成プロセスをリードする機能を新たに付与された（小林 2018）。その結果，CSTIを通じて，内閣府が文部科学省所管の学術政策・行政に大きな影響力をもつ体制に変化した。

以上のように，戦後日本の学術体制は，科学者集団の代表とされた日本学術会議を中心に文部省がそれを支える構造が形成されたが，1967年の学術審議会設置などを経て文部省が主導権を握るようになった。だがさらに1990年代から科学技術政策が積極化，省庁再編を経て内閣府が影響力を及ぼす構造へと変容してきた。

おわりに—科学者集団の自律性再考

以上，学問の自由の観点から，知識形成，経済的基盤，学術体制における科学者集団の役割の違いや変化を見てきた。さらに詳細に検討すべき点は多々あると思われるが，とりあえず以下のようにまとめられる。

第一に，多様な知識形成で科学者集団の役割が異なる。「ピアレビュー型」では科学者集団を通じて自主性が維持されるが，他の知識形成モデルでは，科学者集団はさして機能せず，「好奇心駆動型」では個人の自主性が尊重されるが，「研究受託型」や「研究業務型」では個人や科学者集団の自主性よりも効率性が優先される。

第二に，研究費によって科学者集団の役割が異なり，研究費体系の変化で科学者集団の役割も変化する。戦後の国立大学では，1960年代に個人の自主性が重視される「一般目的／非競争」タイプ（一般大学資金，積算校費）が主たる研究費になったが，1970年代以降「一般目的／競争」タイプの科研費の比重が増加，それは効率性の拡大であるとともに，科学者集団を通じた自主性の拡大の側面もあった。だがさらにその後の「特定目的／競争」タイプの受託研究費等の拡大は，自主性を支える科学者集団の役割の相対的な縮小と捉えられる。

第三に，学術体制においては，戦後早期に科学者集団の役割を中心とした自主性を重視する体制が構築されたが，文部省主導の効率性重視，さらに内閣府主導の効率性重視へとシフトし，科学者集団の役割は変化（縮小）してきた。

このように科学者集団を通じて自主性の理念は維持されつつも限定的であり，増大する効率性とせめぎ合っており，今後も学問の自由にとってますます科学者集団は不可欠になると考えられる。だが，そこにはいくつか本質的で難しい問題もある。

第一に，科学者集団の自律性は個人の自由につながると思われがちだが，この二つは必ずしもイコールではない。科学者集団は規範系，褒賞系，パラダイム，ディシプリンを通じて個人を統制する。素人排除的であるし，ディシプリン重視であるがゆえの学際研究やマイナー研究への参入障壁もある。科学者の社会的責任論や生命倫理問題における専門家集団による研究規制もある[10]。しばしば個人の自由より科学者集団の自由が優先される。

この問題は自由の捉え方の本質的な難しさにかかわる。個人の自由ではなく科学者集団の自由が学問の自由だと割り切っていいのだろうか。また，我々は意識的にも無意識的にも研究関心をパラダイム等に擦り合わせることもしているが，そもそも個人の好奇心が，社会的に構成されるものであるとしたら，研究課題の設定などにおける個人の自由はどのように解釈すればいいのだろうか。

第二に，科学者集団の自律性によって学問が発展することは必ずしも自明ではない。広重（1973）によれば，一見科学は自律的に発展するように見えるが，「科学の全体として向かう方向，その前線の配置は，どうみても社会的条件によって規定されているのである。支配的な社会的要求，インセンティヴがどこにあるかによって，科学の様々な分野に向かう人，物，金の動きに強く影響される。ことに現在の基礎科学は，第二次世界大戦以来の体制化の進行のなかで形成されたのである」(pp.332-3)。科学研究システムは不断に社会と情報，資源を交換するシステム（開放系モデル）であり（吉岡 1991），その開放性は科学者集団の自律性を弱める可能性があるが，それでも科学は飛躍的に発展してきた。大学の学問の多くも専門職分野や応用分野であり，社会的需要が外部からの資源配分を通じて学問を発展させてきた側面もある。そこに自主性と効率性の葛藤の源がありそうだが，体制化してしまえば葛藤などないかもしれない。科学者集団はそこにどう関わるべきなのか。

第三に，科学者集団は現実にはばらばらでまとまりにくく，ばらばらなのに自律性を維持できるのだろうか。科学者集団は実際には専門分野，専門学界から構成されており，細分化する専門分野間での意思の疎通を図るのは容易ではない。学際的な研究を専門学会が評価することは難しいだろうし，研究費の配分でも，専門分野を超えて何を優先するかを決めるのは容易なことではなく，しばしば機動的な政策形成に対応できない。これは学者の国会として，学界の総意を目指した日本学術会議中心の学術体制が必ずしも十分に機能しなかったことに顕れている。

さらにはイデオロギー的な党派性があるとまとまり難いであろうし，党派性がなくても，特定の研究者が科学者集団の総意とは別に政府などから直接に多額の研究費を獲得したり，また，政策や行政が科学者集団の総意ではなく，一部のエリート科学者主導になると，科学者集団のまとまりには繋がらないかもしれない。

第四に，科学者集団の自律性は，大学の自治とそぐわないことがある。先述したように大学の自治は科学者集団の自律性に依存するところがあるが，研究の論理と教育の論理は異なる。例えば，教員人事は専門学界の学問的評価に基づくとは限らない。学際的あるいは実務的な教育プログラムにとっては専門分野の壁が邪魔になることもあるし，ローカル志向の教育にユニバーサル志向の研究が邪魔になることもある。また，学界を基盤とする共同利用の大型附置研究所の運営が，大学の自治に馴染まないこともあったし，軍事や経済安全保障等をめぐっては大学と科学者集団の思惑や利害が一致しないこともあり得るだろう。

以上のように考えると，学問の自由にとって科学者集団の自律性を高めれば済むというほどに単純な話ではないのかもしれない。だが，それが学問の自由を支える両輪の一つであるとしたら，学問の自由の観点から科学者集団の構造と機能に関する検討がさらに必要とされるであろう。

〈注〉

(1) 学問の自由に関する多くの文献が，大学の自治との関連で議論されている（例えば最近では，赤羽 2018，羽田他 2022等）。

(2) 制度的保障論の形成については，栗島（2015），藤井・栗島（2022）等を参照。

(3) 松本（2021）のように，法学でも，大学に限定しない学問共同体（学界，ジャーナル共同体等）の自律性についての議論が出てきている。

(4) 高木（1998）によれば，学問の自由のための大学の自治は「機能論的自由」だが，大学の「存在論的自由」もあり，中世大学の団体としての自治に繋がる。

(5) 「科学者は，彼の持つ価値観と信念を共有する研究者仲間のためにのみ仕事をしている。（中略）自分の専門以外の人がどう考えようと気にする必要はないし，だから，俗事を気にせず一つ一つ問題をどしどし片づけてゆくことができる。科学者集団の社会一般からの隔離によって，個々の科学者は自分で解けると思う問題に注意を集中できる」（Kuhn 訳書，p.185）。

(6) 村上（1994）は，自律的な科学者集団の閉鎖性を前提にそれを批判する。

(7) 研究所経費が「特定目的／非競争」タイプだと，大学の研究所の活動も「研究業務型」と思われるかもしれないが，「特別事業に必要な経費」が想定されており，研究所でも積算校費や科研費による研究は一般部局と同じである。

(8) 学術体制刷新，日本学術会議については，日本科学史学会編（1964，第4章），広重（1971，第10章），日本学術会議（1974），中山（1995b）等を参照。

(9) 当時，文部省学術国際局研究助成課長の職にあった磯田文雄は，省庁統合で，文部科学省はイノベーションを選択し，「研究者の自主性の尊重」を捨てたと捉えた（磯田 2023）。その危機感から，科学研究費補助金が政治や科学技術政策，産業界に利用される恐れがあるため，「科学研究費補助金の運用を政府の権力から少しでも遠いところに移す必要がある。平成11（1999）年度から科学研究費補助金の一部種目，そして，その後は大半の種目の審査・交付業務が文部省から日本学術振興会に移管される」ことになった（p.95）。

(10) 大学の自治においても同様で，大学経営は個人の自由を制約する場合がある。

個人の学問の自由と，大学の自治や科学者集団の自律性とが予定調和的に達成されることもあろうが，トレードオフになることもある（阿曽沼 2022)。

〈引用文献〉

赤羽良一，2018,「学問の自由」児玉善仁（編集代表）『大学事典』平凡社，pp.13-8.

有本章，1987,『マートン科学社会学の研究―そのパラダイムの形成と展開』福村出版.

阿曽沼明裕，1999a,「70年代以降の学術政策の展開―学術審議会を中心に―」『高等教育政策の形成と評価に関する総合的研究』(1996～1998年科学研究費補助金研究成果報告書，研究代表者：喜多村和之），pp.97-113.

──── 1999b,「基礎科学を巡る政策と状況の変化」中山茂・後藤邦夫・吉岡斉責任編集『通史 日本の科学技術 国際期 5-Ⅱ』学陽書房，pp.524-38。

──── 2003,『戦後国立大学における研究費補助』多賀出版.

──── 2022,「学問の自由・大学の自治・科学者集団の自律性」『年報　科学・技術・社会』31，pp.67-73.

──── 2023,「高等教育分野における知の多様性―知識形成と人材養成を巡って―」『高等教育研究』26，pp.11-32.

阿曽沼明裕・金子元久，1993,「教官当積算校費」と「科研費」―戦後学術政策への一視角」『教育社会学研究』52，pp.139-156.

Barnes, Barry, 1985, *About Science*, Basil Blackwell.（＝1989，川出由己訳『社会現象としての科学』吉岡書店.）

Bernal, J.D., 1939, *The social function of science*, Routledge.（＝1981，坂田昌一他訳『科学の社会的機能』勁草書房.）

Brown II, M.Christpher, and Baez, Benjamin, 2002, “Academic Freedom.” In *Higher Education in the United States: An Encyclopedia. Volume I*, eds. James J. F. and Kinser, Kevin, pp.8-12., ABC-CLIO.

学術審議会，1969,『学術振興に関する当面の基本的な施策について（第二次答申)』.

Gibbons, Michael; Limoges, Camille; Nowotny, Helga; Schwartzman, Simon; Scott, Peter; Trow, Martin, 1994, *The new production of knowledge: the dynamics of science and research in contemporary societies*, Sage.（＝1997，小林信一監訳

『現代社会と知の創造―モード論とは何か―』丸善ライブラリー.）

Gibbons, M. & Wittrock, B., eds., 1985, *Science as a commodity: threats to the open community of scholars*, Publishing Group.（＝1991，吉岡斉・白鳥紀一監訳『商品としての科学：開放的な学者共同体への脅威』吉岡書店.）

Hagstrom, Warren O., 1965, *The Scientifjc Community,* Basic Books.

羽田貴史・松田浩・宮田由紀夫編，2022,『学問の自由の国際比較』岩波書店.

広重徹，1971,『科学の社会史―近代日本の科学体制』中央公論社.

藤井基貴・栗島知明，2022「ドイツにおける学問の自由の生成と制度化」羽田他編『学問の自由の国際比較』岩波書店，pp.41-64.

飯田益雄，1998,『科学コミュニティ発達史―研究体制の変貌に時代と知恵を読む―』科学新聞社.

磯田文雄，2023,「政策・経営側から見た高等教育研究と専門家養成」『高等教育研究』26，pp.93-112.

Jevons, Frederick Raphael, 1973, *Science observed: Science as a social and intellectual activity,* George Allen & Unwin Ltd（＝1983，松井巻之助訳『科学の意味』みすず書房.）

小林信一，2018,「総合科学技術・イノベーション会議の変質と用具化した政策」『科学』Vos.88，No.1，pp.100-107.

Kuhn, Thomas Samuel, 1962, *The structure of scientific revolutions,* University of Chicago Press.（＝1971，中山茂訳『科学革命の構造』みすず書房.）

栗島智明，2015,「大学の自治の制度的保障に関する一考察：ドイツにおける学問の自由の制度的理解の誕生と変容」『法學政治學論究：法律・政治・社会』慶應義塾大学大学院法学研究科内『法学政治学論究』刊行会，pp.101-132.

松本和彦，2021,「学問の自由の憲法的意義」『法学セミナー』66(6)，pp.6-13.

松本三和夫，2016,『科学社会学の理論』講談社学術文庫.

Merton, Robert King, 1957, *Social theory and social structure: toward the codification of theory and research,* The Free Press.（＝1961，森東吾ほか訳『社会理論と社会構造』みすず書房.）

Merton, Robert King, 1973, *Sociology of Science,* University of Chicago Press.

Mitroff, Ian I., 1974, *The Subjective Side of Science,* Elsevier.

村上陽一郎，1994,『科学者とは何か』新潮選書.

――――2020,「学術会議問題は「学問の自由」が論点であるべきなのか？」

『WirelessWire News』2020.10.07.（https://wirelesswire.jp/2020/10/77680/〈2024年３月20日アクセス〉）.
中山茂，1995a,「総説　占領期」中山茂・後藤邦夫・吉岡斉責任編集『通史 日本の科学技術 第１巻』学陽書房，pp.17-44.
――――― 1995b,「学術体制の再編」中山茂・後藤邦夫・吉岡斉責任編集『通史 日本の科学技術 第１巻』学陽書房，pp.132-141.
――――― 1995c,「学術行政機構の構造転換」中山茂・後藤邦夫・吉岡斉責任編集『通史 日本の科学技術 第２巻』学陽書房，pp.96-104.
手塚晃，1995,『日本の科学政策―研究費その財政面からの分析を中心として―』雄松堂.
日本学術会議，1974,『日本学術会議25年史』日本学術会議.
日本科学史学会編，1964,『日本科学技術史大系 第５巻 通史５』第一法規出版.
Polanyi, M., 1980, *The Logic of Liberty: Reflections and Rejoinders.* University of Chicago Press, Midway Reprint.（=1988，長尾史郎訳『自由の論理』ハーベスト社.）
Ravetz, Jerome R., 1971, *Scientific Knowledge and its Social Problems*, Oxford University Press.（=1977，中山茂他訳『批判的科学』秀潤社.）
高木英明，1998,『大学の法的地位と自治機構に関する研究』多賀出版.
島田雄次郎，1990,『ヨーロッパの大学』玉川大学出版部.
Storer, Norman W., 1966, *The Social System of Science*, Holt, Rinehart and Winston.
高柳信一，1983,『学問の自由』岩波書店.
吉岡斉，1991,『科学文明の暴走過程』海鳴社.
吉田忠，1980.「科学と社会―科学の専門職業化と制度化」村上陽一郎編『知の革命史(1)　科学史の哲学』朝倉書房，pp.93-172.
Ziman, John M., 1994, *Prometheus Bound*, Cambridge University Press, 1994.（=1995，村上陽一郎他訳『縛られたプロメテウス』シュプリンガ・フェアクラーク東京.）

ABSTRACT

Reflections on Foundations for Academic Freedom: Focusing on the Roles of Scientific Communities

The concept of "academic freedom" is often discussed in conjunction with "university autonomy." However, this does not imply that academic freedom should only be considered within universities. As "university autonomy" is widely regarded as an institutional guarantee of "academic freedom," it goes without saying that universities are indeed important institutions wherein researchers are employed. However, scientific communities are no less important than universities because the latter are reference groups of researchers and are indispensable for research activities. Therefore, both "university autonomy" and "autonomy of scientific communities" can be seen as the foundation of "academic freedom."

Many studies have explored the roles of scientific communities in the sociology of science and education. However, the specific role of these scientific communities in academic freedom have not been extensively discussed compared to the role of universities. Therefore, this paper examines how the roles of scientific communities should be viewed from the perspective of academic freedom.

Specifically, this paper assumes that issues of academic freedom ensue from the conflict between the demand for autonomy and that for efficiency. Then it examines how these two demands are structured at different levels: the knowledge formation mechanism, the economic basis for research activities (research funding system), and the policy and administrative structure for academic research. It then further examines what role the scientific communities play at each of these levels.

Consequently, it is noted that the idea of autonomy has been maintained through the functioning of scientific communities, with the freedom of these scientific communities often taking precedence over the freedom of individuals. However, it is also observed that there are many areas of knowledge formation, research funding, and academic administration where scientific communities are not involved. Additionally, the idea of freedom based on scientific communities has been relatively reduced by the growing demand for efficiency. Finally, the paper discussed the essential and challenging issues in considering the roles of scientific communities in academic freedom.

Keywords: academic freedom, scientific communities, autonomy and efficiency

教育社会学研究第114集（2024）

学問の自由と専門職の自律性
――アメリカ大学教授連合（AAUP）の運動史に基づく一考察――

丸山 和昭

【要旨】

本稿では，学問の自由と専門職の自律性の関係について考察する。まず，専門職の社会学における近年の知見を整理したうえで，学問の自由が専門職の自律性との密接な関わりのもとに論じられてきた米国の事例について，その議論を先導したAAUPの運動史に注目する。

学問の自由論と専門職の自律性は同義として語られることもある。他方，伝統的なプロフェッショナリズムにおいては，専門職の自律性を無条件の権利と捉えるのではなく，専門的な知識・技術による卓越性や自己規制の対価と捉える。その結果として，卓越性の水準を満たさないメンバーを切り捨てる，といった方針も選択肢に入る。

プロフェッショナリズムに基づいた学問の自由の追求は，特に米国のAAUPに特徴的であることが，多くの先行研究において指摘されてきた。他方，近年のAAUPの運動は，労働組合主義との密接な関係において展開されており，専門性による排除を基調とした伝統的なプロフェッショナリズムとは異なるような，幅広い大学教育職の包摂が志向されている。

AAUPは，その始まりにおいて，どのような経緯でプロフェッショナリズムと学問の自由を結び付けてきたのだろうか。また，どのような経緯で，労働組合主義と接近し，幅広い大学教育職を包摂する運動体に変化してきたのだろうか。本稿では，専門職の社会学における近年の議論も踏まえたうえで，AAUPの運動史から，専門職の自律性と学問の自由の関係を考えていきたい。

キーワード：学問の自由，専門職の自律性，アメリカ大学教授連合（AAUP）

名古屋大学

1. はじめに

学問の自由と専門職の自律性の問題は，同義として語られることもあるが，専門職の自律性は，伝統的なプロフェッショナリズムの規範に基づくならば，一定の義務や条件を伴うものとして理解されるものである。村澤（2023）は，「学問の自由は無条件に与えられるものではなく，学者・研究者のエリート性や専門職性，学問的良心と理性」が実質的な条件となっていると指摘する。専門職の自律性もまた，無条件の権利でなく，専門的な知識・技術による卓越性や自己規制の対価としての側面を持つ。その結果として，卓越性の水準を満たさないメンバーを切り捨てる，といった方針も選択肢に入る。

このような権利と義務の関係性を含めた，プロフェッショナリズムに基づく学問の自由の追求については，特に米国のAAUPに特徴的であることが，多くの先行研究において指摘されてきた（高木　1998，福留　2020，松田　2022，吉田　2022，羽田　2023など）。他方，近年のAAUPの運動は，労働組合主義との密接な関係において展開されており，専門性による排除を基調とした伝統的なプロフェッショナリズムとは異なるような，幅広い大学教育職の包摂が志向されている。

AAUPは，その始まりにおいて，どのような経緯でプロフェッショナリズムと学問の自由を結び付けてきたのだろうか。また，どのような経緯で，労働組合主義と接近し，幅広い大学教育職を包摂する運動体に変化してきたのだろうか。本稿では，専門職の社会学における近年の議論も踏まえたうえで，AAUPの運動史から，専門職の自律性と学問の自由の関係を考えていきたい。

2. 専門職の社会学における自律性の取り扱いの変遷

専門職が社会科学における研究の主題となって以来，その自律性は，肯定，否定の両面から注目を集めてきた．専門職論の最初期においては，労働者と資本家のどちらにも分類されない職業集団の存在が注目され，特に専門職は自律的に働き，資本家に対して交渉力を持つ存在とされた。1960年代には，米国の社会学者が，高度な知識を持つ専門職が官僚制や市場主義の欠点を補う役割に期待を寄せた。他方，1970年代以降の研究では，専門職化は競争的な上昇移動の産物であるとして批判も浴びることになった。また，専門職の自律性も周囲の自由を制限するものとして批判を受けた。こうした異議申し立てから「脱専門職化」の議論が生まれ，専門職の自己規制の有効性が疑問視され，監視が強化された（丸山　2017）。

専門職の自律性の縮減に対して，専門職の社会学の研究者はその規範的意義を再評価している。エリオット・フリードソンは，自由市場や合法的官僚制の論理が過度に専門職の仕事を侵襲しているとの危機感の下，プロフェッショナリズムの価値に再注目している。フリードソンは，自由市場を消費者による仕事の統制，合法的官僚制を管理者による仕事の統制と位置付けたうえで，それらと対抗するような，職業従事者自身による仕事の統制のロジックとしてプロフェッショナリズムを位置づけ，自由市場や合法的官僚制のロジックの行き過ぎによる社会の不利益を抑える役割を期待した。プロフェッショナリズムの要件として，１）理論に基づいた裁量的な知識と技能の体系，２）職業間の交渉に基づく独占的管轄権，３）資格証明書による労働市場での保護，４）高等教育に関連づけられた公式の養成プログラム，５）経済的効果よりも仕事の質を重視するイデオロギーを挙げている。これらは専門職の社会学の原点回帰ともいえ，自由市場や官僚制の欠点を補完するロジックとしての専門職の自律性を正当化している。フリードソンの主張は規範的でありながら，現代でも専門職の理念型として参照されている（Freidson 2001）。

他方，2000年前後からは，従来の専門職論が強調してきた参入制限や強固な自律性をもたない職種であっても，高度な知識を活用する「専門職」として一定の影響力を有していることに注目した議論も多くなってきた。このような立場からは，しばしば，「抽象的知識を特定事例に応用する排他的な職業集団」といった広範な定義のもとに専門職を捉えるアンドリュー・アボットの議論が参照されている。アボットの定義は，近代的な専門職の成り立ちから今日に至るまでの長期的な変化を，アングロサクソン国家の文脈だけでなく，ヨーロッパ大陸諸国の状況も踏まえたうえで，医師や法律家だけではない多くの専門職に共通する論点を視野に入れて考案されたものであり，各時代において専門職と呼ばれてきた職業集団を，広く研究対象に含めようとする意図をもつ。この定義において，専門職と呼ばれるにふさわしい知識水準や教育水準については，時代，国，職域によって異なるものとして認識される（Abbott 1988，丸山　2017）。このような視点を踏まえると，先に示したフリードソンの専門職要件は，20世紀のはじめから中葉にかけて，米国社会において強い自律性を発揮した医師や法律家といった古典的専門職をモデルケースとして抽出されたものであると考えられ，その持続可能性や，多職種・他地域への展開可能性については議論の余地がある。

2.1. 「コネクティブ・プロフェッショナリズム」の構想

今日における専門職の置かれた状況を踏まえたうえで，プロフェッショナリズムの再構成の必要性を求める議論のひとつに，ミルコ・ノールデグラーフの「プロテクティブ・プロフェッショナリズム」と「コネクティブ・プロフェッショナリズム」の対比がある（Noordegraaf 2020）。ここでいう「プロテクティブ・プロフェッショナリズム」は，専門職集団は，長期の訓練によって獲得した知識や技術，あるいは規範的・倫理的な態度や志向性に基づき，専門職自身による裁量のもとに仕事を行う決定権や，安定した地位を獲得・保持する存在として捉える，前節のフリードソンの定義に代表されるような，伝統的な専門職の理念型である。このような専門職に対する信頼と保護の仮定は，今日においてますます疑わしいものになっていると，ノールデグラーフは主張する。その背景には，自由市場や合法的官僚制の論理によるプロフェッショナリズムの浸食だけでなく，専門分野の発展そのものがもたらす専門職内部の断片化や階層化，技術進歩による専門職の内部と外部の境界の融解といった事態が進んでいる，との認識がある。これらの変化は，しばしば，プロフェッショナリズムの「衰退」「消滅」「空洞化」として捉えられてきたが，ノールデグラーフは，そこにプロフェッショナリズム自体の再構成の契機をみる。

このようなノールデグラーフの議論の前提には，専門職の社会学と組織論，経営学の境界領域で進んできた，専門職の組織化に関する観察の成果がある。多くの実証研究において，専門職が，自由市場の論理や，合法的官僚制の論理を，受け入れ不可能なものとして拒絶するのではなく，それらを新しい専門職のアイデンティティとして受け入れながら適応を遂げている，との知見が示されてきた。たとえば，医師の教育と実践においては，専門職間協働によって治療やケア，あるいは病院経営にあたる姿勢が新しい能力要件として組み込まれている。その結果として，医療従事者のなかでは，各々の専門的な知識・技能を組織の力と組み合わせることでサービスの質を向上させようとする規範が，一定程度，内面化されている。ノールデグラーフは，このような専門職のアイデンティティの変化に，新しい専門職のモデルとしての「ハイブリッド・プロフェッショナリズム」，あるいは「組織化されたプロフェッショナリズム（Organizing professionalism）」をみる（Noordegraaf 2007）。このような，組織との連携によるプロフェッショナリズムの変化を，さらに，より広範な顧客や利害関係者との連携にまで敷衍したアイディアが「コネクティブ・プロフェッショリズム」である。

「コネクティブ・プロフェッショナリズム」の構想において，専門職は，専門的な仕事の遂行において知識・技術に基づく裁量を発揮するが，その正当性は，職務遂行上の判断から非専門職を切り離すことによってではなく，組織，クライアント，利害関係者との接続によって担保される。ここには，専門性（Exprties），自律性（Autonomy），権威（Authority）を予め「所有する（'have' or 'own'）」存在としての従来の専門職像から，組織・顧客・利害関係者との関係するプロセスのなかで専門性・自律性・権威を絶えず「生成（enact）」・維持する存在としての専門職像への視点の転換が求められている。ノールデグラーフは，このような「コネクティブ・プロフェッショナリズム」の実例として，法律専門職におけるコミュニティ・コートの導入や，医療専門職の多職種会議をあげているが，大学教授職の職務の変化にも言及している。大学教授職の仕事においても，個別の研究や論文に集中するのではなく，学際的なプログラムやコンソーシアムを設立し，社会に対して有用であることが求められるようになっていると，ノールデグラーフは主張する。具体例としては，欧州連合の「オープンサイエンス」運動や，政策立案者が科学戦略を見直し「インパクト」を最適化する動きが挙げられている。この変化により，大学教授職は教育と研究を社会に結びつけることが必要となり，コンソーシアムの運営や資金調達，プロジェクト管理の能力の必要性も高まっている。科学的な声は特権的なものではなく，多くの声の一つに過ぎないため，外部の期待に応える必要があると，ノールデグラーフは主張している（Noordegraaf 2020）。

2.2. 専門職としての大学教授職の特殊性

ここまで，専門職の社会学の近年における展開を，自律性に関する考察を中心にみてきた。ノールデグラーフの議論に示すように，専門職の社会学においては，大学教授職も，しばしば代表的な専門職のひとつとして捉えられてきた。ただし，論者によっては，他の専門職と大学教授職を区別する視点も見られる。大学教授職と他の専門職を区別する議論の背景には，医師や法律家をモデルとして構成される一般的な専門職像と大学教授職の間のずれがある。一般的な専門職像においては，少なくとも理念型としては，ある特定の専門分野（ディシプリン）を高等教育において修めているとの点で同質性を備えた職業集団（ディシプリン共同体）が想定されている。これに対し，大学教授職は，その内部に多様なディシプリン共同体を抱えるとともに，そのうちのいくつかのディシプリン共同体においては，医師や法曹を含む大学教授職以外の専門職を養成する役割が，当該分野の大学教授職に対して与えられている。このような，内部における宿命的な多元性と，他の専門職に対する特殊な位置づけから，大学教授職は，次世代の専門職や研究者の育成そのものを担うという意味での「キー・プロフェッション」，あるいは，単一の専門職として捉えることは適切ではないとの意味合いにおいて複数形の「アカデミック・プロフェッションズ」として捉えられてもきた（新堀　1984）。

このような事情もあってか，大学教授職の問題を専門職の社会学における議論と結びつけた知見は，日本国内において蓄積に乏しい（湯川・坂無・村澤　2019）。もっとも，海外の大学教授職研究においても同様の事情があるようだ。ゲイリー・ローズ（Roades 2007=2015）は，専門職の社会学において発展してきた専門職集団の影響力に関する研究や専門職相互の関係性に関する議論は，大学における専門職の関係にまで適用されてこなかったと指摘している。また，専門職の社会学と大学教授職研究のレビューを行ったテレサ・カルヴァーリョ（Carvalho 2017）は，大学教授職に関する2つの代表的な国際比較研究プロジェクト（CAP: The Changing Academic Profession, EUROAC: Academic Profession in Europe: Responses to Societal Challenges）の関連業績の検討の結果として，ほとんどの研究が専門職の社会学の理論的枠組みを採用していないと指摘している。

他方，この数十年間においてCAPやEUROACが明らかにした大学教授職の多様性と断片化は，自由市場や合法的官僚制の論理の侵襲に対するフリードソンの懸念が，国際的にも大学教授職に共通する課題であることを示している。たとえば，成果給システムの導入が，学者の個人主義的な傾向を増大させる可能性も示唆されている。また，調査対象国の多くにおいては，政府による高等教育機関への統制が分散化する一方で，各機関においては，よりトップダウンのガバナンスモデルが構築される傾向にある（Carvalho 2017）。これらの変化に対し，有本（Arimoto 2010）は「競争の激化は，次第に機関内および機関間の分化と細分化をもたらす。機関内では，執行部（評議員会や学長）と教員との間の差異が深まり，教員団，学科，そして個々の研究者間の差異も深まっている」と指摘している。

ノールデグラーフが主張する専門職と組織内外の関係者とのつながりの拡大も，大学教授職研究の指摘するところである。大学教員は，ますます，「管理された専門職（managed professionals）」としての側面を強めるとともに，大学教員以外の大学専門職との相互の関係を強めている（Roades 2007=2015）。また，アメリカの公立高等教育機関における産業ロジック（Industry logic, 高等教育において経済貢献の役割を優先する制度ロジック）の影響をケーススタディに基づいて検討したパトリシア・ガンポート（Gumport 2019）は，アカウンタビリティ要求の拡大をうけ，大学教授職のなかに，経済合理性に基づくマネジメントの支持者となり，産業界との積極的な関係構築に適応した者が現れたことを描いている。同時にガンポートは，伝統的な専門職としての自律性を重んじ，コスト，効率性，アウトカムの監視に抵抗する大学教授職の存在も描いている。大学の運営方針において自由市場や合法的官僚制の論理が重みを増すなかで，組織方針に適応したアイデンティティを持つ大学教授職と，そこに抵抗を示す大学教授職の間でも，専門職内部の分断が生じているといえるだろう。

他方，英語圏を中心に大学教授職の感情面を含めた現況を，幅広い文献・言説と自身の経験に基づいた「制度のエスノグラフィー（institutional ethnography）」として描いたクレア・ポルスター（Polster 2022）は，大学教授職における市場原理への適応そのものが，大学教授職の仕事における不満，ストレス，疎外感，恐怖といった「学問的不安（academic insecurity）」を高め，それが更に大学の民営化に対する正当性を高めてしまうという悪循環が生まれていると指摘する。ポルスターは，「学問的不安」が高まる原因を，市場的慣行・価値観の導入に伴う大学管理職層からの規制と監視の強化にあるとする。これに対し，大学教授職は，業績や外部収入の増加によって組織要求に応えるべく，職務の効率化に腐心している。反面，同僚関係は戦略的・競争的となり，集団としての価値の追求よりも，個人的な利益の獲得が優先される。研究・教育の方針も，学問的に有意義だが時間のかかるテーマが敬遠され，短期的に成果のあがる内容に偏重する。この過程で，大学教授職は孤独感を増し，相互に不信を強め，「自発的・開放的な専門職」から，自己利益に腐心する「神経質な労働者」へと変貌する。これに伴い，大学教員の仕事に対する一般大衆の理解も，公共の利益に資するための活動というよりも，大学教員個人や特定組織の利益や生き残りのための活動としての印象が強まる。結果，分断化された大学教授職を統制・改善する手段として，市場的慣行・価値観が妥当であるとの認識が強化され，更なる民営化の推進が正当化される。以上のポルスターの見解は，民営化に対する強い批判意識に特徴づけられているため，ガンポートが描いたような，産業ロジックを肯定的に受け止める大学教授職層のリアリティとは異なるものである。しかし，ノールデグラーフが理想的に描いた「コネクティブ・プロフェッショナリズム」が，市場原理や組織要求に対する専門職の個別分断された形での適応として現れたとき，予期せざる負の側面を招来するとの点を体験的にあらわす言説として注目すべき内容を含んでいる。

3. AAUPにおいて学問の自由と専門職の自律性はいかに結びついたのか

以上のような，専門職の社会学におけるプロフェッショナリズムをめぐる議論，及び大学教授職研究の知見を踏まえたとき，AAUPの運動に現れた学問の自由と専門職の自律性の関係は，どのように解釈することができるだろうか。ここでは，AAUPの成り立ちを米国における大学教授職の専門職化の流れの中に確認するとともに，AAUPにおける学問の自由と専門職の自律性についての方針が明示的に表れた文書として，1915年宣言と1940年声明の内容を検証する。まず，多くの先行研究が指摘するように，AAUPは米国の大学教授職の専門職化を，その当初から明示的な目的としていた。ここでは，AAUPのなかでの専門職化と学問の自由の関係に関する認識をまとめたラリー・ガーバーの整理（Gerber 2010）を参照していきたい。

米国における大学教員の専門職化は，南北戦争後の急速な工業化と都市化，大学院の発明による研究機能の重視等，複数の要因によって進展したが，その促進要因のひとつに，ドイツ留学を経た学者の影響があったとされる。ドイツの大学教授は，教育相の権威の下に任命された国家公務員であったため，絶対的な自治権を享受していたわけではなかったが，19世紀後半の米国の大学教授に比べれば，自らの研究や教育だけでなく，管理職の選任や大学ガバナンスの他の重要な側面についても，多くの面で大学教授自身の権限が認められていた。ドイツ留学から帰った米国人の大学教授は，このようなドイツの教授陣のLehrfreiheitを理想像として，米国の大学教授の置かれた環境の改革を志向した。また，米国の大学教授陣が，自分たちの雇用の管理を含む大学のガバナンスに対しての権限を求めた背景には，19世紀の後半から20世紀の初めにかけての公共政策論争において，著名な社会科学者たちが訴訟によって職を追われる事態が相次いだこともある。米国の社会科学の教授陣は，急速な工業化と貧富の差の拡大によって生じた問題に立ち向かおうとする中で世間を賑わす論争に巻き込まれるようになっていたが，このような論争には，しばしば大学への企業献金者が関与し，従来の考え方に異議を唱える教授の解任を要求していた。ドイツにおける学問の自由の位置づけとは異なり，米国憲法においては言論の自由に関する修正第１条の定めはあるものの，学問の自由を直接に擁護する規定を含まない。このような状況下において，米国憲法修正第１条の定めを越えて，大学の教員が適切と思われる方法で自由に教鞭を執り，自ら選択した研究に重視し，その研究成果を公表する権利を具体的に保護するものとして，米国における学問の自由が希求された（Gerber 2010）。

米国の教授職における専門職化と学問の自由の関係を考える上で重要なのは，憲法上における学問の自由の保護が欠いた状況において，大学教授陣が持つ専門知識が，専門知識を持たない大学の経営陣や外部の献金者による恣意的な解雇を不当なものとする論拠として，次第に公衆から認められていった，との点である。その最初期の一例は，米国経済学会設立の原動力となったリチャード・T・イーリーの事例である。イーリーは，1890年代，労働争議を擁護したためにウィスコンシン大学での地位を失いかけたが，専門的な訓練を受けた経済学者は，「産業社会について他の人よりも知っているに違いない」と主張することで，公共的な問題に対する発言の権利の擁護に成功した。ただし，個々の学術団体が，その専門性に基づいて，学問の自由に対する支持を取り付けるのは容易ではなかった。20世紀初頭には，経済学会，社会学会，政治学会，心理学会，哲学会などが，公的な論争に関わることで解雇の危機に陥った大学教授の擁護に尽力したが，多くの場合において介入は失敗に終わった。このような個別の学問分野の取組への反省から，すべての教職員の学問の自由という原則を，学問分野の枠を超えた形で定義し，擁護しようという機運が高まったことが1915年における AAUP の結成につながった（Gerber 2010）。

3.1. 1915年宣言に見る大学教授職のプロフェッショナリズム

AAUP の初代会長となったジョン・デューイは，最初の活動として，学問の自由全般に関する報告書作成のための特別委員会を設置した。特別委員会は，同年，「学問の自由と終身在職権に関する原則宣言」（1915年宣言）を発表した。この声明は，明確に専門知識の保有と職務の公共性を根拠とした専門職の自律性の観点から，学問の自由と終身在職権の必要性を訴えており，フリードソンが示したプロフェッショナリズムの理想と同型の論理構造を備えている。同声明では，大学教授職の特質を，「長期にわたる専門的な技術訓練の後，知識の源泉を直接扱うことであり，また，自分自身や仲間の専門家たちの調査や考察の結果を，学生にも一般の市民にも，恐れや好意なしに伝えること」であるとする。そのうえで，この職務を適切に果たすためには，「大学が非常に自由であることが必要であり，大学の教員の発言が，専門職である学者ではない，学問に無関心な外部の素人の判断によって形作られたり制限されたり」してはならない，との見解を示す。一般市民（lay public）は，大学教授たちの見解に基づいて行動を強制されることはないが，「真理を探求するために訓練され，それに献身した人間の結論」が，「一般市民や寄付者や大学の管理者の意見の反響ではないということ」は，「社会全体の利益のためには，非常に必要なことである」と主張する（AAUP 1915）。

このAAUPにおける声明は，専門知識を持つ者の権利として学問の自由と合わせて，大学教授職の側に義務を求めてもいる。すなわち，「教育の自由を主張するのは，科学的探求の誠実さと進歩のため」なのだから，「この主張を正当に主張できるのは，科学的探求者の気質で研究を行う者だけである」。したがって，「無能な者やふさわしくない者を排除することや（purge its ranks of the incompetent and the unworthy），科学の名において主張する自由が，無能な者，浅薄な者，あるいは無批判で節度を欠いた党派主義者の隠れ家となることを防ぐことに対し，この専門職が消極的であるならば，その仕事が他の者によって取って代わられることは確実である」と戒める。したがって，この声明が主張しているのは，「個々の学者の絶対的な発言の自由ではなく，アカデミック・プロフェッションの絶対的な思想，探求，討論，教育の自由」であり，AAUPの役割は，「専門職が，それなしには社会に対してその特徴的で不可欠な奉仕を正しく行うことができない自由を真剣に守るだけでなく，それと同じぐらい真剣に，専門職としての人格，科学者としての誠実さと能力の基準を維持し，その奉仕にふさわしい道具となるよう努めるという誓約として解釈されなければならない」との立場が示されている。このように，AAUPの立場は，その学問の自由の根拠として，専門性を持つ者と持たない者の間に区分を設けることに根差しており，その視線は，大学教授職自身に対しても向けられている。これらの点を踏まえても，AAUPの立場は，専門性の有無によって専門職の自律性を根拠づける，伝統的なプロフェッショナリズムの考え方を強く反映している（AAUP 1915）。

なお，1915年宣言においてAAUPは，具体的な専門性に基づく大学ガバナンスのうえでの自律性の発揮の主体を，教員団や学科においていた。たとえば，大学のガバナンスに関する記述では，「教員団は独立した地位を占め…純粋に科学的・教育的な問題に関しては，第一義的な責任を負っている」としている。また，大学教授職の専門性が十分であるか否かの判断する役割も教員団に期待している。1915年声明に付された実践的提案では，大学教員の再任及び再任拒否に関しては，教員団を代表する会議体の助言と同意を得た場合にのみ行われるべきとしている。また，専門家としての能力不足を理由として大学教員の解雇や降格の判断を行う場合には，当該教員の所属学科および大学内の関連学科の教員，あるいは当該教員が希望する場合には他機関の専門家からなる委員会によって，正式な報告が書面で行われるべき，との指針を示している。このような能力判断の方針からは，AAUP が，大学教授職の専門性が十分であるか否かの判断を教員団に期待していることがうかがえる（AAUP 1915）。

3.2. 1940年声明に見る大学教授職のプロフェッショナリズム

1915年宣言が出されて以降，戦間期においては大学ガバナンスにおいて教員団が重要な役割を果たす慣行が広まっていった。また，学問の自由の原則と，その自由を守る手段としての終身在職権の承認も急速かつ広範囲に受け入れられるようになった。このような学問の自由の概念の広まりをうけ，1940年には AAUP と米国大学協会（AAC; Association of American Colleges）の間で，「学問の自由と終身在職権に関する原則声明」（1940年声明）の合意が成立し，ほとんどの米国大学において，学問の自由を守るための保護措置として終身在職権が事実上制度化されることとなった（Gerber 2010）。1940年声明は1915年宣言と同様に，職務の公共性を学問の自由の根拠とする。1940年声明は学問の自由と，それを達成するための終身在職権を，真実の自由な探求と表明による公益に資するものとして位置付けている。また，学問の自由の権利が相応する義務を伴うと考える点も同様である。ただし，1940年声明は，1915年宣言に比べると，学問の自由が正当化される領域を，大学教員の担当業務によって基礎づけられる範囲に限定して示す点に特徴がある。たとえば，学問の自由については，「教員は，他の学業上の義務を適切に遂行することを条件として，研究および研究結果の発表において完全な自由を有する」とある。また，「教師は教室で自分の教科について自由に議論する権利があるが，自分の教科と関係のない物議を醸すような問題を授業に持ち込まないように注意しなければならない」ともある。一方，終身在職権に関連して，解雇の判断や無能の告発が，教員，教員団以外の手によってのみ行われることを抑止しようとする方針については，1915年宣言において示されていた実践的方針の姿勢が部分的に反映されている。解雇については，「可能であれば，教員団による委員会および大学理事会の両方によって検討されるべきである」との方針が示されている。また，無能力（incompetence）の告発に関する審理では，大学教員自身と他の学者からの証言が必要であるとされている（AAUP 1940）。

プロフェッショナリズムの観点から見ると，1940年声明は，1915年宣言に比べ，専門知識の保有に基づく専門職としての自律性を学問の自由に基礎づける視点が明示的ではない。これは，同声明が AAUP 単独でのものではなく，米国大学協会との共同によるものであることに拠るものと考えられる（Metzger 1990）。ただし，AAUPの方針として，学問の自由と終身在職権を，専門職しての権利と義務の関係から捉える視点は，その後も継続している。1940年声明は，今日においても，AAUPが学問の自由の侵害についての調査，告発を行う際の原則となっているが，この声明における大学教員の権利と義務の関係について，特に関連性が高いAAUPの方針に1966年採択の「専門職倫理に関する声明」がある。この声明において，大学教員は「知識の進歩の価値と尊厳に対する深い信念に導かれ，自らに課せられた特別な責任を認識」することが求められている。そのために，「大学教員は学問的能力の開発と向上に全力を注ぎ」，「知識の使用，拡張，伝達において批判的な自己規律と判断力を働かせる義務」を持つものとされている（AAUP 1966）。1915年宣言において見られたような，専門性を持つ者と持たない者の間を明確に区別する記述を，1940年声明や専門職倫理に関する声明に確認することはできないが，専門知識の保有と職務の公共性を根拠とした専門職の自律性の観点から，学問の自由と終身在職権の権利と，それに伴う義務を基礎づける点では，AAUPの理念は一貫していると考えられる。

4. AAUPにおけるプロフェッショナリズムと労働組合主義の葛藤と接合

AAUPの学問の自由に関する取り組みは，その後，「学問の自由と終身在職権に関する委員会（Committee A）」による活動を中心に，現在に至るまで継続的に行われている。同委員会は，1940年声明を基盤としながら，それを侵害する個々の大学の事例や州・連邦の動きに対し，調査，勧告を行ってきた。これらの活動を通じ，AAUPは，米国における大学の自由や終身在職権を巡る問題について大きな存在感を有しており，メディアでも頻繁にAAUPの調査結果や主張が取り上げられている。しかし，AAUPによる調査，勧告は，学問の自由や終身在職権の権利を侵害する機関に対して，その評判を左右する情報を開示することで間接的に影響を与えることはできるが，個々の機関において労働組合が有するような直接の交渉力はない。このような課題に対し，AAUPは，1960年代以降，プロフェッショナリズムとの葛藤を伴いながらも労働組合主義（unionism）を受け入れ，個別機関での団体交渉も戦術として採用するようになっていく。AAUPにおける労働運動への接近の経緯について，以下，プロフェッショナリズムと労働組合主義の関係に注目してAAUPの運動史を整理したヘンリー・ライヒマン（Reichman 2015）を参照していきたい。

AAUPは，その発足当初から，しばしば「The Professors' Union」と呼ばれることがあったが，初期のメンバーは自分たちの協会が労働組合と同一視されることに対して否定的であったという。彼らにとって，労働組合は組合員の利益の擁護を第一義とするものとして理解されており，「共通善に対する高等教育の貢献」に資することで大学教員の専門職化を進めるというAAUPの使命とは相いれないものとして考えられていた。そのため，AAUPでは，個々の教育機関との間で労働協約を結ぶような他の労働組合とは異なるアプローチが追求された。それは，専門的基準（professional standards）を確立して，個々の教育機関を説得し，それを順守させるとの方針であった。このようなAAUPの立場の背景には，大学教員を他の被雇用者と区別する思想があった。当時，AAUPは大学教員を，「（大学理事会）によって任命されたものではあるが，いかなる意味においても被雇用者ではない」（1915年宣言）として捉えていた。また，20世紀の初期においては，大学教員の組織化において，労働組合としてのアプローチをとる米国教員連盟（AFT, American Federation of Teachers, 初中等教員を中心とした労働組合）が成功していなかった，との点もAAUPにおける労働組合主義の否定を正当化していた（Reichman 2015）。

このような労働組合主義に対する否定的な姿勢は，1960年代になると変化を見せる。ひとつには，高等教育の急成長と大衆化に伴い，大学教員の大衆化が進み，AAUPの会員構成にも変化が生じたことであった。AAUPの会員数は1946年には20,671人であったが，1965年には約68,900人にまで増加していた。また，1960年代前半にはAFTが大学教員の組織化に成功を収め始めていた。他にも，それまで団体交渉を拒否していた全米教育協会（NEA, National Education Association，初中等教員を中心とした専門職団体）が団体交渉を戦術として受け入れ，高等教育機関での組織化にも乗り出していた。組織構成員の大衆化に伴う経済的地位に対しての不満の高まりと，ライバル組織の台頭が，AAUPが労働組合主義に基づく団体交渉の役割を引き受けることを促した。ただし，AAUPは経済的利益のみに焦点化した労働組合に姿を変えるのではなく，団体交渉を通じて，経済的な問題と，AAUPが伝統的に取り組んできた学問的な問題の双方について，管理職との間に合意を実現することを目標とした。1960年代の後半，AAUPが団体交渉を支持する姿勢を示したことで，各大学のAAUPの支部における労働組合活動は急速に拡大した。ただし，当時はAAUPの内部には労働組合主義に反発を持つ会員も少なくなく，結果的に，AAUPの会員数は減少することになった。1969年に約78,000人であった会員は，1976年には約60,000人にまで減っている。この際，特に主要な研究大学やエリート私立大学における会員が急減している（Reichman 2015）。

4.1. 近年における労働組合運動との連携の拡大

その後，AAUPにおいては，会員構成が変化したことも背景となり，プロフェッショナリズムに基づく学問の自由と終身在職権についての調査，勧告活動と，労働組合主義に基づく経済的及び学問的問題についての団体交渉を両輪とする運動方針が定着していった。今日におけるAAUPの労働組合主義に対しての公式な姿勢は，2005年の「学術的な労働組合主義に関する声明」に表れている。同声明では，AAUPの労働組合主義を特徴づける点として，「学問の自由とシェアドガバナンスに対するコミットメント」「ローカルな自律性」「組織化の強調」「組織民主主義への貢献」の4つを挙げている。そのうえで，AAUPはあくまで，「特別利益団体」ではなく「公益団体」であると主張し，団体交渉を通じて「AAUPの創設者が1915年にアメリカ民主主義における教員の使命の最初の宣言で明言した“より広い公衆に対する義務”を果たすことができる」との姿勢を示している（AAUP 2005）。この意味において，20世紀後半のAAUPの歩みは，プロフェッショナリズムと労働組合主義の双方を，公益を軸として統合していく過程であったといえるだろう。

労働組合主義に関連し，近年のAAUPの活動として特筆すべきは，AFTとの間に歴史的な提携関係が実現したことである。21世紀に入ってから，AAUPはAFTとの間でパートナーシップを強化してきた。2022年に実現した両者の提携は，このような10年以上にわたる両組織の協力関係に根差している。その背景には，教育と学問の自由に対する立法府からの攻撃の増加，学生の借金の急増，不安定かつ貧困状態にある非常勤講師の増加と，その背景にある公的資金の慢性的な不足という，高等教育とK-12の双方にまたがる教育環境の悪化があったとされる。このような状況の変革のため，両組織は「高等教育のためのニューディール」の立法に向けたキャンペーンを行っている。このキャンペーンでは，「州および連邦レベルで高等教育への再投資の推進」，「学問の自由と終身在職権制度を損なう低賃金の臨時教員の雇用慣行を終わらせる」，「あらゆる社会経済的背景を持つ学生にとって手頃な価格でのアクセスを拡大する」，「アメリカ社会の不平等に対処する問題を研究し教える権利を教員から剥奪する運動に異議を唱える」，「学生ローンの返済を免除し，自費で教育費を支払わざるを得なかった人々の負担を軽減する」といった目標が追求されている（AAUP 2022a）。

この提携により，AAUPの全国組織はAFTのなかで「全国地域評議会（national regional council）」に位置付けられた。これにより，AAUPの会員は，AFTの会員としての権利を得ると同時に，AAUPの会員としての権利と特権をすべて維持している。2022年の提携時点において，AAUPの会員数は約44,000人であったのに対し，AFTの会員数は約1,700,000人であった。AFTの構成員は初中等教育（K-12）の教員を中心とするが，高等教育機関で働く者も270,000人以上が含まれている。このような組織規模の差は，一見するとAAUPがAFTに組み込まれるとの印象を与えるが，現時点ではAAUPは独立と自律性を保っている。AAUPは，非営利の専門職団体（professional organization）として，「公益のために，専門職全体と高等教育を擁護する」との方針を維持している。Committee Aを中心とした学問の自由と終身在職権についての調査，勧告活動なども健在である（AAUP 2022b）。

4.2. 幅広いメンバーシップへの志向

労働組合主義との接合に加え，今日のAAUPを特徴づけるのは，広い意味でのアカデミック・プロフェッションの包摂である。現在，AAUPの会員資格には，正会員，退職会員，準会員（正会員の資格を持たないもので，たとえば一般市民や高等教育機関のアドミニストレーターなど）の三種類がある。このうち正会員の資格は，米国およびカナダの高等教育機関において「教員，研究者，大学院生，または関連する専門職の職にある者（Any person who holds a professional position of teacher, researcher, graduate student, or related professional appointment）」として，幅広く設定されている（AAUP 2019）。このような幅広い会員を受け入れる姿勢について，2010年にAAUPの事務総長を務めていたゲイリー・ローズは，「私たちは教授達だけではなく，テニュアトラック教員や臨時教員（contingent professors），大学院生，博士研究員，その他の学術専門家（academic professionals）を含むアカデミック・プロフェッション全体のために働いている」「私たちは大学だけでなく，リベラルアーツ・カレッジやコミュニティ・カレッジの教員のためにも働いている」「私たちは学術界だけでなく，高等教育と関わり，高等教育によって形作られる社会のためにも活動している」として，AAUPの立ち位置を説明している（Rhoades 2009）。AAUPが1915年の発足時に示していたような専門性の有無によって構成員を区別する姿勢は，正会員と準会員をわける基準（アドミニストレーターや一般市民を含むか否か）に一部残されてはいるものの，学問の自由の擁護のためにAAUPが支援すべき「アカデミック・プロフェッション」の範囲は非常に緩く設定されている。

これら幅広い支援対象のなかでも，近年のAAUPの運動として特筆すべきは，臨時教員の学問の自由の擁護に関する取り組みである。臨時教員の定義には，終身雇用トラック以外で任命される非常勤および常勤教員の両方が含まれている。米国の大学の教員のなかで臨時教員が占める割合は，1987年秋には47%であったが，2021年秋には68%に増加した。一方，終身在職権を持つ常勤の教員の割合は，1987年秋の39%から2021年秋の24%にまで減少した（Colby 2023）。AAUPは臨時教員の増加を，大学における学問の自由の危機，搾取的な労働条件の普及，継続的な支援を必要とする学生の利益を損なうものとして捉え，「臨時教員にはパートタイムまたはフルタイムでの終身在職権のある職に移る機会が与えられるべきであり，その要件は同僚教員によって定義されるべきである」「非常勤教員は継続的な見直しと再任用の適切な機会を与えられた後に継続雇用が保証されるべきである」「どんなポジションでも新しい教員を募集し任命する際には新しい教員が最終的に終身在職権を獲得できる見込みが確実にあるように細心の注意を払う必要がある」との基本原則を2003年に示している（AAUP 2003）。また，2012年には，臨時教員を教員団によるガバナンスの担い手に含めることについて，難しい問題としながらも，「強力な教員団による統治を確立するためには不可欠である」との結論を示している（AAUP 2012）。このような臨時教員の扱いから見ても，近年におけるAAUPは専門性による排除を基調とした伝統的なプロフェッショナリズムとは異なるような，幅広い大学教育職の包摂を志向する点に特徴があるといえるだろう。

5.　おわりに

プロフェッショナリズムを巡る専門職の社会学の議論に照らした場合，1915年宣言に示されたAAUPの発足当初の方針は，フリードソンが示したような伝統的なプロフェッショナリズムの理想と重なるものである。そこでは，明確に専門知識の保有と職務の公共性を根拠として学問の自由と終身在職権の必要性が訴えられており，専門性の有無によって専門職の自律性を根拠づける考え方が強く反映されていた。また，学問の自由の権利の要求は，誠実に科学的探究に取り組むという専門職としての義務を伴うものとして理解されており，「無能な者やふさわしくない者を排除する」といった，苛烈とも言えるような特徴も備えていた。

他方，ノールデグラーフが示したフェッショナリズムの区分からいえば，1915年宣言に示されたAAUPの方針は，プロテクティブ・プロフェッショナリズムの内容に近しい。これに対し，AACとの共同で示された1940年声明の内容は，学問の自由が正当化される領域を，大学教員の担当業務によって基礎づけられる範囲に限定して示す点に特徴がある。この意味において，AAUPの方針は，初期から比べると，特に大学組織の関係において，コネクティブ・プロフェッショナリズムが想定するような利害関係者との接続へと緩やかに変化している。しかし，20世紀後半におけるAAUPの運動史において，より重要なのは，その活動の接続先が，ノールデグラーフが想定するような，自由市場の論理や，合法的官僚制の側面を備えた組織の論理と結びつく方向にではなく，K-12の教員組合や，大学教授職を取り巻く広い意味での同僚（テニュアトラック教員，臨時教員，大学院生，博士研究員，その他の学術専門家）であった，との点であろう。プロテクティブ・プロフェッショナリズムを特徴づけるような専門職と非専門職の分断を乗り越える方向には，自由市場への適応や，合法的官僚制への適応とは異なる道として，専門分野，組織，職種，業界を越えた広い意味での同僚との連携という方向性があることを，AAUPの経験は示している。

ただし，このようなAAUPの戦略が，学問の自由を守るうえで有効であるのか否か，との問いは，また別の検討を必要とする。臨時教員に大いに依存する米国の大学の現状は，憲法上の裏付けを欠くなかで，専門職団体及び労働組合として学問の自由を守ることが，いかに困難であるかを示す証左ともいえる。他方，同僚関係を拡張しようとするAAUPの運動方針は，成功裏に定着するならば，ポルスターが示したような，組織要求への適応がもたらす「学問的不安」の増大と悪循環への対抗策としては有効な側面を持つと考えられる。ポルスターは，悪循環を止めるためには，「学者に素朴で自己犠牲的な対応を促すことではなく，むしろ，集団の安全と幸福を同時に促進する行動を選択し，それによって同僚にも同じ行動をとるよう促すこと」が必要であると結論において提案している。今日における大学と大学教員に対する公衆からの信頼の低下が，市場原理や組織要求に対する専門職の個別分断された適応がもたらした意図せざる結果であるとするならば，それとは異なる形での公益の追求が専門職には求められるところである。AAUPの運動方針は，その有力なオルタナティブのひとつとして，今後の展開も含め，引き続き注目に値する。

〈引用文献〉

AAUP, 1915, 1915 Declaration of Principles on Academic Freedom and Academic Tenure, https://www.aaup.org/（2024年6月18日確認，以下同）

――――1940, 1940 Statement of Principles on Academic Freedom and Tenure.

――――1966, Statement on Professional Ethics.

――――2003, Contingent Appointments and the Academic Profession.

――――2005, Academic Unionism Statement.

――――2012, The Inclusion in Governance of Faculty Members Holding Contingent Appointments.

――――2019, AAUP Constitution.

――――2022a, AFT and AAUP Pursue Historic Affiliation.

――――2022b, FAQs on AAUP/AFT Affiliation.

Abbott, Andrew, 1988, *The System of Professions*, The University of Chicago Press.

Arimoto, Akira, 2010, The academic profession and the managerial university: An international comparative study from Japan, *European Review*, 18(Suppl. 1), pp.117-139.

Caravalho, Teresa, 2017, The Study of The Academic Profession–Contributions from and to The Sociology of Professions, *Theory and Method in Higher Education Research*, Volume 3, pp.59-76.

Colby, Glenn, 2023, Data Snapshot: Tenure and Contingency in US Higher Education, *ACADEME*, Spring 2023.

Freidson, Eliot, 2001, *Professionalism: the third logic*, Polity Press.

Gerber, Larry G, 2010, Professionalization as the Basis for Academic Freedom and Faculty Governance, AAUP Journal of Academic Freedom, Volume 1, pp.1-26.

Gumport, Patricia J, 2019, *Academic Fault Lines: The Rise of Industry Logic in Public Higher Education*, Johns Hopkins University Press.

羽田貴史，2023，「大学の危機と大学教員の危機」『大学評価研究』第22号，pp.11-20.

福留東土，2020，「アメリカの教授職」有本章編著『大学教授職の国際比較 世界・アジア・日本』東信堂.

高木英明，1998，『大学の法的地位と自治機構に関する研究 ドイツ・アメリカ・日本の場合』多賀出版.
松田浩，2022，「アメリカにおける学問の自由の受容と制度化」羽田貴史他編『学問の自由の国際比較 歴史・制度・課題』岩波書店.
Metzger, WP, 1990, THE 1940 STATEMENT OF PRINCIPLES ON ACADEMIC-FREEDOM AND TENURE, Law and Contemporary Problrems, 53.3, pp.3-77.
丸山和昭，2017，「再専門職化の時代における教員養成の方向性」『日本教育行政学会年報』43巻，pp.44-52.
村澤昌崇，2023，「日本の大学教員―諸々のデータが問いかけるその実像―」『大学評価研究』22，pp.41-48.
Noordegraaf, Mirko, 2007, From pure to Hybrid Professionalism: Present-Day Professionalism in Ambiguous Public Domains, *Administration and Society*, 39/6, pp.761-85.
――――2020, Protective and Connective Professionalism? How Connected Professionals can (still) act as autonomous and authoritative experts, *Journal of Professions and Organizations*, 7, pp.205-223.
Polster, Claire, 2022, Vicious circle Academic insecurity and privatization in western universities, Côté, James E. ed., *Routledge Handbook of The Sociology of Higher Education* (*Second Edition*), Routledge.
Reichman, Henry, 2015, Professionalism and Unionism: Academic Freedom, Collective Bargaining, and the American Association of University Professors, *AAUP Journal of Academic Freedom*, Volume 6, pp.1-18.
Rhoades, Gary, 2007, The study of the academic profession, Gumport, Patricia J ed., S*ociology of Higher Education; Contributions and Their Contexts*, Johns Hopkins University Press.（＝2015，伊藤彰浩，橋本鉱市，阿曽明裕監訳，『高等教育の社会学』）
――――2009, From the General Secretary: What the AAUP Stands For, Academe, November-December 2009.
新堀通也編，1984，『大学教授職の総合的研究』多賀出版.
湯川やよい，坂無淳，村澤昌崇，2019，「大学教授職研究は何をなしうるか 成果と展望」『教育社会学研究』第104集，pp.81-104.

吉田翔太郎，2022，「1930年代アメリカにおける大学教員養成に関するAAUPの見解に関する考察―AAUP大学教育委員会の活動に着目して―」『大学経営政策研究』12，pp.119-135.

ABSTRACT

Academic Freedom and Professional Autonomy Based on the History of AAUP

The initial policies of the AAUP, as articulated in the 1915 Declaration, align with traditional professionalism ideals described by Freidson. These policies emphasized the necessity of academic freedom and tenure based on specialized knowledge and public duties, justifying professional autonomy through expertise. Academic freedom was tied to the obligation to engage in sincere scientific inquiry, including the exclusion of those deemed incompetent or unsuitable.

The 1940 Statement, co-authored with the Association of American Colleges and Universities, does not explicitly differentiate between those with and without expertise. However, it still supports academic freedom and tenure rights based on specialized knowledge and public duties, along with accompanying obligations. This principle remains a reference point for the AAUP's activities today.

Without clear constitutional protections for academic freedom, the AAUP has worked to establish and maintain nationwide professional standards. Through investigations and recommendations, it has promoted academic freedom and tenure. However, the AAUP's professional approach only indirectly impacts the improvement of working conditions at individual institutions. Since the 1960s, influenced by competing faculty unions and the democratization of university faculty, the AAUP has increasingly leaned towards unionism. This shift led to the departure of members unable to reconcile with unionism, but the AAUP continues to support both the protection of academic freedom based on professionalism and collective bargaining on economic and academic issues rooted in unionism.

In recent years, facing increased political intervention in education and a lack of public funding, the AAUP has further embraced unionism, as seen in its partnership with the American Federation of Teachers (AFT), while still maintaining its unique role as a professional association.

According to Nordelgraaf's categorization of professionalism, the AAUP's policies in the 1915 Declaration align closely with protective professionalism. In contrast, the 1940 Statement is characterized by a more limited scope of justified academic freedom based on specific university faculty duties, without explicitly basing professional autonomy on specialized knowledge. Thus, the AAUP's policies have gradually shifted from early ideals, particularly in relationships within university organizations, towards connections with stakeholders envisioned by connective professionalism. A significant aspect of the AAUP's movement history is its broad connection with colleagues, including K-12 teacher unions and those surrounding tenured university faculty.

The AAUP's experience shows that overcoming the divide between professionals and non-professionals involves broad collegial cooperation across job categories, organizations, and industries. However, whether this strategy effectively protects academic freedom requires separate consideration. The current reliance on contingent faculty indicates the difficulty of protecting academic freedom without constitutional backing. On the other hand, if successful, the AAUP's strategy of extending collegial relationships could counteract the "academic anxiety" caused by organizational demands. Polster concludes that stopping this cycle requires actions promoting collective safety and well-being, encouraging colleagues to do the same. If the decline in public trust in universities and faculty today results from fragmented professional adaptation to market and organizational demands, a different pursuit of the public good is required. The AAUP's policies, as a strong alternative, deserve continued attention, including future developments.

Keywords: Academic Freedom, Professional Autonomy, American Association of University Professors (AAUP)

教育社会学研究第114集（2024）

大学自治権喪失への途

小林 信一

【要旨】

本稿の目的は，今日の大学の自治の意味を分析することである。世界的に見ても，現在の社会情勢は大学の自治に２つの側面から新たな課題を突きつけている。一つは，学問の自由と大学の自治に政治が介入する動きであり，もう一つは，ソーシャル・ネットワーキング（SNS）の時代における学問の自由と大学の自治の意味の変容である。この目的を達成するために，本稿では体系的な分析は行わず，先駆的な事例を探ることで変容を描き出す。

まず，学問の自由と大学の自治が一体化している日本の特殊性を簡単に紹介する。次に，大学の自治が失われつつある最近の状況を説明する。トランプ大統領の誕生以来，政治家による大学への敵対的な態度が広がっている。さらに2022年以降，世界的な経済不況や欧米で移民排斥を主張する右派ポピュリズム政党や政権が優勢となった結果，彼らは大学に対して政治介入し，学問の自由や研究活動の国際化に制限を加えようとする。ほとんどの大学は国や自治体の財政によって支えられているため，財政支援の後退もまた，終身在職権制度など，学問の自由や大学の自治の基盤を弱体化させる政治介入となった。SNS が普及すると，合理性や真実性が意味を失い，大学もアテンションで評価されるようになった。アテンションを獲得するためには大学もアピールしなければならない。大学の自治の目的はアテンションを集めることになった。

キーワード：大学の自治，政治の介入，SNS

広島大学

1. はじめに

1.1. 本稿の目的

本稿の目的は，今日の大学の自治の意味を分析することである。世界的に見ても，現在の社会情勢は大学の自治に２つの側面から新たな課題を突きつけている。一つは，学問の自由と大学の自治に政治が介入する動きであり，もう一つは，ソーシャル・ネットワーキング（SNS）の時代における学問の自由と大学の自治の意味の変容である。

本誌が掲載する論考のような投稿論文であれば，先行研究の延長線上で研究すればよい。しかし，従来研究対象とされてこなかった先駆的事象や社会の仕組みの不安定化，環境条件の変化により，依拠すべき枠組みを喪失した事象に関しては，どのように研究，論述すべきかの枠組みがない。本稿が扱う大学の自治という問題は，後述するように一見古い話題のようでいて，実はその意味や位置付けが大きく変化しており，最新の動向を論述する枠組みがない。そのような場合は，体系的な分析は行わず，断片的であっても，関連しそうな事例を探索し，事例の包括的分析を加えるという素朴なアプローチが許されるであろうし，有効である。

本稿では，まず学問の自由と大学の自治が一体化して議論される日本の特殊性を簡単に紹介する。次に，大学の自治が失われつつある最近の状況を説明する。トランプ大統領の誕生以来，政治家による大学への敵対的な態度が広がっていることのみならず，2022年以降，世界的な経済不況や欧米で移民排斥を主張する右派ポピュリズム政党や政権が優勢となった結果，大学に対する政治介入が頻発していること，また，ほとんどの大学は国や自治体の財政によって支えられているため，財政支援の後退も学問の自由や大学の自治の基盤を弱体化させる介入となっていることを論じる。最後に，SNS 時代における学問の自由と大学の自治の意味の変容について分析する。

1.2. 学問の自由，大学の自治をめぐる日本の特殊性

そもそも学問の自由と大学の自治を並べる課題設定自体が日本の特殊性を反映している。英国，フランス，米国などの権利章典や憲法には相当する規定がないことが知られている（高柳　1983，p.48)。基本的人権の尊重，幸福追求権，表現の自由などの市民的自由は十分に保障されているのであり，これらにより「学問の自由」は十分に保護されると考えるからである。

日本国憲法も，市民的自由を保障している。日本国憲法は，「第11条　国民は，すべての基本的人権の享有を妨げられない。」「第13条　すべて国民は，個人として尊重される。生命，自由及び幸福追求に対する国民の権利については，公共の福祉に反しない限り，立法その他の国政の上で，最大の尊重を必要とする。」「第19条　思想及び良心の自由は，これを侵してはならない。」「第21条　集会，結社及び言論，出版その他一切の表現の自由は，これを保障する。」と，規定しており，これらで基本的人権の尊重，幸福追求権，表現の自由などの市民的自由は十分に保障されている。これらにより「学問の自由」は十分に保護されると考えることもできる。

しかし，学問の自由は，日本国憲法「第３章　国民の権利及び義務」の中で他の権利から切り離し，単独の項目として括り出して，第23条に「学問の自由は，これを保障する。」と規定している。

日本国憲法の人権規定では，「すべての国民」「何人も」と，誰が規定を守るべきかが明記されている事項が多いにも関わらず，「学問の自由」はそれを保証する主体が誰であるかが，示されていない。この点に関しては，さまざまな学説があるが，ここでは深入りせず，日本国憲法の主語は，その前文に記されているように日本国民であるので，日本国民が学問の自由を保証することを前提としたい。しかし，その場合，「誰の学問の自由を」「どのように保障するのか」という疑問が湧き上がる。憲法の起草者でもない限り，この質問に対する回答はできないであろう。

この点に関しては，多数の日本国憲法の解説書を見る限り，特段の説明もなく憲法施行直後から，学問の自由は大学の自治と一体的なものとして理解されてきたようである。すなわち，学問の自由は大学のための規定なのである。それが自然な解釈だったようである。

佐々木惣一は日本国憲法の制定にも関与した人物であるが，「日本国憲法論」（佐々木　1949，p.404）は，学問の自由は「国民一般に保障せられるのであって，単に学問を業務とするいわゆる学者のみに保障せられるのではない。従って，ひとり大学などの方面に限って存することではない。」としている。この記述は学問の自由は学者や大学だけに限定されず，国民一般の権利であると説明したものだが，逆に大学における学問の自由が根幹にあることを示している。

なお，佐々木は，学問の自由は，真理の探究の自由，真理の探究の成果の発表の自由からなるものとし，教授については，真理の探究の成果の発表の自由の一形態と位置付ける（佐々木　1949，p.404）。「学問の自由」論においては，「教授」という概念が登場するが，たとえば小中学校における教育を含む教育全般を指すのではなく，あくまでも大学等の教員による大学等における教育を指して，限定的に使用されるものである。その意味で，教授という概念は大学の自治と密接に関係することになる。

鈴木安蔵は，「大学の自治は，研究の自由，教授することの自由を保障するのに不可欠のものとして当然に要請される。」（鈴木　1953，p.145）と述べた。ここでは，研究の自由と教授の自由が学問の自由を構成する。また，「当然に要請される」と言う表現は，学問の自由と大学の自治は表裏一体のものであることを示唆している。このように，日本国憲法の「学問の自由」の条文は，学問の自由と大学の自治を，暗黙の前提として結び付けることを企図していると認められる。

伊藤正己は，学問の自由の主体は研究を行う（すべての）個人（外国人を含む）や共同研究をする研究者集団や法人としながらも，学問の自由の一部を構成する講義の自由に関しては大学ないし高等研究機関に属する研究者にのみがその主体となると整理した（伊藤　1990，p.278）。このように学問の自由は大学と深く結び付けられている。

このような学説にも関わらず，歴史的にみれば，大学の自治と学問の自由は相互に独立した概念であった。大学の自治は大学の誕生とともに存在していたと見ることが可能である。社会の中で「大学という存在」がある種の自律性（＝自治権）を持って，社会の中の他の存在とは区別されて存在していたからこそ，「大学」が「大学」として認識され，成立したのである。

ただし，何に対する自治なのかは，多義的である。社会一般に対する自治，領主らの世俗的権威や教会の宗教的権威に対する自治，大学内部の自治的統治（自由であるにせよ，統制的であるにせよ），がありうる。しかし，大学が自治的であったとしても，それが大学における学問の自由を意味するものではないことも，また歴史的事実である。

1.3.　先駆的議論

学問の自由や大学の自治に関しては，高柳信一が『学問の自由』（高柳　1983）で，その歴史や原理，ドイツや日本での発展等について，当時の最高の到達点ともいうべき学説を，体系的に取りまとめている。

イマヌエル・カントは，1798年の『諸学部の争い』（Immanuel Kant 訳書 2002）で，宗教的権威に支配される神学部，世俗的権威に支配される法学部，専門家の知識に依拠しつつ，行政的権威を構築する医学部に対比する形で，批判と創造を担う哲学部（今日のリベラルアーツに相当）の必要性を訴えた。これはドイツにおける18世紀末の中世大学から近代的大学への転換を反映したものだといえよう。当時のドイツは領邦国家の統一を目指す近代化の過程にあったが，哲学部の発展は，領主（領邦君主）が設立した大学や領主が認可した大学が近代化する過程で直面した，さまざまな混乱の賜物でもあった。このような説明は簡略ではあるが，とくにドイツでの近代的大学の発展の正統な理解であろう。そして近代的大学像は今日でも有効なモデルであり，すべての大学はそのようなものとして理解されている。

1.4. 憲法と学問の自由・大学の自治

学問の自由に関する議論は，世界人権宣言（1948年）にもなく，ヨーロッパ人権条約（1950年）にもない。学問の自由に関する議論は，もっぱらドイツが主導してきた。宮沢俊義（宮沢　1968，pp.180–182）によると，学問の自由を憲法に規定しようとしたのは，1848年にドイツ統一を目指してフランクフルトに召集された「憲法制定ドイツ国民議会」であり，検討されていた憲法案は「フランクフルト憲法（1849年３月）」と呼ばれる。憲法案の一部は「ドイツ国民の基本権」（1848年12月）と称する法律として制定された。その中の第22条で「学問とその教授は自由である。」と規定された。「フランクフルト憲法」案では第152条に学問の自由が「学問及びその教授は自由である。」と規定された（高田・初宿翻訳　2007，p.47）が，「フランクフルト憲法」は，結局成立しなかった。

その後，1850年のプロイセン憲法の第20条に「学問及びその教授は自由である」（高田・初宿翻訳　2007，p.59）として規定されることになった。これが憲法に学問の自由が規定された最初の例であるが，あくまでも領邦国家のひとつであるプロイセンの憲法にとどまった。

その後は，第一次世界大戦後のドイツの共和制憲法である「ワイマール憲法」（1919年）の第142条に「芸術，学問およびその教授は自由である。国家はそれを保護し，その育成に参加する」と規定された（高田・初宿翻訳　2007，p.143）。これが憲法に学問の自由が本格的に規定された最初の事例だと見做しうる。

なお，第二次世界大戦後のドイツ連邦共和国基本法（1949）の第５条は表現の自由を規定し，その中で「芸術および学問，研究および学説は，自由である。」（大石編　1956，p.288）とした。ここで学説とは教授をさしている。

このように，「学問の自由」はドイツで特に関心を持たれた。ドイツ法を積極的に取り入れた日本でもドイツ流の「学問の自由」論が主流になっている。

1.5. 伝統的概念の限界と変質

21世紀には，このような大学論，学問論は，現実に対応できなくなっている。米国では2023年初頭から共和党が，大学の伝統的価値である多様性・平等・包摂（DEI: diversity, equity, and inclusion）は大学における言論の自由を否定するものだなどと言って攻撃する動きもみられる。The Chronicle of Higher Education は，2023年１月20日からから DEI 立法トラッカー（DEI Legislation Tracker）によって，全米各州で主として州知事や州議会による高等教育における DEI を否定，廃止する動きを調査し，掲載し続けている（Kelderman 2023）。また，これらの DEI 攻撃が大学レベルでどのような影響を受けているのかについても，紹介を続けている（Gretzinger and Hicks 2024）。

今や学問の自由は許容されないか，あるいは伝統的理解とは逆の意味で用いられる場合すらある。例えば，学問の自由を，知的多様性を否定する自由，特定の学問の教授・研究を制限する自由など，右派ポピュリスト的な主張を正当化するための権利だと解釈する動きすら見られる。世界を見渡せば，後述するように，近年は大学の自治や学問の自由を支えてきたテニュア制度が否定され，制度の廃止が現実化してきている。学問の自由，大学の自治も新たな観点から再考されるべき時を迎えているのである。

その上，SNS の時代になり，学問の活動がネット空間で展開されるようになった以上，伝統的な学問や大学の世界ではなく，ネット空間における学問の自由，大学の自治の意味を検討すべき時を迎えている。

2. 政治による大学自治への介入

2.1. トランプの大学批判

政治による大学自治への介入の傾向は，米国で2007年頃にはじまるサブプライム住宅ローン危機，リーマンショックなどの「金融危機」，2015年頃に始まる「社会の分断」「格差社会」「反知性主義」「ポピュリズム」「大学の否定」「陰謀論やフェイク」のトレンドと密接に関係している。

大学がある種の既得権を有する集団に専有されており，それが格差の源泉になっているという見方が拡大し，トランプ大統領などは既得権に守られた大学を敵視するようになっていった。政治が大学を支持せず，敵視するようになったのである。

その経緯は，米国のピュー研究センター（Pew Research Center）による世論調査に端的に現れている。例えば，米国ではトランプ政権誕生後に，共和党支持者のあいだで大学に対する評価が急速に低くなった。政治的態度と教育や科学技術に対する態度の関係について，2017年7月の調査（Fingerhut 2017）によると，共和党支持者の中で大学が社会にとってネガティブなインパクトを持つと考える者（58%）が，ポジティブなインパクトを持つと考える者（36%）を大きく上回った。民主党支持者については逆で，それぞれ19%，72%であった。興味深いことに大統領選挙が始まりつつあった2015年時点の調査では，共和党支持者の大学に対する評価は逆であった（ネガティブ37%，ポジティブ54%）。トランプ大統領の誕生前後のたった2年で，共和党支持者の間で大学に対する態度が急激に悪化するという変化が生じたのである。この2年間のあいだに，社会の分断が進んだと思われる。

また，2018年6月から7月にかけて実施されたピュー研究センターの調査結果（Brown 2018）によると，米国人の61%が米国の高等教育が間違った方向に向かっていると回答している。共和党支持者では73%が米国の高等教育が間違った方向に向かっていると回答しているのに対して，民主党支持者の中は52%が米国の高等教育が間違った方向に向かっていると回答している。民主党支持者でも過半数が肯定していることは，米国の大学にとっては，深刻な問題である。なぜ，そのようになったのか。

高等教育が間違った方向に向かっている理由については，回答者の84%が高い授業料が問題だとしている。65%は学生が職場で必要なスキルを身につけていないからだという。興味深いのは，これらに続く2つの理由である。すなわち，大学が攻撃的なものの見方から学生を保護していないのではないかという理由（共和党支持者75%，民主党支持者31%）や教授たちが自らの政治的および社会的見解を教室へ持ち込んでいるのではないかという理由（共和党支持者79%，民主党支持者17%）である。いずれも，大学の政治的性格に対する直接的な批判であり，党派間の差が大きく，共和党支持者が圧倒的に批判的であることを示している。

トランプ政権が生まれた時代は，とくに共和党支持者の間で，反大学的な世論が急速に拡大した時代だったのである。ただし，大学に対する厳しい評価は，民主党支持者のあいだにも浸透し始めており，大学は安心していられる状況ではなかった。DEIが大学の伝統的価値観である，またはあるべきだと考える大学人は今日でも少なくないと思われるが，そのようなリベラルな大学像は，一般社会から乖離したものになってしまった。やがて政治家が大学に対してさまざまな形で介入するようになっていくのである。

2.2. 大学自治に対する政治の介入

このような大学に対する政治家の態度は，米国にとどまらず，幅広く世界各国でみられる。このことは，高等教育分野ではよく知られたUniversity World Newsの編集・発行者として著名なボストンカレッジのCenter for International Higher Educationの創設者であるPhilip G Altbachと二代目の所長のHans de Witの両名によるニュース記事（Altbach and de Wit 2023）が「大学の政治化Government politicisation of universities」と命名し，具体例を紹介している。個別の事例は各種のニュースを通じて，すでに知られているものではあるが，彼らの記事に沿って紹介すれば，以下のような事例がある。

事例１「政府による大学の自治への介入の例（2023年現在）」

・アメリカのフロリダ州では，ロン・デサンティス知事が，共和党が多数派である州議会の支持を得て，高等教育に介入している。同知事は，公立大学のカリキュラムに干渉し，いわゆる批判的人種理論やそれに関連するテーマの教育を禁じた。また，リベラルアーツ教育で定評のあるニュー・カレッジ・オブ・フロリダの理事会を保守派に入れ替え，学長を解任してカリキュラムを再編成した。

・ロシアでは，ウクライナ戦争後，高等教育を政治的に制約する傾向はさらに悪化した。戦争が始まったとき，ロシアの学長たちはロシアの行動を支持する公開書簡に署名するよう提案され，ほとんど全員が反対することなく署名した。また，ナショナリズムに焦点をあてた新しいコースが導入され，治安機関が学術生活を監視するようになった。多くの教授が海外に逃亡し，解雇された者もおり，ロシアの高等教育は，ソ連時代の孤立した状態に逆戻りした。

・ハンガリーでは，「ハンガリーのトランプ」とも称されるヴィクトール・オルバン首相が，同国の親欧州路線を右派ポピュリズム路線へと転換させ，大学に対しては，大学の法的地位，統治形態，指導者を変更し，政権に忠実なものにした。その余波で，冷戦終焉後に設立された国際性に富む中央ヨーロッパ大学は国外に追放され，オーストリアのウィーンに移転した。

・中国は，習近平政権の下で，本土や香港の高等教育の統治形態やカリキュラムに積極的にイデオロギーを押し付けている。

・インドでは，モディ政権が政権批判を規制し，大学教授に対しても批判を制限する政治的圧力をかけている。

・メキシコのポピュリスト的性格の強いロペス・オブラドール大統領は，国による研究活動への統制を強化している。

・ニカラグアでは，イエズス会が運営する中米大学の資産を政府が没収し，キャンパスを閉鎖した。他の大学にも制限的な措置が取られている。

これらの事例は，右派ポピュリスト政権や，共産主義政権，権威主義政権，半権威主義政権の下で見られるものである。政府が学術界や大学を政府から独立的または政府に対して反対する思考や行動の源とみなし，反体制的な意見を抑圧し，教員，学生，管理者を統制し，何を教え，何を研究するかに口を出すのである。政治が大学の自治を否定もしくは無視する動きであるが，大学や社会の中で政府の介入に反対する声は強まらなかった。それどころか，反対の声が存在しないケースすらある。

2.3. 大学批判・大学自治否定の政治経済的背景

欧州諸国では，経済的な停滞の結果，貧困層が拡大し，ちょうど中東やアフリカ等から流入し続ける移民労働者に職を奪われた形になった。その結果，貧困層と既得権に守られた富裕なエスタブリッシュメントとの分極化により社会の分断が進み，社会的，政治的に不安定な状況に陥る。そのような状況下で，移民排斥的右派ポピュリスト政党が急速に国民の支持を集め，政権を樹立したり，政権に参画するまでになっていった（イギリスのように政権を維持している伝統的な政党ですら反移民的政策を打ち出している国もある）。こうした政権は，大学を敵視する政策を掲げた。大学は，いわば格差社会の勝ち組であり，政権を支持する貧困層の犠牲の上で，経済の停滞にもかかわらず，大卒者は比較的安泰な生活を享受していると見なされたのである。トランプ大統領は，反知性主義的な言動とともに，既得権に守られた大学に対する敵対的政策を進めようとした。

韓国でも尹大統領が当初，大学は一般市民から乖離した「既得権のカルテル」（a cartel of suppliers with vested interests）だと評して，大学はエリート層（エスタブリッシュメント）の特権を温存するための装置だと攻撃した（JoongAng Ilbo 2023）。また，2024年度政府予算で科学技術予算の大幅削減をした（Yumi Jeung 2023）。このような発想はトランプ的である。

ところが，2024年の国会議員選挙で，与党が敗北したことから，研究予算の削減は１年で終わり，次年度から回復する見込みとなった。しかし，１年の予算削減により，ひとたび中断・廃止された研究活動を再開することは現実的には困難である。それだけでなく，研究労働力としての若手研究者（ポスドクや博士学生）も，当てのない未来を期待して失業を続けるわけにもいかないので，多くが研究の世界を離れた後であり，急速に穴埋めできるというものでもない。

米国は，ある意味ではもっと深刻かもしれない。求人に際して学歴要件を外す例が増えているというのだ。慢性的な労働者不足が続く中で，大学卒を条件とすることが，雇用が確保されない原因だと考えられ，求人に際して大学卒という学歴要件を外し始めたのだ。つまり大学の否定である（Fuller, Langer, Nitschke, O'Kane, Sigelman and Taska 2022; Sigelman, M., Fuller, J., Martin, A., 2024.）。ただし，現段階では実際の採用では依然として大卒が多く，学歴要件が無力化しているわけではない。ただし，学歴要件を廃止した企業では，大卒の学位を持たない就業者の定着率が向上し企業にメリットが生じただけでなく，大卒の学位を持たない就業者にとっても給与水準が上昇するというメリットが生じており，今後も一定の職種で増加が見込めるという。

2.4. 経済問題としての大学自治

このようなトレンドが生じたことにはやむを得ない面もあった。背景には，経済的問題と学問自体の問題が存在していた。

米国の州立大学，欧州の大学は（日本の国立大学も該当するが），国家や自治体の財政により支えられている。学問の自由・大学の自治は，実に経済的問題なのである。財政的支援が後退すれば，大学が提供する教育サービスの規模を縮小せざるを得ないが，そのためには特定のプログラムを廃止する等せざるをえない。こうして，どのような学問分野にどれだけの資源を配分するかという学問的観点で大学の自治を制限する。教職員も削減せざるをえない。教職員の削減のためには，テニュア（終身雇用権）制度は廃止せざるを得ない。テニュア制度は学問の自由，大学の自治を象徴する制度であるが，財政状況により，制約されるのである。

大卒という学歴が意味を持たなくなりつつあるという大卒者労働市場の変容も経済問題である。大学自治の否定どころか，社会の側からの大学そのものの否定という深刻な事態に発展する可能性を秘めている。

2.5. 日本の場合

我が国は，事情が異なっている。日本の場合，政党が明確な大学政策を持つことはほとんどない。2009年から2010年にかけて当時の民主党政権の下で行政刷新会議が実施した事業仕分けが唯一の例外と言ってよい。事業仕分けは政府予算全体にわたるもので，大学予算や科学技術予算はその一部でしかなかったが，新聞等が科学技術予算に関心を寄せ，報道した。

日本の場合は，政治よりも大蔵省（財務省）が政府予算の策定の一環として大学，とくに国立大学に関して注文をつけることが多い。その典型が，「選択と集中」である。

経済財政審議会は，内閣府に置かれた審議会であるが，いわば予算・財政運営や経済運営の司令塔であり，予算編成や経済運営は国政全般にわたるので，幅広いテーマが取り上げられる。その中で大学や科学技術が俎上に上ることになる。政治家も参加しているが，行政府の代表として参加しているのであり，欧米とは異なり，国民の代表として参加するのではない。学者等の専門家も参加するが，こちらも国民の代表というわけではない。結局は，大蔵省（財務省）が自らの方針に基づいて，または総合的な情勢判断に基づいて，予算・財政運営や経済運営の議論をリードしているのである。

日本では，大学の研究活動等に関して，しばしば「選択と集中」という概念が持ち出されるが，これは経済財政審議会と縁がある。2007年の経済財政審議会における議論の中で登場して以来，大学の研究活動に多用されるようになった概念である。2007年２月27日の平成19年第４回会議で，有識者議員４名（伊藤隆敏・丹羽宇一郎・御手洗冨士夫・八代尚宏）が共同で提出した意見「成長力強化のための大学・大学院改革について」）（伊藤・丹羽・御手洗・八代　2007）に「選択と集中」が登場する。意見の第一の項目は「イノベーションの拠点として～研究予算の選択と集中を～」であり，その中で「研究資金獲得における競争原則を確立させるため，競争的資金（一律ではなく評価に基づく配分）の割合を大幅に高める」と提案されている。また，第三の項目は「大学の努力と成果に応じた国立大学運営費交付金の配分ルール」であり，その中では「グローバル化，知識の融合化に対応した大学再編を視野に入れ，選択と集中を促す配分ルール・基準とする」と提言されている。

また，平成19年第８回会議（平成19年４月17日）に尾身幸次財務大臣（当時）が提出した資料「大学改革について」（尾身　2007）では，「国立・私立問わず，世界に切り込んでいく拠点足りうる大学に選択と集中を行い，公的支援も重点化する一方，裾野を形成する大学には，再編・統合を含め健全経営を促す目配りが必要」，「全国立大学法人の研究機能や体制の再編を踏まえ，集中的な基盤助成に加え，競争的資金を活用し，選択と集中を徹底」，国立大学に関して「再編を前提に，研究費全体を基盤的資金から競争的資金へシフトさせることにより，競争的資金を充実」などといった見解が示されている。

そもそも企業経営上の概念である「選択と集中」を大学への公的資金配分の方式に持ち込み，国立大学に対する競争的資金の配分を通じた大学の選別と一定以下の大学に対する退出勧告を「選択と集中」と表現したのである。この素朴な「選択と集中」論は，東海国立大学機構の設立につながったとはいえ，国立大学の「選択と集中」が本格的に実現することはなかった。

こうした施策やその結果の妥当性は棚上げにするとしても，このような財政的選択も大学の自治を政府がトップダウンで否定することに他ならず，研究の方向性も左右することにつながる。しかし，国立大学法人化を通じて，各大学の経営判断の余地が広がり，一方で運営費交付金の縮小が継続したため，「選択と集中」は学内資源の配分の問題と結びついて大学経営の現場に浸透していった。大学の自治は貫徹できたとはいえ，自らの身を斬る改革を大学の自治の名の下で進めざるをえなかったのである。

3. SNS時代の大学自治

3.1. SNS時代の知識

SNSの時代になり，知識はネット空間の検索の結果として得られるものとなり，知識はその情報量や真実性により評価されるのではなく，いかに関心を集めたか，注目されたかで評価されることになった。「いいね」の数や再生回数，アクセスランキングで評価され，順位づけされるようになり，我々はネット空間が推奨する順番に知識を消費する役割を与えられた。

SNSの特性上，多数の知識世界が併存することになり，しかもリポストなどの機能により，知識の大元の発信者の意図とは関係なく，知識が多様に再生産される。いわゆるフェイクニュース（偽ニュース）のように，SNSの世界では，さまざまな情報が生成されるが，その真偽判定は容易ではなく，相互に対立する情報が並立，対立することも珍しくない。そこにフィルターバブル（ユーザの検索の癖などを反映して，ネットが情報を選択して提供すること），エコーチェンバー（一定のユーザの範囲内で互いにフォローし合うことで生成される，似た嗜好を持つ情報が流通する集団。結果的に，対立する集団を含め，多数の集団を生成することになる）といったネット空間の特性を通じて，ますます知識世界の多様化，分断，さらには炎上（商法）などのカオスを生み出す。そのため，SNS上の知識世界を網羅的に把握することはできない。本稿では，事例として，ネット上の擬似的な知識世界をいくつか紹介しておく。

事例２「note」

例えば，「note」[1]は，広範な話題を紹介し，すべての世界の入口かのような印象を与える。しかし，そこではすべての記事に「スキ」(「いいね」と同じ）の数が表示され，順位づけられており，我々はネットが推奨する情報を消費させられる。本当に価値のある情報は，ロングテールの末端近くにあるかもしれないが，ネットはそのようなことは一切配慮しないし，配慮できない。ネットの知識空間では，本当に必要な情報か，ユーザが求める内容に合致しているかは問われない。あくまでもアテンション（詳しくは後述するが，とりあえず，関心を集めることと理解されたい）により構築された知識世界であり，あたかも知的な公共空間のように趣向を凝らしてあったとしても，合理性や真実性といったものは意味を持たない。

「いいね」の数や再生回数でなくても，単なる論文数，被引用数など研究の中身を考慮しない画一的な数値評価も大差はない。論文数のような評価指標は，一見無難に見えるが，学問の価値や主観的評価の側面を捨象しすぎて，結局指標によって表現しようとしているものが何なのかがわからないものになってしまっている。

類似のサイトは多い（言論プラットフォーム・アゴラ[2]，専門家の見解が読める教養ポータルと銘打つ「SYNODOS」[3]など)。

事例３「SNSと学者セレブの登場」

AAASの発行する科学雑誌Scienceは2014年に興味深い分析をしている。「The top 50 science stars of Twitter」(You 2014）は，Twitter（現X）におけるフォロワー数の多い研究者の学術論文の被引用数を調べた。フォロワー数トップは，宇宙物理学者のNeil deGrasse Tysonであり，フォロワー数は240万以上で圧倒的に多いが，彼の論文の被引用数はたったの151である。フォロワー数トップ20人の中で，被引用数１万未満（151から5218）に９人おり，20人のうち，およそ半分は，学界ではそれほど目立たないが，SNSの世界で高く評価されており，半分はSNSの世界でも伝統的な研究者コミュニティでも評価される形になっている。SNSの世界でも学者は二極分化しているのである[4]。つまり，伝統的な研究者コミュニティで評価される研究者と，SNSの世界でのみ有名な研究者，いわば「学者セレブ」が出現しているのである。これもまた，アテンションによって構築される世界である。

事例４「ネットニュースのコメンテータ」

従来から，学者は専門家として，新聞にインタビューされたり，紹介されたりしてきた。ところが最近では，ネットニュースにコメントを寄稿する学者や専門家が登場している。

日本経済新聞では「Think! エキスパート」[5]として約200人が登録されている。その大部分は大学関係者である。

朝日新聞デジタルのネットニュースには「コメントプラス」[6]という機能が付いており，160人以上のコメンテータが登録されている。その大部分も大学関係者である。

Yahoo!Japan ニュースもコメント機能を持っており，一般のユーザもコメントを投稿できるが，とくに約60人の「Yahoo! ニュース エキスパート」[7]が登録されている。前述の二新聞に比べると大学教員は少ない。

3.2.　アテンション・エコノミー

以上の事例をみて理解できるように，「学問の自由」は大学や伝統的な学界を超えて理解されるべき状況になっている。とくにSNSの登場で，「学問の自由」はネット空間における言論の自由，知識の自由へと変容しつつある。しかし，学問や知識の意味も変化せざるをえない。

SNSの時代には，二つの経済があることを理解しなければならない。第一は，通常の貨幣経済であり，第二は，SNSの時代にネット空間で意味を持つことになったアテンション・エコノミー（Attention economy）である。情報の発信者は，いかに幅広く，SNSのネット空間で関心を集めるか，注目されるかに腐心することになる。それがアテンションであり，アテンションを希少性のある財と位置付けるアテンション・エコノミーが成立する。アテンション・エコノミーを扱う経済理論として，アテンションの経済学（economics of attention）が導かれる。アテンション・エコノミーについては，Davenport and Beck（2001）が先駆的な議論をしたが，解説論文は多数ある（例えばFranck, G. (2019)）。

SNSには多数の知識空間が併存する。どの空間が魅力的かは，情報の量が多いとか，情報に真実性があるといった観点からではなく，「いいね」の数や再生回数，アクセスランキングなどで表されるアテンション（関心や注目）で表現される。SANの世界では，このアテンションが貨幣経済的な意味での利益を大きくするためにも必要になる。

アテンション・エコノミーを前提とすると，「学問の自由」の意味も変化せざるを得ない。そこでは，どの知識世界が最も優れており，正統であるといった判断はできない。そこでは正統な学問と異端として排斥される学問が存在するのでなく，全てが異端なのである。異端者は自らを異端とは言わない。異端者は自らを正統だと認識している。異端者同士の正統をめぐる争いが「学問の自由」なのである。

3.3. 自ら PR する知識人

大学もこうした知識のあり方やアテンション・エコノミーと無縁ではいられない。“The Rise of the Promotional Intellectual”（Williams 2018）は，興味深い議論をしている。ここで，Promotional Intellectual とは，「自ら PR する知識人」といった意味である。この論考は，鋭い指摘の割には注目されてこなかったが，アテンション・エコノミーの中での学者や大学の振る舞いを具体的に考察している。

「自ら PR する知識人」は，アテンション・エコノミーの中で，自らの存在を認めてもらう（関心を寄せてもらう）ためにさまざまな努力をする。そのために伝統的な学問とは異なる行動様式をとる。

SNS であろうと，論文執筆であろうと，他の媒体や方法であろうと，とにかく自分の存在をアピールし，注意を引く努力をし，生き残りを図る。たとえば，論文は本来，学者共同体の中のコミュニケーションの手段であったが，論文の執筆それ自体が研究活動のゴールとなる。自分の研究成果が本質的な意味を持つかどうか，他者からどのような評判を得るか，学問の発展にいかに寄与したかが問題とされるのではなく，とにかく何編の論文を書いたかという情報だけが意味を持つ。多様な学問分野の多様な研究があるときに，全てを本質的に評価することは困難であり，すべての研究者や組織が妥協できる方法として論文数を評価指標とするようになったと思われる。大学は所属する研究者を論文数で評価しようとするのである。しかし，これはアテンションにより評価していることに他ならない。

学問は本来，公共空間における自省と相互批判により発展すると考えられてきたが，そのような学問観はもはや意味をもたない。本音はどうであれ，「素晴らしいご質問です」「ご指摘ありがとうございます」と相手をまず肯定することから議論を始めるのが，望ましいことだという流儀が広がる。本来は，学術政策や既存の法制度に問題があったとしても，その是非は棚上げにして，既存の法制度等を甘受し，それに迎合して行動する。さらに，社会や議論の相手が喜びそうなことを忖度（予測）して発言する。このような行動様式が広まるのである。

こうした行動の典型は，高等教育論の研究者の業務に見出せる。彼らは，一般教育の全学的管理やFD（ファカルティ・デベロップメント）を担当する。大学におけるFDの目的は，大学教育のあるべき姿に関する深い洞察ではない。現行の法制度や方針，ガイドライン等の枠組みを理解し，それを実現するためのハウツーやティップス（小道具）を学内に普及することだけを目指してFDが展開される。

SNS時代のアテンション・エコノミーは個人だけでなく，大学も巻き込む。大学も自らの存在をPRしなければアテンションを得られない。大学は，SNSを含むさまざまなルートを通じてネット空間に，教育・研究・経営といった大学として最低限必要な情報だけでなく，学生たちの活動やイベントなど，さまざまな情報を発信する。これは，大学本体だけでなく，学部，学科，研究室，研究者や学生個人など，さまざまなレベルで行われる。大学本体は，メディア・エクスポージャ（メディアへの露出）を増やすために，戦略的にプレスリリースをして，アテンションを高める。

大学の自治もアテンション・エコノミーの文脈で規定されることになる。つまり，大学の統制や学問的自由を守るための大学の自治ではなく，アテンションを高めることが大学の自治の目的になる。

3.4. 大学自治の経済的側面

アテンション・エコノミーを離れて，現実に目をやると，米国の場合には，とくに知事が共和党支持者の州や州議会で共和党が優勢な州で，世界金融危機以来の財政的困難を契機に，州知事や州立大学理事会等が，テニュア制度廃止政策を打ち出す傾向が見られる。併せて，シェアードガバナンスも大学の自己保身的ツールだとして批判の対象となっており，大学経営が社会情勢を考慮せず内向きであると批判された。その結果，テニュア制度廃止等により，州レベルで大学経営へ介入することになった(8)。共和党が有力でない州であっても，財政的に困難な状況にあることには変わりがない。程度の差や手法の手荒さに違いがあるとしても，州の財政難は，結局は州が大学財政に介入せざるをえない状況を生み出した。財政的困難を前にして，大学の自治は後退せざるを得ないのである。

日本の国立大学法人化でも，財政的理由から人員削減をせざるを得なくなったのであり，大学の自治は後退した。

3.5. 学問の自由の意味の捻れ

学問の自由にも捻れた状況が発生した。米国の大学の中で保守系とリベラル系の学生同士の対立が顕著になり，とくに（トランプ支持派などの）保守派の講演を阻止しようとリベラル派がデモをしたり，ときに暴力的行動に出る事件が発生したという事実がある（Wong 2017）。リベラルな学生から見れば，人種差別や多様性の否定といったヘイトスピーチの類を阻止したいということなのだろうが，保守系学生からみれば，自分の言論を暴力で弾圧する行為が許されるというムードは脅威であるし，そもそも言論・表現の自由に対する妨害である。そこで，保守系学生の側が言論・表現の自由を守れと叫んだのである。もともと言論・表現の自由を主張していたはずのリベラル派が言論・表現の自由を侵犯する詭弁的状況にあると保守派は訴えた。実際には，急進的反トランプ派と急進右派の対立が過激な形をとった結末なのかもしれないが，中間派が後退し，分断が進む大学を象徴する現象となった。

大学内の急進的反トランプ派と急進右派の対立による暴力行為などの極端な事件が起こる前から，大学には，多様な価値の存在と分断，その結果として，互いを否定するようなムードが進行していた。大学の大衆化の結果，学生の多様性は高まっていた。黒人，女性，少数民族等を積極的に大学へ入学させようとしたアファーマティブ・アクションも学生の多様化を促した。その結果，大学の中に，価値観の異なる多数の集団が混在する状況をもたらした。集団の中には本質的に対立関係にあるものも現れる。大学は社会の縮図なのである。しかも，狭い空間に人々が密集するので，集団間の摩擦も生じやすい。そのような条件下では，例えば，白人至上主義とアファーマティブ・アクションの恩恵を受けた人種や民族との間で摩擦が起きる蓋然性は高まる。

その結果，大学においてすら，学問の自由や言論・表現の自由が無条件に従うべき規範であるか否かについては議論の余地が生まれる。無条件で認めれば，学内の集団間対立を刺激しかねない。逆に，かつて大学を守るために勝ち取ってきた学問の自由や言論・表現の自由を否定するような規範の導入は，大学の自己否定につながる。しかし，大学の中の安全の確保も大学の責任であり，大学の自治の一面である。大学はどのような舵取りをするのか，難しい問題に直面した。急進的反トランプ派と急進右派の対立によるデモや暴力行為は，価値観が対立する多様な集団を抱え込んだ大学が，いつかは直面せざるを得ない対立を顕在化させたにすぎなかったのかもしれない。

3.6. 政治の研究への介入

米国の共和党はもともと反科学イデオロギーを持っていた。共和党支持者は，科学は社会変革をもたらすものであり，そのようなリベラルな性格を有する科学を本質的に嫌悪し，“War on Science”といって反科学の主張を繰り返してきた(Mooney 2005)。このことは，大学のリベラルな性格ゆえに，共和党支持者の間で大学に対する信頼が低下することにも繋がる。また，共和党は小さい政府を標榜することが多く，政府機能を拡大することにつながる規制政策を嫌悪する傾向がある。それだけでなく，科学が科学助言を通じて規制政策の導入を支えていることから，科学を敵対視するようになった。さらに，産業界と宗教は共和党の二大支持基盤であり，産業の利害，宗教的信念を優先するために，宗教的信念に対立する科学知識や科学に支えられた規制に対して批判的な傾向にある。共和党支持者にとって科学は目障りな存在になってきたのである。

とくに，政治家から見れば，本来政治家が国民の代表として民主的に決定すべき各種の政策の中に，規制政策という，専門家が支配する飛び地ができたような形になる。このような専門家支配には，必ずしも正統性があるとは言えないことも事実であり，民主的手続きに回帰しようと考えることは不思議ではない。その結果，共和党は気候変動研究を中断させようと圧力をかける等，研究内容にも干渉し始めたのである。

3.7. 欧州における右派ポピュリスト政党の拡大と大学への影響

欧州では，排外主義，移民排斥等の主張をする右派ポピュリスト政党が拡大を続けていたが，2022年以降いくつかの国で，国政上無視できない規模の支持を集め，議席を急速に伸ばしている。さらに一部の国では，政権に参加したり，閣外協力したりするケースが登場している。近年の動きを整理すると，以下のようになる。

事例５「欧州における右派ポピュリスト政党の拡大」

- フランスでは2022年４月，５月の大統領選挙で，極右政党をルーツとする国民連合のマリーヌ・ル・ペン党首が，決選投票まで残り，半数近い指示を得るなど善戦した。国民連合はその勢いで，翌６月の国政選挙では，議席を大幅に伸ばし，野党第１党になった。
- イタリアでは2022年９月の総選挙で，メローニ党首が率いる「イタリアの同胞」が第１党になり首相に就任した。「イタリアの同胞」はファシストの流れを汲む極右勢力であり，メローニ自身は「反移民」の立場であるが，各国のメディアに対しては，民主主義を維持することを明言した（JETRO 2022）。
・スウェーデンでは，2023年10月選挙で右派連立政権が成立し，「反移民」をかかげるスウェーデン民主党が閣外協力する形で政権運営に参画した。
・ニュージーランドの2023年10月の国会議員選挙では，従来単独政権であった労働党が敗北し，国民党（中道右派），ACT 党（右派）に，ニュージーランド・ファースト党（中道）を加え，中道右派色の強い 3 党連立政権が誕生した（JETRO 2023a）。
・オランダでは，難民受入れ政策に関する対立で連立政権が内閣総辞職し，2023年11月に下院総選挙が実施された。その結果，移民排斥・反イスラムの極右ポピュリスト政党である自由党が第 1 党となった（JETRO 2023b）。
・ポルトガルでは2024年 3 月に解散総選挙が実施され，単独過半数政権の中道左派の社会党が過半数を割った。中道右派も過半数を獲得できなかったが第 1 党となった。その中で移民排斥の極右のシェーガ党（CHEGA）が躍進した（JETRO 2024）。
・フィンランドでは，2023年 4 月に総選挙が実施され， 4 党連立政権が発足したが，移民・難民受入れの制限を掲げる「フィンランド人党」（フィン人党）が第 2 党になり，連立政権入りした（Kirby 2023）。
・ドイツでは，2024年 1 月に，多くのデモが計画・実施される中で，極右政党「ドイツのための選択肢（AfD）」が混乱に乗じて支持を伸ばしている（Schmidt 2024）。

欧州では2022年からこのような非リベラルな右派ポピュリスト政党の勢力拡大がみられるが，このような政治情勢は，政党レベル・国家レベルで高等教育に変容を迫りつつある。右派ポピュリスト政党や政権は，学問の自由や大学の国際的な，または特定国との共同研究活動や人的交流が安全保障問題に深く関わるとみなし，研究に介入し，学問の自由や研究活動の国際化に制限を加えようとする。

リベラルな民主主義国家の大学にとっても，テロリストやテロ支援国家への技術流出の阻止のみならず，経済のデカップリング（分断）が進む今日の国際情勢の下では，学問や安全保障に関する価値観を共有できない陣営の国々との共同研究や人的交流を慎重に統制する必要が生じている。その結果，各大学は，安全保障の観点から，政府の介入を受け入れざるをえない。各大学は，大学の自治と安全保障とのバランスをいかにとるのかという問題に腐心することになり，学問の自由や大学の自治の原則を単純に適用できなくなってきている（Myklebust, J. P., 2024.01.24）。

4. さいごに

我々は，ここ2，3年の間に，かつては想像できなかったような大学と政治の関係の世界的な変容に直面した。トランプ大統領の誕生以来，政治家による大学への敵対的な態度が広がり，さらに2022年以降，世界的な経済不況や欧米で移民排斥を主張する右派ポピュリズム政党や政権が優勢となった結果，彼らは大学に対して政治介入し，学問の自由や研究活動の国際化に制限を加えようとしている。DEI（多様性・平等・包摂）などの大学の伝統的でリベラルな価値観も変質し，大学内におけるリベラルと非リベラルの対立も捻れ，大学内の言論空間も混乱している。さらに，ほとんどの大学は国や自治体の財政によって支えられているため，財政支援の後退もまた，テニュア制度など，学問の自由や大学の自治の基盤を弱体化させる政治介入となった。

SNSが普及すると，合理性や真実性が意味を失い，さまざまなものがアテンションで評価されるアテンション・エコノミーが浸透した。大学の自治もアテンション・エコノミーの中にある。大学の自治の目的はアテンションを集めることになった。アテンションのマネジメントにより，大学の自律性をいかに確保するかが今日の大学の経営課題である。

これらの変化は，数年前までは，予想もできなかったものである。無条件の大学の自治はもはや存在しない。現時点でも，経済的・政治的に，さまざまな制約を受けている。

こうした変化は，今後も続き，予想もできない影響を大学のあり方に及ぼすと思われる。もちろん，本稿がトレンドを見誤っている可能性もある。引き続き，情勢を見守る必要があるだろう。

なお，今回はデカップリングといった経済の国際的分断については深入りしなかったが，個々の大学は安全保障輸出管理を通じて，経済の国際的分断に関する問題にも直面している。今後は，大学の自治を議論する上で，経済安全保障，地政学的問題なども，包括的に考慮する必要がある。

【謝辞】

本研究はJSPS科研費19H00621，22K18629の助成を受けたものです。

〈注〉

(1) 〈https://note.com/〉

(2) 〈https://agora-web.jp/〉

(3) 〈https://synodos.jp/〉

(4) 被引用数は分野によって異なるので，ここでの議論は，大まかなものでしかない。

(5) 「Think! エキスパート」(https://www.nikkei.com/think-all-experts)

(6) 「コメントプラス」(https://www.asahi.com/comment/commentator/?iref=rank_lp_commentator)

(7) 「Yahoo! ニュース エキスパート」〈https://support.yahoo-net.jp/PccNews/s/article/H000011258〉

(8) たとえば，Bellows (2021)

〈引用文献〉

Altbach, Philip G. and de Wit, Hans, 2023, "Why so quiet? Opposing politicisation of HE is mandatory," *University World News*, 30 September 2023. 〈https://www.universityworldnews.com/post.php?story=20230926114029814〉

Bellows, Kate Hidalgo, 2021, "South Carolina Legislators Want to 'Cancel' Tenure," , The Chronicle of Higher Education, NOVEMBER 22, 2021. 〈https://www.chronicle.com/article/south-carolina-legislators-want-to-cancel-tenure〉

Brown, Anna, 2018, "Most Americans say higher ed is heading in wrong direction, but partisans disagree on why," Pew Research Center, 2018.7.26. 〈http://www.pewresearch.org/fact-tank/2018/07/26/most-americans-say-higher-ed-is-heading-in-wrong-direction-but-partisans-disagree-on-why/〉

Davenport, T. H. and Beck, J. C., 2001, *The Attention Economy*, Harvard Business Review Press.

Fingerhut, Hannah, 2017, "Republicans skeptical of colleges' impact on U.S., but most see benefits for workforce preparation," Pew Research Center, 2017.7.20. 〈http://www.pewresearch.org/fact-tank/2017/07/20/republicans-skeptical-of-colleges-impact-on-u-s-but-most-see-benefits-for-workforce-preparation/〉

Franck, G., 2019, "The economy of attention," *Journal of Sociology*, Vol.55, No.1, pp.8-19. 〈https://doi.org/10.1177/1440783318811778〉

Fuller, J., Langer, C., Nitschke, J., O'Kane, L., Sigelman, M. and Taska, B., 2022, "The Emerging Degree Reset: How the shift to skills-based hiring holds the key to growing the US workforce at a time of talent shortage," Burning Glass Institute, 9 Feb. 2022. 〈https://www.burningglassinstitute.org/s/The-Emerging-Degree-Reset-2202Final.pdf〉

Gretzinger, Erin and Hicks, Maggie, 2024 (updated on 30th April), "Tracking Higher Ed's Dismantling of DEI," *The Chronicle of Higher Education*. 〈https://www.chronicle.com/article/tracking-higher-eds-dismantling-of-dei〉

Immanuel Kant, 1798, *Der Streit der Facultäten in drei Abschnitten*. (＝2002, 角忍・竹山重光訳「諸学部の争い」『カント全集18』岩波書店)

伊藤正己, 1990,「憲法(新版)」弘文堂.

伊藤隆敏・丹羽宇一郎・御手洗冨士夫・八代尚宏, 2007,「成長力強化のための大学院改革について」. 〈https://warp.da.ndl.go.jp/info:ndljp/pid/11670228/www 5 .cao.go.jp/keizai-shimon/minutes/2007/0227/item 5 .pdf〉

JETRO, 2022,「総選挙で中道右派連合が勝利, 初の女性首相誕生へ」『ビジネス短信』, 2022.9.27. 〈https://www.jetro.go.jp/biznews/2022/09/812d2fb9dca3807c.html〉

JETRO, 2023a,「ニュージーランドでラクソン新首相が就任, 3党連立政権誕生」『ビジネス短信』, 2023.12.11. 〈https://www.jetro.go.jp/biznews/2023/12/e24ed4dd2d69699c.html〉

JETRO, 2023b,「下院選挙で極右派の自由党が第1党」『ビジネス短信』, 2023.12.21. 〈https://www.jetro.go.jp/biznews/2023/12/636e61d457f9dcdc.html〉

JETRO, 2024,「ポルトガル総選挙で極右が躍進, 2大政党の存在感低下」『ビジネス短信』, 2024.3.15. 〈https://www.jetro.go.jp/biznews/2024/03/6a5c5aef96ff0f56.html〉

JoongAng Ilbo, 2023, "Universities that don't innovate must close-President," *University World News*, 17 June 2023. 〈https://www.universityworldnews.com/post.php?story=20230615134347522〉

Kelderman, Eric, 2023, "The plan to dismantle DEI," *The Chronicle of Higher Education*. 〈https://www.chronicle.com/article/the-plan-to-dismantle-dei〉

Kirby, Paul, "Sanna Marin defeated by Finland's conservatives in tight race," *BBC*, 2023.4.3. 〈https://www.bbc.com/news/world-europe-65157357〉

宮沢俊義，1968，『法律学における学説』有斐閣.

Mooney, Chris, 2005, *The Republican War on Science*, Basic Books.

Myklebust, J. P., 2024, "EU project to explore impact of nationalism on HE freedoms," *University World News*. 〈https://www.universityworldnews.com/post.php?story=20240124134929239〉

尾身幸次，2007，「大学改革について」（経済財政諮問会議平成19年第８回会議（平成19年４月17日）提出資料）〈https://warp.da.ndl.go.jp/info:ndljp/pid/11670228/www5.cao.go.jp/keizai-shimon/minutes/2007/0417/item4.pdf〉

大石義雄編，1956，『世界各国の憲法典』有信堂.

佐々木惣一，1949，『日本国憲法論』有斐閣.

Sigelman, M., Fuller, J., Martin, A., 2024, "Skills-Based Hiring: The Long Road from Pronouncements to Practice," Burning Glass Institute, Feb. 2024. 〈https://www.burningglassinstitute.org/s/Skills-Based-Hiring-02122024-vF-srmp.pdf〉

Science, 2014, "The top 50 science stars of Twitter: Inspired by the flap over the Kardashian Index," *Science*. 〈https://www.science.org/content/article/top-50-science-stars-twitter〉

Schmidt, Nadine, 2024, "Protests sweep Germany as far-right spots an opening," *CNN*, 2024.1.15. 〈https://edition.cnn.com/2024/01/15/europe/farmer-protests-germany-far-right-afd-intl/〉

鈴木安蔵，1953，『憲法概論』勁草書房.

高田敏・初宿正典翻訳，2007，『ドイツ憲法集第５版』信山社出版.

高柳信一，1983，『学問の自由』岩波書店.

Williams, Jeffrey. J., 2018, "The Rise of the Promotional Intellectual,", *Chronicle of higher education*, AUGUST 5, 2018. 〈https://www.chronicle.com/article/the-rise-of-the-promotional-intellectual/〉

Wong, Julia Carrie, 2017, "UC Berkeley cancels 'alt-right' speaker Milo Yiannopoulos as thousands protest," *The guardian*, 2017.2.2. 〈https://www.theguardian.com/world/2017/feb/01/milo-yiannopoulos-uc-berkeley-event-cancelled〉

You, Jia, 2014, "Who are the science stars of Twitter?," *Science*, 345 (6203), pp.1440-1441, 19 SEP 2014. 〈DOI:10.1126/science.345.6203.1440〉

Yumi Jeung, 2023, "Government cuts R&D budget, scientific community stunned," *University World News,* 13 September 2023. 〈https://www.universityworldnews.com/post.php?story=20230913174051170〉

ABSTRACT

Forbidden University Autonomy

The purpose of this paper is to analyze the meaning of university autonomy today. Globally, the current social climate poses new challenges to university autonomy in two aspects. One is the trend of political intervention in academic freedom and university autonomy, and the other is the transformation of the meaning of academic freedom and university autonomy in the age of social networking (SNS) . In order to achieve these objectives, this paper does not undertake a systematic analysis, but rather explores pioneering cases to illustrate the transformation.

First, the author will briefly introduce the peculiarities of Japan, where academic freedom and university autonomy are one and the same. Next, the author describe the recent situation in which university autonomy is being lost. Since the Donald Trump administration, hostile attitudes toward universities by politicians have spread. Furthermore, after 2022, as a result of the global economic recession and the dominance of right-wing populist parties and regimes advocating anti-immigration in Europe and the U.S., they will try to politically intervene in universities and place restrictions on academic freedom and the internationalization of research activities. Since most universities are financially supported by national and local government, the retreat of financial support also became a political intervention to undermine the foundations of academic freedom and university autonomy, such as the tenure system. In order to gain attention, universities must also appeal to it. Gathering attentions became the goal of the university's autonomy.

Keywords: academic autonomy, political intervention, social networking

教育社会学研究第114集（2024）

制限される「学問の自由」
――「新しい専門職」，実務家教員を事例として――

二宮　祐* 小山　治**

【要旨】

本論は２種類の質問紙調査の回答データを分析する。１つは各大学に配置されてきた「新しい専門職」を対象とした調査である。回答者はファカルティ・ディベロップメント担当者，キャリア支援・教育担当者，インスティテューショナル・リサーチ担当者，リサーチ・アドミニストレーション担当者，産官学連携コーディネーターである。調査は2017年12月から2018年３月まで行われた。合計1,847名に調査票を送付して有効回収数は674であった。もう１つは実務家教員を対象とした調査である。観光，メディア，ファッション，スポーツマネジメントの４分野の学部・学科に所属する大学教員を対象とした。調査は2022年２月から2022年５月まで行われた。合計2,583名へ依頼して有効回収数は500であった。

主な知見は次の４つである。第１に，研究エフォートについては「新しい専門職」の内部では任期の有無で差がみられたものの，実務家教員か否かでは差はみられなかった。第２に，研究環境については「新しい専門職」の内部で大きな差がみられた。第３に，研究活動状況についても「新しい専門職」の内部で大きな差がみられた。第４に，研究業績については「新しい専門職」調査では任期なし層ほど成果を上げている者が多かった一方で，実務家教員調査では研究者教員ほど研究成果を上げていたのは学術論文（査読あり）のみであり，任期なし層の実務家教員ほど研究成果を上げている内容もあった。

キーワード：第三の領域，有期雇用，実証的な問い

*群馬大学　**京都産業大学

1. はじめに

1.1. 大学外部からの攻撃と大学内部における実態

「学問の自由」は日本国憲法第23条と東京大学ポポロ劇団事件に関する最高裁判所判決（1963年5月22日大法廷判決）をふまえて，大学教員などの研究者の自由であり，研究の自由，発表の自由，教授の自由を含むと定義されてきた（羽田 2022: 1）。また，その自由の根拠には，高度で専門的な精神作用である学問研究を行う大学教員がもつ「専門的特権説」，その「専門的特権説」を批判して市民のもつ自由と本質的に同等のものであり多くの法学研究者によって支持されてきた「市民的自由説」，市民の自由が実質的に減殺されるために支持する論者は少ないものの，市民による自由は専門研究者に信託されることによって実質化されるという「信託説」があるという（成嶋　2014: 237-238）。

こうした定義や根拠による「学問の自由」が問われるのは，特にそれが脅かされたり危機に瀕していたりすると認識されるときである。たとえば，国立大学の法人化や，学校教育法の改正に関連する教授会権限の限定が「学問の自由」を制限した（山口　2017: 12-18），大学の管理運営に関する権利が奪われようとするとき「学問の自由」を旗印とした抵抗が行われてきた（池内　2018: 16），経済発展のような特定の目的に対して大学の知を従属させるときに生じる知の堕落を防ぐためにも「学問の自由」が必要である（広田　2019）といった主張が挙げられる。自由民主党の政治家，文部科学省・財務省・経済産業省のような省庁，経済団体や個別企業の経営者などによる大学政策に対する提言が日本の産業，軍事，地域の発展への貢献を優先的に求める場合に，その内容が「学問の自由」を甚だしく毀損するとして反論するものである。そこでは，大学と大学外部における政治的な影響力の大きい勢力との緊張関係の狭間において「学問の自由」が論点となるのである。また，政府や財界とは異なる立場との関係においても同様の論点が問われることがある。2018年頃から保守系の論壇，特にインターネット上のメディアによってジェンダー平等に関する研究プロジェクトに対する誹謗中傷が行われたことが争点となった「フェミ科研裁判」が一例である（元橋　2022)。「国益」を損ねる研究が行われているという主張に立脚して研究活動へ干渉，介入しようとすることが問題視されている[(1)]。大学教職員が大学外部からの圧力に対して抵抗するという点において，「学問の自由」を損ねる可能性のある各種提言への批判と同様の構図である。

その一方で，大学内部における「学問の自由」に関する考察は必ずしも十分には行われてこなかった。学校教育法第92条は「大学には学長，教授，准教授，助教，助手及び事務職員を置かなければならない」「前項のほか，副学長，学部長，講師，技術職員その他必要な職員を置くことができる」と定めて，教育と研究を行う教員と事務職員を配置することとしている。「学問の自由」は主として前者のアカデミック・プロフェッションに関するテーマとなってきた。しかし，大学内部において従来とは異なる経歴を有する高度な専門性をもつ教職員や，大学院修了後すぐに大学教員として働き始めたわけではない実務家教員が活躍するようになり，それらの新たな教職員に関する「学問の自由」については考察の対象とされていない。「学問の自由」や「大学の自治」に関する権利は大学教員自らの事情によって損なわれているとも指摘されている（村澤　2023)。本論はこれまでに筆者が実施した調査の回答データを分析することによって，現代の大学で働く比較的新しく誕生した教員の「学問の自由」を考察する。

1.2.　本論で用いる2種類の調査データ（1)「新しい専門職」

本論では大学における「新しい専門職」を対象とした調査と，実務家教員を対象とした調査に関するデータを扱う。「新しい専門職」とは伝統的な教員，事務職員とはその役割やアイデンティティが異なる職員のことであり，高等教育政策や科学技術政策などの展開に応じて各大学に配置されてきた。研究，教育，社会貢献，大学行政などの職務に満遍なく携わる教員ではなく，ジョブ・ローテーションによってさまざまな職務を経験する事務職員でもない，高度な専門性を生かして特定の職務を短期間または中期間担当する職種である。ただし，その職務は「新しい専門職」によって独占されているわけではなく，教員や事務職員によって担われる場合もある。たとえば，ファカルティ・ディベロップメントや産官学連携についての職務はそれぞれの専門的な知識をもつ教員によって行われることがある一方で，それらを専門とするわけではない一般の教員や事務職員によって担当されることもある。「新しい専門職」のキャリアは教員，事務職員と重なりをもちつつも異なっていて，大学院在学経験があり博士号を有する「伝統的研究者型」，大学院在学経験と博士号をもつうえに民間企業や公的研究機関における研究職に従事したことのある「大学と企業ハイブリッド型」，大学院在学経験はなく公的資格をもつ「事務職員・資格取得型」，大学院在学経験はなく民間企業での勤務経験のある「企業経験型」といった類型が挙げられている（二宮　2023a)。

これまで「新しい専門職」の当事者を対象とした調査が行われてきた。聞き取り調査の結果は，まず，アメリカ，イギリス，オーストラリア各国において共通して認識されている「第三の領域」（Whitchurch 2013）と呼ばれる職務の特徴と類似するものとして，強い責任意識，実務的なアプローチ，情報の文脈についての解釈・説明，顧客志向のアプローチ，同僚から信頼を得るように務める，仕事相手との間で情報を解釈・説明する，仕事をするための適切な言い回しの発明があることを明らかにしている。次に，「現場」における「第一線公務員」の困難や，それにもかかわらず保有する裁量や相対的自律性に着目する概念である「ストリート・レベルの官僚制」論（Lipsky 訳書，1986）において指摘される「対人サービスの特徴」が「新しい専門職」の仕事に対しても表れていて，具体的には資源の慢性的不足，サービスに対する需要の増加，組織目標があいまい，目標の達成度が測定しにくい，サービスの対象者は自発的にそれを受けるわけではないといった特徴の存在を示している。さらに，高度な専門性を評価されて働くものの実際にはその専門性を発揮する仕事があまりできないことや，雇用に任期の定めが付されるために仕事をしながら次の仕事を探さなければならないにもかかわらず，在職中に専門性を高めることが困難であるといった問題を指摘している（二宮ほか　2019a）。

また，「新しい専門職」当事者を対象とする質問紙調査から，「新しい専門職」として働き続けたい者が多い場合の類型として，任期の定めがなく仕事に満足している場合と，任期の定めがあり仕事に満足している場合があることが明らかにされている。任期の有無にかかわらず，同僚との関係性，仕事の安定性，昇進の見通し，大学の運営方針，仕事全般の満足度が高いほど「新しい専門職」の仕事の継続を希望する傾向がある。一般の労働研究においては有期契約労働者による仕事への満足度は低いとされてきたものの，「新しい専門職」では任期の定めがある場合でも満足度が高く働き続けることを望む層が存在していた。専門的な知識や技術を生かした仕事への従事は仕事継続希望の表明へつながることが示されている。他方，産官学連携コーディネーターのように，企業などを退職した年配層がセカンドキャリアとして仕事をしている場合にも，任期の定めがあり満足度も高いことが特徴的である（二宮ほか　2019b）。

本論では大学における「新しい専門職」を対象とした質問紙調査「専門的職務に関するアンケート」を分析対象の一つとする。回答者はファカルティ・ディベロップメント担当者（FDer），キャリア支援・教育担当者，インスティテューショナル・リサーチ担当者（IRer），リサーチ・アドミニストレーション担当者（URA），産官学連携コーディネート担当者（知的財産権担当者，契約業務担当者を含む）であり，関連する法規などの例，代表的な職務については表1に示すとおりである[2]。

表1　「新しい専門職」に関連する法規と職務

新しい専門職	関連する法規などの例	代表的な職務
ファカルティ・ディベロップメント担当者（FDer）	大学設置基準第11条　第十一条　大学は，当該大学の教育研究活動等の適切かつ効果的な運営を図るため，その教員及び事務職員等に必要な知識及び技能を習得させ，並びにその能力及び資質を向上させるための研修（次項に規定する研修に該当するものを除く。）の機会を設けることその他必要な取組を行うものとする。 2　大学は，学生に対する教育の充実を図るため，当該大学の授業の内容及び方法を改善するための組織的な研修及び研究を行うものとする。	授業内容・方法の改善支援
キャリア支援・教育担当者	大学設置基準第七条5　大学は，当該大学及び学部等の教育上の目的に応じ，学生が卒業後自らの資質を向上させ，社会的及び職業的自立を図るために必要な能力を，教育課程の実施及び厚生補導を通じて培うことができるよう，大学内の組織間の有機的な連携を図り，適切な体制を整えるものとする。	正課内外のキャリア教育，学生の進路相談・就職アドバイス
インスティテューショナル・リサーチ担当者（IRer）	大学基準協会「「大学基準」及びその解説」[内部質保証] 2　大学は，自ら掲げる理念・目的を実現するために，内部質保証システムを構築し，恒常的・継続的に教育の質の保証及び向上に取り組まなければならない。 大学改革支援・学位授与機構「大学機関別認証評価 大学評価基準」領域2　内部質保証に関する基準　基準2-1　内部質保証に係る体制が明確に規定されていること　基準2-2　内部質保証のための手順が明確に規定されていること　基準2-3　内部質保証が有効に機能していること	教育，研究，経営などに関する情報の収集・分析
リサーチ・アドミニストレーション担当者（URA）	大学に対して配置を直接的に求める法規などはないものの，一般社団法人リサーチ・アドミニストレータースキル認定機構が「URAスキル認定制度」を推進している。	研究支援
産官学連携コーディネート担当者	大学等における技術に関する研究成果の民間事業者への移転の促進に関する法律第九条　文部科学大臣及び経済産業大臣は，特定研究成果の民間事業者への移転を促進するため，研究開発に関し，大学と民間事業者との連携及び協力が円滑になされるよう努めるものとする。この場合において，大学における学術研究の特性に常に配慮しなければならない。 産業競争力強化法第二十一条　国立大学法人等は，当該国立大学法人等における技術に関する研究成果の活用を促進するため，認定特定研究成果活用支援事業者が認定特定研究成果活用支援事業計画に従って実施する特定研究成果活用支援事業の実施に必要な資金の出資並びに人的及び技術的援助の業務を行う。	企業などのニーズと大学のシーズをつなぐ

調査方法は自記式郵送法であり，対象者へ郵送で調査票を送付して，対象者自身が回答を記入のうえ郵便で返送することとした。学生数（実員）が1,200人以上である441大学を選択して，各大学のウェブサイトなどを利用して個人名を調べて回答への協力を依頼した。個人名が判明しない場合には部局を宛て先として，その部局の教職員1名に回答してもらうように依頼した。調査実施時期は2017年12月から

2018年３月までである。合計1,847名に調査票を送付して，有効回収数は674（有効回収率36.5%）であった[3]。学歴やこれまでのキャリアなどの「基本的なことがら」，雇用形態や雇用機関などの「現在の雇用」，研究エフォートや仕事をする環境などの「現在の仕事の状況」，仕事への満足感や管理者（上役）の状況などの「仕事についての考え方」，保有・合格している資格や検定，研修機会などの「専門的職務を遂行するためのトレーニング」について尋ねている。

1.3. 本論で用いる2種類の調査データ（2）実務家教員

分析対象とするもう一つのデータは実務家教員を対象とした質問紙調査「大学における実務教育に関する全国調査」の回答である。実務家教員とは民間企業や官公庁などで働いた経験に基づいた教育を行うことが求められる教員のことを意味する。専門職大学院に関する規定や大学生に対する授業料の私的負担軽減についての政策によって，あるいは，そもそも研究と実務が密接に結び付いている医学や保健学などの学問分野の慣行として実務経験者が教員として採用されてきた。専門職大学院では専任教員のうち概ね３割以上（教職大学院においては４割以上，法科大学院においては２割以上），専門職大学や専門職短期大学では概ね４割以上を実務家教員とする必要がある。授業料の私的負担軽減政策と実務家教員の関係については政府によって詳らかにされているわけではないものの[4]，卒業のために修得が必要となる単位数の１割以上の科目（たとえば，４年制大学で124単位の習得が必要の場合には，その１割以上である13単位）が実務家教員によって担当される必要がある。また，３年ごとに実施されている文部科学省（旧文部省）「学校教員統計調査」の結果から，過去約40年間に採用された大学教員の前職に関して，保健系（医学，歯学，保健学など）においては臨床医等が過半数であり，工学系では民間企業の割合が２割から３割程度で推移，社会科学系では民間企業の割合が１割から２割程度で推移，「人文科学」系では官公庁，民間企業，高校教員などのいずれもが数パーセントで推移していることが明らかにされていて，これらは近年の政策で推進される「実務家教員」の定義とは必ずしも一致するものではないとはいえ，実務の経験を有する大学教員は以前から存在していたのである（二宮ほか　2021）。

実務家教員を対象とした聞き取り調査も行われている。キャリア，メディア，観光の各分野を事例とした調査では，授業における知識伝達の特徴として次の５点が挙げられている。多様な就業経験を背景にした職業経験の豊かさが授業実践につながるという認識があること，学生のニーズに応えたりその関心や意欲を喚起したりするために授業で実務経験を紹介する教員がいる一方であえてそれを避ける教員もいること，社会に対する関心の拡張と心理的な支援を行うこと，企業内人材育成と大学教育に共通点が見出される場合があること，かえって「現場」感覚の持ち込みや表層的なテーマの選択を行わないことである（二宮　2023b）。実務に関連する専門的知識や具体的な事例などが伝達されている一方で，個々の教育の目的を果たすためにあえて実務の話題から距離を置くという場合もある。

分析対象の質問紙調査は2022年２月から2022年５月まで行われた。インターネットを利用して行われた。全国の４年制大学における観光，メディア，ファッション，スポーツマネジメントの４分野に関連する学部・学科のウェブサイトの専任教員一覧へ氏名が掲載されている全員に対して回答への協力を依頼した。選択された学部・学科の例は，観光では経営学部観光経営学科，環境ツーリズム学部環境ツーリズム学科，メディアでは文芸学部マスコミュニケーション学科，芸術学部放送学科，ファッションでは家政学部被服学科，学芸学部化粧ファッション学科，スポーツマネジメントでは体育学部スポーツ・レジャーマネジメント学科，経営学部スポーツ経営学科などである。実務家教員の出身業種として，観光では旅行会社，航空会社，観光関連部署をもつ自治体など，メディアでは新聞社，テレビ局，インターネットビジネスなど，ファッションでは製造業，小売店など，スポーツマネジメントでは製造業やサービス業などが挙げられる。これらの分野を選択した理由は，近年実務家教員が増えたと見込まれる分野であることと，学際的な内容であるために実務家教員ではない研究者教員によっても担われてきたことから[5]，その比較ができるために相応しいとみなしたためである。学部・学科の名称を参考にしたために，選択された機関はこれらの名称がそのまま利用されていることの多い私立大学が多いという特徴がある。そのため，国公立大学の人文社会系学部に所属して観光やメディアなどの研究を行っている場合などは協力依頼の対象外となっている。また，回答者の中には実務の経験がまったくない伝統的な研究者，実務の経験があり博士号を取得している者，その学部・学科の専門分野とは必ずしも関係のない分野を専門としている者なども含まれている。依頼の文章は郵便で送付して，回答はウェブサイトを通じて行われた。合計2,583名へ依頼して，有効回収数は500（回収率19.4％）であった[6]。お尋ねした内容は現在の雇用状況，大学での仕事内容，大学以外の職場での仕事経験，担当する授業と経験した実務との関係，大学に関する考え方である。

これらの「新しい専門職」と実務家教員に関する質問紙調査の２種類（以下，

「新しい専門職」調査，実務家教員調査と呼称する）とも，回答の協力者に対して回答データは統計的に処理され，回答内容から回答者が特定されることはなく研究目的以外には回答を使用しないことを約束している。

2. 分析

2.1. 回答データの基本的な特徴

以降では2種類の調査の回答データを分析する。本論の焦点は「学問の自由」にあるため分析対象を教員へ限定する。「新しい専門職」調査では，前述した5つの職種のいずれかに該当する教員であり，実務家教員調査では前述した4つの分野の学部・学科に所属している者である（研究員等を含む）。前者のケース数は237ケースであり，後者のケース数は476ケースである。ただし，以降の分析では無回答などを欠損値として扱うため，それぞれの合計数は一致するわけではない。分析では任期の有無という変数に着目する。なぜなら，任期の有無によって特に研究環境は大きく左右される（任期なし層ほど研究環境が恵まれている）と予想されるからである。なお，実務家教員調査では，実務の経験をもたない伝統的な研究者を研究者教員と呼ぶことにしたうえで研究者教員と実務家教員との相違を明らかにするべく，任期の有無を統制変数として扱い，これら2つの教員の差を分析する。

表2は「新しい専門職」調査における回答者の基本的な特徴，表3は実務家教員調査における回答者の基本的な特徴（属性に関する設問に対して無回答のケースがあるため，合計数が500ケースではない）を示したものである。いずれにおいても，博士号の取得者は全体の4割前後を占めている。特に実務家教員においては，巷間で取りざたされるような研究を行った経験がまったくない，あるいは，大学院在学経験のない教員ばかりではないということが特色である。

「学問の自由」と関連がある従属変数として着目するのは①研究エフォート，②研究環境，③研究活動状況，④研究業績という4つの変数である。「学問の自由」を抽象的に捉えて論じるのではなく，実際にその自由を行使することができているかどうかという点に焦点を定めるためである。それぞれの具体的な内容については後述する。なお，「新しい専門職」調査では①～④の変数が存在する一方で，実務家教員調査では①と④の変数のみ存在する。

表２　「新しい専門職」調査における回答者の基本的な特徴

（列％）

変数		FD	キャリア	IR	URA	産官学	その他	合計
	N	41	177	80	179	215	39	674
性別	男	63.4	56.5	76.3	63.1	89.3	87.2	72.4
	女	34.1	42.9	22.5	35.8	9.3	12.8	26.6
	無回答	2.4	0.6	1.3	1.1	1.4	0.0	1.0
年齢	30歳未満	0.0	2.3	1.3	0.0	0.9	0.0	1.0
	30～39歳	34.1	8.5	28.8	25.7	9.3	23.1	16.6
	40～49歳	36.6	30.5	45.0	39.1	18.1	33.3	30.1
	50～59歳	17.1	38.4	16.3	17.9	23.3	20.5	24.2
	60歳以上	9.8	20.3	6.3	16.2	47.9	23.1	27.3
	無回答	2.4	0.0	2.5	1.1	0.5	0.0	0.0
博士号の取得	取得した	61.0	6.8	58.8	58.7	40.0	48.7	37.7
	取得していない	39.0	87.6	36.3	38.5	57.7	51.3	58.6
	無回答	0.0	5.6	5.0	2.8	2.3	0.0	3.7
雇用期間の定め	定めなし	46.3	41.8	47.5	19.0	16.7	51.3	30.3
	定めあり	51.2	57.1	50.0	81.0	83.3	48.7	69.0
	無回答	2.4	1.1	2.5	0.0	0.0	0.0	0.7

注１：FD 等の職種は複数回答として処理しているため，合計数と一致しない。
注２：割合については小数点以下の桁数の丸めのため，合計が100.0％にならない箇所がある（以降も同様とする)。

表３　実務家教員調査における回答者の基本的な特徴

（列％）

変数		研究者教員	実務家教員	合計
	N	202	295	497
性別	男	73.3	75.9	74.8
	女	26.2	23.4	24.5
	その他	0.5	0.7	0.6
	無回答	0.0	0.0	0.0
年齢	40歳未満	32.7	10.5	19.5
	40歳以上～50歳未満	29.2	17.6	22.3
	50歳以上～60歳未満	21.3	30.2	26.6
	60歳以上	16.8	41.7	31.6
	無回答	0.0	0.0	0.0
所属学部・学科	観光	20.3	33.2	28.0
	メディア	24.8	25.1	24.9

	ファッション	12.4	9.8	10.9
	スポーツマネジメント	36.6	27.8	31.4
	その他	5.9	4.1	4.8
	無回答	0.0	0.0	0.0
博士号の取得	はい	49.0	35.3	40.8
	いいえ	49.5	63.1	57.5
	無回答	1.5	1.7	1.6
雇用期間の定め	定められていない	67.3	59.7	62.8
	0～1年未満	1.5	3.7	2.8
	1年以上～3年未満	11.4	11.2	11.3
	3年以上～5年未満	12.9	12.9	12.9
	5年以上10年未満	5.4	9.8	8.0
	わからない	1.5	2.0	1.8
	無回答	0.0	0.7	0.4

2.2. 研究エフォート

まず，研究エフォートの分析を行う。表4は「新しい専門職」調査データについて，任期の有無を独立変数とし，「就業時間内の研究エフォート（研究のために使う時間の割合)」を従属変数としたクロス集計の結果をまとめたものである。それによれば，同じ「新しい専門職」であっても，任期の有無によって研究エフォートが大きく異なっていることがわかる。任期なし層で「0％」の者は11.4％に過ぎないのに対して，任期あり層の同様の割合は49.4％にも達している。

表5は実務家教員調査データについて，任期の有無を統制変数として，教員の種類別に研究エフォート（1年間の仕事量の割合）の平均値をまとめたものである。それによれば，任期なし層と任期あり層のいずれにおいても，実務家教員か否かによって研究エフォートに有意差はないことがわかる。

表4　任期の有無×研究エフォート

任期の有無	研究エフォート					合計	N
	0％	1～10％	11～20％	21％以上	わからない		
なし（％）	11.4	40.0	24.3	18.6	5.7	100.0	70
あり（％）	49.4	24.1	10.5	8.6	7.4	100.0	162
合計（％）	37.9	28.9	14.7	11.6	6.9	100.0	232
***							

注：+: p<0.10，*: p<0.05，**: p<0.01，***: p<0.001。

表5　任期の有無×教員の種類×エフォート（割合：割）の平均値

任期の有無	教員の種類	教育	研究	社会貢献	その他	N
なし	研究者教員	4.27	2.29	1.58	1.87	126
	実務家教員	4.31	2.14	1.71	1.83	169
	合計	4.29	2.20	1.65	1.85	295
あり	研究者教員	4.00	2.30	1.59	2.11	61
	実務家教員	4.54	2.12	1.67	1.64	107
	合計	4.35	2.18	1.64	1.82	168
		+			+	

注：+: $p<0.10$，*: $p<0.05$，**: $p<0.01$，***: $p<0.001$。

2.3.　研究環境

次に，研究環境の分析を行う。個人研究費をみると，「新しい専門職」調査では任期なし層（N=71）では個人研究費ありの者は78.9%であるのに対して，任期あり層（N=163）では個人研究費ありの者は30.7%に留まっており，両者の間には有意差がある（$p<0.001$）。ただし，個人研究費の金額については，２つの層とも「10万円以上30万円未満」が50%前後で最多であり有意差はない。

表６は「新しい専門職」調査データについて，任期の有無を独立変数とし，職場環境を従属変数としたクロス集計の結果をまとめたものである。それによれば，任期あり層ほど，事務職員と同じ部屋で仕事をしており，個人研究室を利用していないことがわかる。

表6　任期の有無×職場環境

任期の有無	事務職員と同じ部屋で仕事	N	共同研究室の利用有無	N	個人研究室の利用有無	N
なし（%）	36.6	71	19.7	71	67.6	71
あり（%）	52.1	163	24.1	162	28.4	162
合計（%）	47.4	234	22.7	233	40.3	233
	*				***	

注１：数値は各質問項目について「はい」と回答した者の割合を指す。
注２：+: $p<0.10$，*: $p<0.05$，**: $p<0.01$，***: $p<0.001$。

2.4. 研究活動状況

続いて，研究活動状況の分析を行う。表7は「新しい専門職」調査について任期の有無を独立変数とし，研究活動状況を従属変数としたクロス集計の結果をまとめたものである。それによれば，任期の有無によって明らかな差を確認できる。「はい」，「いいえ」，「わからない」という3件法の質問項目のうち，「はい」と回答した者の割合についてみると，個人研究（任期なし層71.8%，任期あり層44.7%），共同研究（任期なし層66.2%，任期あり層35.6%），専門的職務に関連する研究（任期なし層76.1%，任期あり層47.5%），科研費応募資格（任期なし層87.3%，任期あり層60.0%），科研費の研究代表者（任期なし層32.4%，任期あり層10.6%），科研費の研究分担者（任期なし層40.8%，任期あり層15.6%），研究不要（任期なし層14.1%，任期あり層40.8%）となっており，いずれも有意差がある。研究活動の各種取り組みについては，任期なし層が明らかに任期あり層を上回っている。教員のみを分析対象としているにもかかわらず，研究が不要であると認識している任期あり層が約40%にも達している点が注目される。

表7　任期の有無×研究活動状況

任期の有無	個人で研究を行っている	N	共同で研究を行っている	N	専門的職務に関連する研究を行っている	N	科研費の応募資格を持っている	N	研究代表者として科研費を交付されている	N	研究分担者として科研費を交付されている	N	研究を行う必要はない	N
	はい		はい		はい		はい		はい		はい		はい	
なし（%）	71.8	71	66.2	71	76.1	71	87.3	71	32.4	71	40.8	71	14.1	71
あり（%）	44.7	159	35.6	160	47.5	160	60.0	160	10.6	160	15.6	160	40.8	157
合計（%）	53.0	230	45.0	231	56.3	231	68.4	231	17.3	231	23.4	231	32.5	228
	***		***		***		***		***		***		***	

注1：3件法の選択肢のうち，「いいえ」「わからない」という回答の割合については省略している。
注2：+: $p<0.10$，*: $p<0.05$，**: $p<0.01$，***: $p<0.001$。

2.5. 研究業績

最後に，研究業績の分析を行う。図1は「新しい専門職」調査について任期の有無を独立変数とし，直近3年間の研究業績を従属変数とした結果をまとめたものである。9種の研究業績のうち6種で有意差があり，いずれも任期なし層の方が業績を上げている者が多い。対して研究業績が「特にない」と回答した者は任期あり層

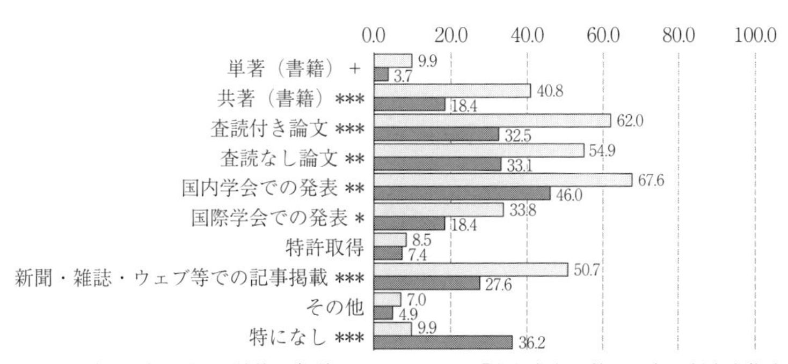

□任期なし（N=71）　注1：数値は各質問項目について「あり」と回答した者の割合を指す。
■任期あり（N=163）　注2：+: $p<0.10$，*: $p<0.05$，**: $p<0.01$，***: $p<0.001$。

図1　任期の有無×直近3年間の研究業績（%）

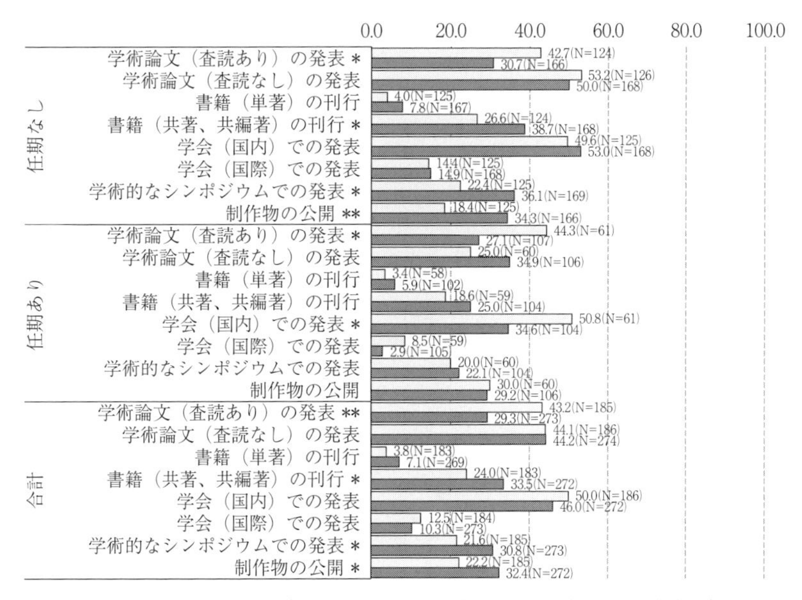

□研究者教員　注1：数値は各質問項目について「あり」と回答した者の割合を指す。
■実務家教員　注2：+ : $p<0.10$，*: $p<0.05$，**: $p<0.01$，***: $p<0.001$。

図2　任期の有無×教員の種類×調査開始年度における研究業績（%）

で有意に多い。

図2は実務家教員調査について任期の有無を統制変数とし，教員の種類別に調査開始年度における研究業績の状況をまとめたものである。学術論文（査読あり）については，任期の有無にかかわらず，研究者教員の方が実務家教員よりも成果を上げている者が多いこと，書籍（共著，共編著），学術的なシンポジウムでの発表，制作物の公開については，任期なし層において有意差がみられ，いずれも実務家教員の方が研究者教員よりも成果を上げていること，国内での学会発表については，任期あり層において研究者教員の方が実務家教員よりも成果を上げていることがわかる。

3. 結論

3.1. 知見

本論では2種類のデータから「新しい専門職」や実務家教員といった教員の「学問の自由」と関連する変数の実態を明らかにしてきた。そこでの主な知見は次の4つに整理できる。

第1に，研究エフォートについては「新しい専門職」の内部では任期の有無で差がみられたものの，実務家教員か否かでは差はみられなかったという点である。第2に，研究環境については「新しい専門職」の内部で大きな差がみられたという点である。個人研究費，個人研究室のような「学問の自由」を享受するうえで最も基礎的な条件となりうる変数において，任期あり層は不利な状況に置かれていた。第3に，研究活動状況についても「新しい専門職」の内部で大きな差がみられたという点である。研究活動を行っている者は任期なし層で多い一方で，教員を分析対象としているにもかかわらず，任期あり層ほど研究が不要と回答している者が多かった。第4に，研究業績については「新しい専門職」調査によれば，任期なし層ほど成果を上げている者が多かった一方で，実務家教員調査によれば，研究者教員ほど研究成果を上げていたのは学術論文（査読あり）のみであり，任期なし層の実務家教員ほど研究成果を上げている項目もあった。

3.2. 考察

以上の分析結果に基づいて「学問の自由」について考察する。

ここで問いたいのは任期あり層の「新しい専門職」や実務家教員に対して，十分な「学問の自由」は付与されているのかという点である。特に「新しい専門職」調査データによれば，任期あり層は独立した研究に必要であると思われる研究環境に関して，任期なし層と比べて明らかに不利な状況に置かれていた。確かに，任期あり層は研究エフォートや研究業績が少なく，そもそも研究が不要であると回答している者も多かった。しかしながら，この状況を当事者の自己責任の結果であると結論付けたり，任期あり層であるのだから当然であると切り捨てたりすることに対しては慎重な姿勢を示すことが求められる。教員である以上，「学問の自由」を享受する享受する余地があるのではないだろうか。

むしろ，検討しなければならないのは，なぜ「新しい専門職」である教員は自ら研究を不要であるとまで認識してしまうのか，そうした認識が本人や他の同様の立場にある教員に対して何をもたらすのかという点であるように思われる。おそらく任期の定めがあることによる将来のキャリアの不透明感があり，さらに劣悪な研究環境が追い打ちをかけることによって，「新しい専門職」の任期あり層は「学問の自由」から主体的に逃走しているのではないだろうか。別言すれば，現状に適応することで，かえって自分の首を絞めてしまっている状況にあるといえるかもしれない。もしそうであるとするならば，大学はそうした実態を理解し，適切な処遇を検討する必要がある[7]。場合によっては，そもそも教員として雇用すること自体を改める必要があるかもしれない。

他方で，実務家教員調査によれば，研究者教員と実務家教員調査の比較という点では，それほど明確な差は確認できなかった。この背景には実務家教員であっても博士号の取得者が多く，研究者教員と同等の研究経歴をもっていることがあるためと推測される。とはいえ，実務家教員（特に任期あり層）においても「新しい専門職」と類似する問題が生じている可能性は否定できないため，今後も動向を注視する必要がある。

3.3. 制限される「学問の自由」

大学内部における「学問の自由」に関して，「新しい専門職」と実務家教員を対象にして質問紙調査の回答データを対象として考察を行った。最後に２つの論点を提起する。

１つは，大学内部において制限される「学問の自由」への着目の重要性である。「新しい専門職」や実務家教員は伝統的な研究者教員とは異なる価値観をもっている場合があるために鋭い軋轢に巻き込まれることがある。たとえば，ファカルティ・ディベロップメント担当者は大学における従来型の知識伝達の方法に対する見直しを求め，キャリア支援・教育担当者は専門分野についての知識よりもコミュニケーション能力のような汎用的な技能や就職活動に直接的に資する経験を重視し，産官学連携コーディネーターは長い時間をかけることを必要とする普遍的な真理の追究ではなく特定の国家・産業に対する即時的な貢献を志向することがあり，それらは伝統的な教員の価値観とは相容れないことがある。実務家教員もまた，学問的な知識よりは実践的な知識・経験を重んじる傾向があるために，学問それ自体を重視する伝統的な教員とは異なる立場である。そのために本稿で示したデータや考察内容は伝統的な教員にとっては自らの「学問の自由」とは関係のないことであり，「新しい専門職」や実務家教員当事者の課題でしかないと認識される場合もあるだろう。

しかしながら，このような「学問の自由」の制限は大学内部における課題を照射するものである。大学外部からの「学問の自由」に対する攻撃はわかりやすいものであり，それに対抗する手段を練ることも可能である。他方で，大学内部における「学問の自由」の制限は目立たないために，問題として取り上げることが相対的に困難である。在勤年数が長くなるにつれて大学の管理運営エフォートが大きくなること，従事する外国語教育，初年次教育，実験・実習など特定の授業に関する教育エフォートがあまりにも過大であること，研究室や研究費が不十分あることなどの帰結として，明確な攻撃の担い手がいるわけではないものの，学問を継続することが実質的には困難になっていることがあり，「学問の自由」の制限は研究者教員にとってもまったくの無関係というわけではない。また，この問題は大学が研究時間や研究費を捻出することが困難である専業非常勤講師に対して，学問を進めるための資源を提供できていない問題にも関連している。

もう1つは，「学問の自由」に関する議論において，実証的な問いを立てたうえで検証することについてである。あるべき「学問の自由」から逸脱した状況に対する異議申し立てに関する，これまで取り組まれてきた規範的な問いは重要である。それと当時に，誰にとっての自由がどの程度危ぶまれているのかを実証的に問うことも「学問の自由」に関する研究として進められなければならない。本論では，質問紙調査の回答データを分析することによって，「学問の自由」の制限は一様に行われているわけではなく，その制限のあり方は回答者の属性によって異なることを明らかにした。大学の設置種別，学部・学科，入学試験難易度によっても制限の特徴は異なっているだろう(8)。

本論は「学問の自由」の問題を大学で働く教員に焦点を絞って考察した。他方，

「学問の自由」は大学で学ぶ学生も享受するものである。冒頭で言及した東京大学ポポロ劇団事件に関する最高裁判所判決においても，条件を付されているもののそれは認められている。しかし，学生にとって「学問の自由」が十分に与えているかどうか，制限されていないかどうかという実証的な問いについては取り組まれているわけではない。学生の学力，意欲，入学前の経験，社会経済的背景，学習の目的などが「多様化」していると指摘される現代において，「学問の自由」のもつ意味について考察するという課題が残されている。

〈注〉

(1) フェミ科研裁判支援の会「原告提訴声明文」による。なお，2023年５月，大阪高等裁判所において研究者側の勝訴が確定している。
https://kaken.fem.jp/statement1/ （2024年４月30日閲覧）

(2) 調査費用に関する制約のため，この５つの専門職へ対象を絞った。なお，文部科学省の先導的大学改革推進委託事業調査研究報告書は高度な専門性を有する人材である「専門的職員」として，Ⅰ．大学の経営層の補佐に関わる職務（１．執行部による判断等を大学経営全体の視点から総合的に補佐する職務，２．監査），Ⅱ．大学の管理運営に関わる職務（３．インスティテューショナル・リサーチ（IR），４．法務，５．財務，６．広報，７．人事，８．情報通信・IT，９．施設管理），Ⅲ．大学の教育研究活動に関わる職務（10. 入学者受入，11. 教育課程編成・実施，12. ファカルティ・ディベロップメント（FD），13. 学修支援，14. 研究管理，15. 研究技術，16. 知的財産，17. 国際，18. 地域連携，19. 図書），Ⅳ．大学の学生支援に関わる職務（20. 就職・キャリア形成支援，21. 学生の健康管理），Ⅴ．その他（22. 資産運用，23. 寄附，24. その他）を挙げている（イノベーション・デザイン＆テクノロジーズ株式会社 2015）。また，その他にも，学生によるボランティア活動やサービスラーニングを支援する専門職，ユニバーシティ・エデュケーション・アドミニストレーター（UEA），中等教育機関と大学の連携・接続担当者，キャンパス・ソーシャルワーカー（CSWr），男女共同参画コーディネーター，障がい学生支援なども高度な専門性をもつ教職員である。

(3) 調査の概要，単純集計については「大学における新しい専門職」ウェブサイトに掲載している。
https://sites.google.com/view/thirdspace/

(4) この高等教育の負担軽減に関する制度は「新しい経済政策パッケージ」（2017

年12月８日閣議決定)，「経済財政運営と改革の基本方針2018」(2018年６月15日閣議決定）に基づき「幼児教育・高等教育無償化の制度の具体化に向けた関係閣僚会合」(2018年12月28日）において新設が決定されたものである。「新しい経済政策パッケージ」は「支援措置の目的は，大学等での勉学が就職や起業等の職業に結びつくことにより格差の固定化を防ぎ，支援を受けた子供たちが大学等でしっかりと学んだ上で，社会で自立し，活躍できるようになることである。このため，支援措置の対象となる大学等は，その特色や強みを活かしながら，急速に変わりゆく社会で活躍できる人材を育成するため，社会のニーズ，産業界のニーズも踏まえ，学問追究と実践的教育のバランスが取れている大学等とする」と説明していることから，支援の対象となる学生は実務家教員が行う「実践的教育」によって経済的に自立できるという因果関係の存在が前提とされている。しかしながら，その根拠については明確に示されているわけではない。

(5) 観光では，経営学，歴史学，博物館学，人文地理学など，メディアではコミュニケーション論，ジャーナリズム論，情報科学，心理学など，ファッションでは経営学，被服学，家政学など，スポーツマネジメントでは経営学，スポーツ健康科学，体育学などの個別の学問が必要とされる。

(6) 調査の概要，単純集計については「実務家教員に関する研究プロジェクト」ウェブサイトに掲載している。また，この調査の設計と実施に関する問題点については二宮（2024）にまとめている。特に，実務家教員の定義が難しいことが課題であった。その学部・学科の教育内容に即した実務の経験があること，それとは異なる実務の経験があること，シラバスなどに実務経験者という記載があること，実務家教員であるという自己認識があること，これらは同一のことではない。
https://sites.google.com/view/p-academics/

(7) 「学問の自由」のうち「教授の自由」に関して，「新しい専門職」は制限を受けることもある。たとえば，キャリア支援・教育担当者による授業では，あらかじめ定められたシラバスに基づいて，全学共通のテキストを用いて進めることが義務付けられることもある。

(8) 葛城（2015）によれば，事実上の全入状態にある「ボーダーフリー大学」においては多様な意識をもつ教員がいるものの，教育に関する関心が高い教員は研究活動に対する意識が低く，実際の研究活動の生産性も低く，また，かえって教育に対して必ずしも熱心ではないという複雑な状況があるという。こうした状況に対して，教員個人の資質や能力の問題であるとみなさずに，「学問の自由」を取り戻すという観点から支援を行うことも必要であろう。

〈引用文献〉

羽田貴史，2022，「現代社会における学問の自由の生成と動態」羽田貴史・松田浩・宮田由紀夫編『学問の自由の国際比較―歴史・制度・課題』岩波書店，pp.1-37.

広田照幸，2019，「ポスト「教授会自治」時代における大学自治」『世界』920，pp.80-90.

池内了，2018，「岐路に立つ日本の大学と科学」福井憲彦編『対立する国家と学問―危機に立ち向かう人文社会科学』勉誠出版，pp.1-45.

イノベーション・デザイン&テクノロジーズ株式会社，2015，『大学における専門的職員の活用実態把握に関する調査』報告書（文部科学省先導的大学改革推進委託事業）.

葛城浩一，2015，「『教育志向の教員』の再検討―ボーダーフリー大学教員に着目して」『大学論集』47，pp.89-104.

Lipsky, M., 1980, *Street-Level Bureaucracy: Dilemmas of the Individual in Public Services*. Russel Sage Foundation.,（＝1986，田尾雅夫・北大路信郷訳『行政サービスのディレンマ』木鐸社）.

元橋利恵，2022，「フェミ科研費裁判は何を問うのか―「私らしさ」を可能にする知」『日本の科学者』57(1)，pp.52-55.

村澤昌崇，2023，「日本の大学教員―諸々のデータが問いかけるその実像」『大学評価研究』22，pp.41-49.

成嶋隆，2014，「新自由主義と国立大学法人法」細井克彦・石井拓児・光本滋編『新自由主義大学改革―国際機関と各国の動向』東信堂，pp.228-243.

二宮祐，2023a，「大学における『新しい専門職』とその養成」『高等教育研究』26，pp.53-72.

――――，2023b，「実務家教員による大学の授業に関する意識―キャリア論，メディア論，観光論を事例として」『名古屋高等教育研究』23，117-140.

――――，2024，「実務家教員に対する質問紙調査」実務家教員COEプロジェクト編『実務家教員のこれまで・いま・これから』先端教育機構，pp.46-66.

二宮祐・小島佐恵子・児島功和・小山治・浜島幸司，2019a，「大学における新しい専門職のキャリアと働き方―聞き取り調査の結果から」『大学評価・学位研究』

20, pp.1-25.

二宮祐・小山治・浜島幸司・児島功和, 2019b, 「「新しい専門職」として大学で働き続けたいのは誰か―任期の有無と仕事満足度に着目して」『大学教育学会誌』41(1), pp.117-126.

二宮祐・小山治・児島功和, 2021, 「「実務家教員」の系譜―政策と慣行」『関西大学高等教育研究』12, pp.123-132.

Whitchurch, C., 2013, *Reconstructing Identities in Higher Education: The Rise of Third Space Professionals*. Routledge: London.

山口裕之, 2017, 『「大学改革」という病―学問の自由・財政基盤・競争主義から検証する』明石書店.

〈謝辞〉

各種調査へご協力頂いた皆さまに心より感謝いたします。

本研究は JSPS 科研費 16K04619, 20K02934 の助成を受けたものです。

ABSTRACT

Restricted "Academic Freedom": A Case Study of "New Types of Specialists" and Practical Professors

This paper discusses "academic freedom" through an analysis of response data from two different surveys. One is a survey of the "new types of specialists" that have been assigned to each university in response to developments in higher education policy and science and technology policy. Respondents were faculty development specialists (FDers), career support and education specialists, institutional research specialists (IRers), University Research Administrator (URAs), and coordinators of industry-academia-government collaboration. The survey was conducted from December 2017 to March 2018. A total of 1,847 surveys were sent to a total of 674 valid responses. The other is a survey of practical professors. The survey targeted university faculty members belonging to academic departments related to the four fields of tourism, media, fashion, and sports management. For comparison, respondents included research faculty without practical experience. The survey was conducted from February 2022 to May 2022. A total of 2,583 people were asked to complete the survey, with a total of 500 valid responses.

The four main findings are as follows. First, while there were differences in research efforts among the "new types of specialists" depending on whether they had tenure or not, there were no differences depending on whether they were practical professors or not. Second, there were large differences within the "new types of specialists" regarding the research environment. Third, there were large differences in the status of research activities among the "new types of specialists." Fourth, in terms of research performance, the "new types of specialists" survey shows that the group with no fixed term of employment has more performance. According to the survey of practical professors, research faculty members had more research output only in the form of academic papers (peer-reviewed articles) than practitioner faculty members. Some question items showed that practitioner faculty members with no fixed term of appointment were more successful in their research.

In the survey of practical professors, no clear differences were identified in terms of comparisons between academic and practitioner faculty. On the other hand, survey data from the "new types of specialists" showed that many of the employed fixed-term faculty members had low research effort and research performance, and some indicated that research was not necessary. He/she/they may be proactively fleeing from "academic freedom," perhaps due to the uncertainty of their future careers caused by fixed terms of employment and further driven by the poor research environment. If this is the case, the university needs to understand such a reality and consider appropriate treatment.

This paper focuses on "academic freedom" as it is restricted within universities. The issue of restrictions on academic freedom is not only relevant to the "new types of specialists" and practical professors but also to research faculty. The normative issue of disputing situations that deviate from the "academic freedom" that should be there is also important. At the same time, in "academic freedom" research, the empirical question of how much freedom is at stake and for whom must also be pursued.

Keywords: third space, fixed-term employment, empirical question

大学教員の変容と市民社会の認識
——調査データから論じる学問の自由・大学の自治——

村澤 昌崇* 中尾 走** 樊 怡舟***

【要旨】

政府の学術会議会員任命拒否を契機として俄に学問の自由や大学の自治に関する政府批判の議論が起こっているが，大学教員が学問の自由や大学の自治を行使できうる存在たり得ているかについての自省も併せて必要ではないか。本稿ではこの視点に立ち，公的統計や独自のWeb調査により検討したところ，①公的統計の長期的趨勢からは，高等教育大衆化の中で大学教員の量的・質的変容が起きていると同時に，ジェンダー格差という旧態依然な部分を色濃く残していること，②社会一般の認識が大学教員の「専門職性」をそれほど支持しておらず，③研究者集団の信頼や威信に関する市民の支持や評価は高いとは言いがたい状況にあることが示された。

この結果から，大学教員が学問の自由や大学の自治を行使しうる条件が揺らいでおり，社会的支持もはっきりとせず，憲法・法律・制度上の諸権利の保証が現実と乖離し形骸化しかねない危機を迎えうること，伝統的な学問の自由や大学の自治の擁護論が，アカデミズムの有り様を理念的・画一的且つ永遠不変かのような「伝統的教員像」を暗黙裏に仮定していることの限界を指摘しつつ，本稿では敢えて官僚主義対民主主義という古典的パラダイムを超えて，市民社会との対峙・対話を真剣に意識する必要性を訴えた。

キーワード：大学教員の大衆化，専門職論，Web調査実験

*広島大学 **愛媛大学 ***広島大学

1. はじめに

本論の狙いは，データを用いた省察的観点から，学問の自由・大学の自治をとらえ直すことにある。

2020年９月に生じた日本学術会議会員任命問題に端を発し，俄に学問の自由や大学の自治に関する議論が盛んになったことは周知のとおりである。この問題に関し，学術界の反応は，おおむね政府の対応を学問の自由や大学の自治を侵害するものとして批判しており，多くの学会が抗議・反対声明を提示しているし，識者も法学的な見地や海外事例の紹介等の伝統的方法に則って，そして時として感情的に，学問の自由や大学の自治および大学教員の身分保障の必要性を訴えている（芦名ほか 2021，池内ほか 2021，人文社会系学協会連合連絡会 2021，羽田他 2022a，2022b，駒込 2021，小森田 2021，佐藤他（編） 2021，寄川ほか 2021）[1]。

ただ，これまで各所で語り尽くされているとおり，およそ30年にわたる大学改革により，すでに学問の自由や大学自治は制度上も実質上も大きな制約を受けており，学術会議会員任命拒否問題は，大学の自由・自治問題の氷山の一角に過ぎない。また，そもそもこの問題は今に始まった話ではなく，大学の誕生以来の課題でもあり，我が国でも有名な滝川事件をはじめとして，政府と大学との間に緊張関係が生じるたびに度々議論されて今日に至っており，謂わば古くて新しい課題でもある。そうしたこれまで論じられてきた理念論や人権論，法学的見地から論じられる学問の自由や大学自治の保証は，大学教員側からすれば普遍的原理として社会的に享受されることが当然かのように語られることが多い。

しかし，「現実」にはそうはならないからこそ，繰り返し問題化されるのである。そこで一旦理念論等からは距離を置いて，「現実」を直視するような議論が必要であるように思う。そこで本稿ではこの問題について，内省的・市民的な視点から検討を行う。具体的には，大学教員の大衆化の現実そして市民目線の大学教員の現実を垣間見ることによる学問の自由・大学の自治を再考したい[2]。

2. 学問の自由再考―専門職論の見地から

大学教員の実態に迫る前に，ここでは筆者らなりに専門職論の観点から学問の自由や大学の自治の在り方に関して整理しておきたい。

学問の自由や大学の自治は，純粋な真理を探求することを使命の一つとする大学教員・研究者が，超然的に認められる「特権」であるとされる。しかしその「特権」は無条件に保証されるものではない。専門職論の観点からは，その「特権」の大前提として，大学教員という専門職が確立されていることや，職務遂行にあたっての地位と自立が認められている（佐藤　1976など）という前提が不可欠である。

では，はたして大学教員は専門職と言えるのか。そして大学教員＝専門職としての地位と自立がいかなる事由によって保証されることとなるだろうか。これについては鵜川（2012; 2016）が以下３つに整理している。第１に，知識体系の独占性・自律性・愛他性など職業上の客観的な特性の有無（竹内　1971，津村　1987など）を，専門職の判断基準とする特性論的アプローチである。このアプローチに従うと，大学教員らの素質や執務の内容は専門職と呼ばれるものの，「客観的基準」を満たしているかどうかが争点となる。

第２に，専門職の社会的構築に注目し，専門職的支配の獲得と維持を「専門職従事者はあたかもそれを有しているがごとく民衆に確信させる」（鵜川　2012）と論じる権力論的アプローチである。このアプローチからは，大学教員集団も社会地位と権益の確立を目的とする「独占的組織」とみなされることとなる。そうすると現状において大学教員が「専門職」と見做されるかどうかは，「専門職」としての身分と権威を社会システムの中で構築できているかが争点となる。

第３に，官僚主義と対抗し「規範的価値システム」を構築する側面と，エリート集団として「イデオロギー的支配」（鵜川　2012）を行使する側面から専門職集団の行動を理解し，国家権力と専門職集団の相互影響のもとでの制度や法律の政策過程に注目したアプローチである。

上記３つのアプローチを踏まえ，学問の自由や大学の自治を支えうるメカニズムとして，以下の三つの説が考えられる。

① 大学教員の専門性・自立性・自律性：大学教員・研究者集団が知識体系を専有しており，倫理に基づいて自己規制と自律性のもとで専門業務をこなす。学術業務に関して研究者に任せたほうが効率的であるので，「学問の自由」が許されている。

② 社会的通念：「学問の自由」が正義であり，良い社会を作り出すのに必要なことであるというナラティブが社会一般的に広く共有されている。社会・市場において，「学問の自由」の正当性が自明的かのように信じられている。

③ 制度的裏づけ：憲法をはじめとした法律システム，そして政府の政策文書において，「学問の自由」は基本ルールとして明記され，各種排他的資格（PhD 学位など）によってその特権がさらに制度的に裏づけられている。

これら三つのメカニズムは互いに独立しているわけではない。大学教員の専門性と自立性および自律性が「学問の自由」に関する社会的通念の基礎であり，社会的合意の条文化として法律・政策の裏づけが機能し始める。逆に，大学教員が問われる専門性の内実が変化し，自律性が機能不全に陥れば，社会における理想的な科学信仰の位置づけも変化し，社会における大学教員の諸特権に関する合意形成が成立しづらくなる。そうすると，いかなる法律条文も事実上形骸化し，研究者集団の知識体系の存在そのものが逆に疑問視されるようになろう。

学問の自由や大学の自治を法学や海外事例に基づいた従来の議論は，専ら制度的裏づけの視角に集中している一方で，「大学教員の専門性・自律性」や「社会的通念」のありかについての検討が不十分であるように思われる。

そこで本論では，多くの論者によって議論される「学問の自由」の法的正当性については敢えて触れず，「大学教員の専門性・自立性」と「社会的通念」に注目することとする。現実において大学教員はどの程度の専門性を保持していると社会的に認識されているのか，そして社会からその地位をどう認識されているかについて，公的統計と独自の社会調査を用いて，自省的に検証してみることとする。

3.　大学教員の変容・大衆化―量的軌跡から―

3.1.　大学教員の大衆化―量的拡大

概観してきたように，大学教員の専門性・自立性は，倫理に基づいた自己規制と自律を「理念上の」前提としている。しかし現実には，大学教員の倫理性へは，例えば研究不正や不祥事に関する社会的関心の高まりにより（松澤　2013a，2013b），厳しい視線を向けられ，自主自律への疑念を招いている。

さらに，我が国の大学が「大衆化」を迎えて久しい点にも留意が必要である。我々研究者が大学の大衆化を論じる際には，もっぱら学生の大衆化≒質の低下や多様化を問題にし，「リメディアル」「質保証」「学修成果」等を始めとした様々なキーワードのもとに大学教育改革が進められてきたが（井上　2018），不思議なことに大学教員の大衆化はほとんど論じられない(3)。教員増を必須としない学生の臨時的定員増という例外があるものの，進学率の上昇に伴う大学生数の増加に比例して，教員数も増加しているのだから，大学教員も大衆化しているはずである。

この点についてはすでに簡単に論じているが（村澤　2023a，2023b，2024a，2024b），あらためて見ておこう。1950年時点の大学教員数（本務教員）を基準とした場合（図１左），2023年度における大学全体の教員数は16.6倍（1950年：11,534

名／2023年：191,878名），国立大学教員数は11.6倍（1950年：5,492名／2023年：63,778名），公立は13.7倍（1950年：1,083名／2023年：14,807名），私立は22.8倍（1950年：4,959名 /2023年：113,293名）(4)にまで膨れ上がっている。このように，高等教育計画により度々調整され単調増加したわけではない大学生数に比して，むしろ大学教員数はほぼ単調増加して今日に至っている。

3.2. 大学教員の変容と兼務教員数の拡大と女性教員割合

兼務教員数にいたっては増加率が本務教員を大きく上回っており，特に公立大学における増加は深刻である（図１右）。本務教員と兼務教員の割合も検討してみると，1950年時点での兼務教員割合は全体で40%，国立33%，公立22%，私立では49%であったが，2023年時点では全体で51%，国立37%，公立55%，私立が56%となっており，特に公立及び私立の兼務教員への依存度が高くなっていることには留意が必要である。兼務教員とは所謂非常勤教員とほぼ同義であり，この割合の増加は学生との関係が授業のみで完結し学生に対する指導や支援面での負担や責任を十分には負わない教員が増加していることを意味するからである。

他方，大学における女性教員（本務）の割合は1950年では10%前後であったが，2023年時点では20～30%にまで拡大している。ただし，大学教員総数の増加に比べれば抑えられているし，公立私立に比して国立の割合の低さが懸念される。また大学教員よりも広義である「研究者」に占める女性割合は諸外国と比較して低く（日本17.8%，イギリス39.0%，アメリカ34.0%，フランス28.3%，ドイツ28.1%，韓国21.4%）(5)国際的見地からすると女性に対して未だに閉鎖的であると言わざるを得ない。

このように，一方で大学教員の大衆化による量的拡大と質的変容(6)が進行しつつ，他方国際的見地からは女性への開放性の面で後進国であることを踏まえるのであれば，学問の自由や大学の自治に関する権利の主張と同時に，大学教員が変化した点や旧態依然として変化しない点に向き合う議論も不可避のように思われるが，湯川他（2018）でも論じられているように，少なくとも教育社会学内において大学教員を（数量的に）適切に問題化する機会が極端に少なく，議論が不十分であったという課題がある。

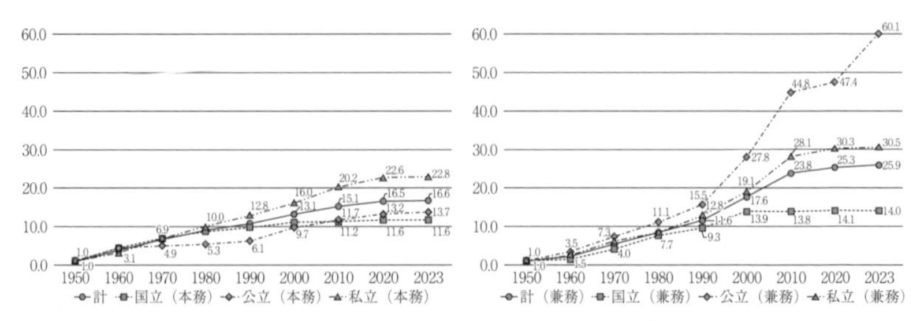

図１　教員数の変化：1950年を基準とした場合の倍率（左：本務／右：兼務

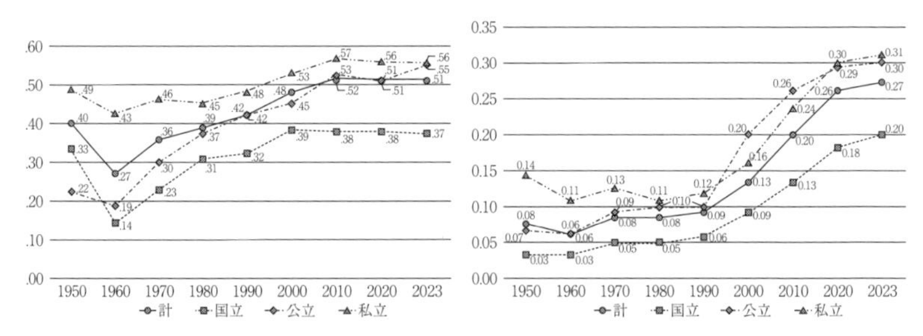

図２　兼務教員の割合の変化（左）／女性教員（本務）割合の変化（右）

4. 大学教員は専門職か―市民の声―

繰り返しになるが，大学教員はその専門職性ゆえに自主性・自律性の高さが求められるが，同時に（90年代以降の新自由主義的諸改革の断行以降は特に）対社会的な説明責任を負うことも求められており，市民社会の理解なくして大学や大学教員の存立があり得ないことも事実である。つまり大学教員は，その専門性の高さ故の「排他的な職能集団」としての姿と，他方で市民社会と無関係に職責を果たすことはできない「社会的責任ある集団」としての姿という２つの姿の相剋するところにある。

そこでここでは，市民の視線から大学教員が「どう見えているのか」を論じてみたい。我々は2021年３月に『職業に抱くイメージに関する意識調査』（Web 調査）を実施し，大学教員を含む専門職と見做されることの多い職業に関するイメージ調査を行っている(7)。その集計値を披露すると（表１）(8)，まず当該職が専門職であるかどうかを率直に尋ねた問い（①）については，大学教員を専門職と見なす人は

45.2%，比較対象とした医師・弁護士そして小学校教員はそれぞれ86.8%，90.9%，49.1%であった。つまり一般市民の視線からは大学教員は医師や弁護士と同格な専門職とは見做されておらず，小学校教員と同程度だと認識されていることがわかる。

また，専門職の要件と見做されることの多い要素（専門性の高さ，自律性，倫理性，教育水準の高さ）についても検討してみると，専門性に関し，大学教員を「理論的な専門知識の必要性が高い」と見做す人（②）が38.2%，医師については74.7%，弁護士については69.6%，そして小学校教員が31.1%となっている。さらに大学教員を「政策・政治的な決定の際に意見を聞くべき職」だと認識している人（③）は，9.8%，医師が20.0%，弁護士が14.7%，小学校教員が9.8%であり，全般的に低い評価ではあるが，これら専門性についても，市民目線では大学教員は医師・弁護士よりも低いと認識されている。

さらに自律性については，本調査では各職業について「仕事のやり方が自分で決められる割合が高い職業」（④）であるかどうかを評価させているが，大学教授については14.7%，医師については16.5%，弁護士については23.5%，小学校教員が3.6%であり，こちらもいずれの職も「とてもそう思う」人が少ない中で，大学教授が医師に近い評価となっている。倫理性については，本調査では当該職が「高い倫理観を求められる職」（⑤）であるかどうかを判断させているが，大学教授を倫理性の高い職と見做す人は34.7%，医師・弁護士が6割，小学校教員が47.6%となっており，大学教授の倫理性が他の3つの職を大きく下回るものであると市民が見做している。

そして当該職の教育水準については，「学歴が高い職である」（⑥）と思うかどうかを本調査では問うており，その結果「とてもそう思う」の割合は大学教員45.5%，医師82.9%，弁護士72.7%，小学校教員11.1%となっており，制度上は大差ない学歴を経て就くはずのこれら職について，大学教員は医師・弁護士よりも学歴が必ずしも高くはないというイメージを市民に抱かれているようである。

調査では，職業に関する社会的評価も尋ねているので2つ紹介すると，「社会の中で優遇され過ぎている職」（⑦）であるかどうかを評価させる項目では，大学教授が11.1%，医師が20.5%，弁護士が19.6%，小学校教員が3.7%と全体的に低調な中で大学教員は医師・弁護士よりも優遇されていないと見做されている。ただし「社会にとって重要な役割を果たしている」（⑧）かどうかについては，大学教員職は16.1%，医師が74.5%，弁護士36.4%そして小学校教員が38.7%となっており，残念ながら社会における大学教員の重要性は非常に低く庶民に評価されている。

このように，市民から見た大学教員は，医師・弁護士に比して，専門職と見做され難いようである。もちろん市民が「専門職」に関し厳密且つ共通の定義に基づいて判断しているかどうかは再考の余地はあるが，専門職を構成する具体的要素別の評価を見ても，大学教員は一部例外を除き医師・弁護士に比して市民から低く評価されている。学問の自由や大学の自治を巡って対立する政府の背後には市民が居り，市民がこのように学問の自由や大学の自治を支える大学教員の専門性，自主・自律性，倫理性に対して懐疑的とも言える認識をしていることを，我々大学教員がどのように受け止めるべきなのかを，内省的に検討する必要はないだろうか。

表１　職業に対する市民のイメージ：大学教員・医師・弁護士・小学校教員

	①専門職か？	②理論的な専門知識の必要性が高い	③政策・政治的な決定はこれらの職業の意見を聞くべきだ	④仕事のやり方が自分で決められる割合が高い	⑤高い倫理感が求められる	⑥学歴が高い	⑦社会の中で優遇され過ぎている	⑧社会にとって重要な役割を果たしている	国家資格として認定される必要がある
大学教員	45.2	38.2	9.8	14.7	34.7	45.5	11.1	16.1	25.6
医師	86.8	74.7	20.0	16.5	60.1	82.9	20.5	74.5	84.5
弁護士	90.9	69.6	14.7	23.5	62.1	72.7	19.6	36.4	75.6
小学校教員	49.1	31.1	9.8	3.6	47.6	11.1	3.7	38.7	44.8

5.　学術会議問題に関する市民の認識

最後に，学術会議問題が大きく取り上げられた後の期間（2021年３月23～2021年３月25日まで）に実施したweb調査[9]の結果から，学術会議に向けられている市民の眼差しの一端を探ってみよう。本調査では，いくつかの組織への信頼・支持を尋ねており，その項目の分析結果について紹介する。

まず，日本医師会・政府・教育委員会・経団連・日本学術会議をそれぞれ信頼できるか否かについて尋ねたものを集計した。

棒グラフを見ると，学術会議を「信頼できる」「少し信頼できる」と選択した者の割合は，日本医師会よりは低いものの，政府・教育委員会・経団連よりも信頼されていることが読み取れる。一方，分からない（Don't Know，以下DK）を選択する割合が最も多いのも事実である。DKは，当該質問項目に対する知識の有無だけでなく，社会的望ましさバイアス（Social Desirability Bias，以下SDB）やsatisficeといった調査における努力の最小限化行動（三浦・小林　2015）も一つの原因である（善教・秦　2017）。つまり，そもそも学術会議に関心がないからDKということも考えられるし，DKとした回答者は，実際には当該組織・団体を「信頼できない」と回答したいけれども，それを表明しづらいためDKとしたとも考えられる。その理由の一つに，研究者が調査設計を行なっているため，web調査であっても面接官効果（Interviewer Effects）（Karpowitz, C.F. et al. 2023）が生じ，日本学術会議に対して信頼できない等の否定的な回答がしづらいのかもしれない。

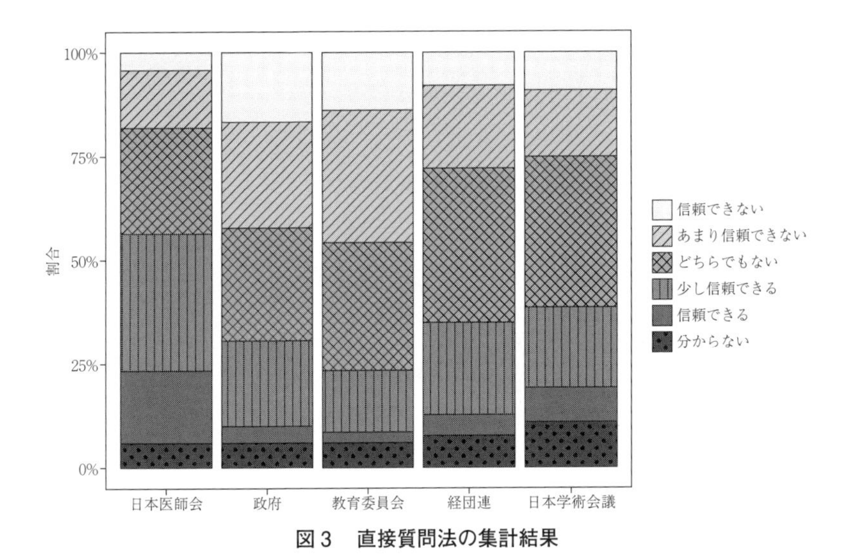

図3　直接質問法の集計結果

それではこのようなバイアスをなるべく抑制しようとした場合，結果はどのように変化するか。本調査では，支持実験（Endorsement Experiments）という手法を用いてSDBを除こうとした調査を試みており，その結果を以下検討する[10]。なお，web調査ではsatisficerが一定の割合含まれることが知られており（Brühlmann et al. 2020），以降の分析ではストレートライナー（全て同じ回答をする人）の回答者を分析から除いた（約7％）。

以降は，支持実験と呼ばれる調査の一部の分析結果を示す。支持実験とは，以下のように処置群と統制群に少し異なる質問文を提示し，支持できるか否かを回答させ，その割合を見ることで組織への支持割合を推定するというものである。具体的には，表のような異なる質問を二つの群に尋ねた上でその群間差を求め，もし処置群の方が高ければ，この場合は学術会議への支持が一定程度あると捉えても良いと判断できるように設計されている。

表2　支持実験の設問

割り付け	質問
処置群	日本学術会議が，「研究成果が科学者の意図を離れて軍事目的に転用される可能性を踏まえて，軍事的安全保障研究と見なされる可能性のある研究について適切に審査すること」を提案していますが，あなたはこの提案を支持することができますか。
統制群	「研究成果が科学者の意図を離れて軍事目的に転用される可能性を踏まえて，軍事的安全保障研究と見なされる可能性のある研究について適切に審査すること」をあなたは，支持することができますか。

あくまで試行的な分析ではあるが(11)，分析の結果，処置群と統制群の支持率の差を取ると -0.03（5％水準で統計的に有意）であり，これは統制群に比して処置群への支持割合が3％低いことを意味する。つまり日本学術会議の提言だと明示した場合，支持する割合は3％低くなっているのである。これは，市民社会が学術会議に寄り添ってその権威を高く評価するどころか，むしろその権威を低く見積もる傾向すらありうる，ということでもある。

6.　おわりに

「学問の自由」について，従来は法律や海外事例から論じてきたが，本論は，公的統計及び独自調査を用いて，学問の自由・大学の自治という特権の現状について専門職論を下地にしながら自省的に検証した。その結果，①公的統計の長期的趨勢からは，高等教育大衆化の中で大学教員の量的・質的変容が起きていると同時に，ジェンダー格差という旧態依然な部分を色濃く残していること，そして我々の実施したWeb調査からは，②社会一般の認識が大学教員の「専門職性」をそこまで支持しておらず，しかも③研究者集団の信頼や威信に関する市民の支持や評価は，高いとは言いがたい状況にあることが示された。

この結果は，学問の自由や大学の自治の基盤である「大学教員の専門性・自律性」や，学問の自由・大学の自治が（こと大学教員にとって）必要且つ正当であるといった「社会的通念」が揺らぎ始めている(12)可能性を示唆しており，法律・制度上の権利保障を大学教員が訴えようとも，それが形骸化しかねないという危機にも繋がりうることを示している。この現状において，学術会議問題に端を発した一連の学問の自由・大学の自治に関する議論は，問題の氷山の一角しか捉えていないと言えるのではないか。

以上の知見踏まえ，さらに次のように考察並びに問題提起をしたい。

まず，「学問の自由」の検討をする際に，伝統的な議論一般は，暗黙のうちに大学教員の存在について，振る舞い・言動・専門業務のあり方・政府または社会との関わり方なども含め，画一的，単一的に想定してしまう傾向がある。「学問の自由」のあり方を歴史・法律・制度などより求めるアプローチの背景には，そういった「伝統的教員像」の影があると言わざるを得ない。大学教員の量的質的な変容，そして大学そのものの変容がみられる現状において，「学問の自由」の規範的な想定が果たして適合できるだろうか。

そして，興味深いことに「学問の自由」について本論が提起した「大学教員の専門性・自立性・自律性」「社会的通念」「制度的裏づけ」からなる専門職論の枠組みは，国家・市場・アカデミックの３つのアクターの力関係の関数として各国高等教育システムが成立するとしたバートン・クラークの「調整三角形モデル」を彷彿させる。大学の自治や学問の自由の位置づけも，この三角形モデルの関数として成立しうると解釈できるのであれば，市場社会や大学そのものの変化をも検討した上で，「学問の自由」の中身の再解釈が求められているのではないか。

最後に，「学問の自由」に関して，従来の議論は無意識に官僚主義と民主主義との対抗というパラダイムにはまりがちということを指摘したい。本論の分析結果が示しているように，専門性の危機や社会一般からの信頼感の低下など「学問の自由」の基礎そのものが揺らぎ始めている。この問題は，官僚主義による阻害というよりも，むしろポスト真実の時代におけるメリトクラシー対ポピュリズムの構図ではないか。つまり，研究者集団は政府よりも，従来看過してきた社会一般との対峙を意識することが必要ではなかろうか。実践的にいうと，大学教員・研究者は「社会」に対してこそ自身の専門性を顕示していくことが不可欠であろう。

〈注〉

(1) 雑誌の特集として以下のようなものもある：『世界』2020年12月号特集２「学術会議任命拒否問題」，『科学』2021年１月号特集「学術会議任命問題と助言の本質」，『法律時報』1173号特集「公法学から検証する日本学術会議問題―日本公法学会第85回総会・特別セッションの報告―」，『法学セミナー』797号特集「統治機構における学問の自由」，『現代思想』2022年10月号小特集「大学は誰のものか」，『季刊教育法』2022年 No.214特集「どうなる，日本の大学」，『世界』2021年12月号特集「学知と政治」など。

⑵　なお，併せて教育社会学における大学教員研究の課題と展望（湯川・坂無・村澤　2019）も参照されたい。

⑶　大学教員に関する研究自体の裾野は広いが（阿曽沼　2010），大学の大衆化を問題化してきた教育社会学や高等教育論の領域における大学教員研究が局所的であったという課題がある（湯川・坂無・村澤　2019）。

⑷　数値は『学校基本調査』各年版から。なお時系列集計については広島大学高等教育研究開発センター編の「高等教育統計データ集」（https://x.gd/zFRea）を利用した。

⑸　「女性活躍・男女共同参画における現状と課題」令和５年４月11日内閣府男女共同参画局：https://x.gd/iukNHL

⑹　大学教員の量的・質的変容については，他にも任期や給与等の雇用条件，職階，業務内容等検討するべき要素は多々あるが，長期的変容を検討する材料が必ずしもあるわけではない。たとえば『学校教員統計調査報告書』各年版の「採用前の状況別 職名別教員数」があり，参考までにこれを検討すると，1989年を基準とした場合新卒採用（大学卒業・修了後すぐ採用）は2022年時点で0.57倍（1989：1,626人，2022：923人）と大幅に減少している。他方大学以外からの採用は1.58倍（1989：6,198人，2022：9,779人）であり，その内訳は，官公庁が0.34倍（1989：1,510人，2022：506人），民間企業が1.34倍（1989：961人，2022：1,285人），自営業が4.67倍（1989：33人，2022：154人），その他が0.75倍（1989：3,694人，2022：2,768人），さらに高校以下の教員＋専修・各種学校の教員からの採用は3.21倍（1989：170人，2022：546人）となっており，一見すると大学院での養成を経て大学教員となるような「伝統的教員」が減少し，大学教員の構成が多様化しているように見える。ただし本調査報告自体が1989年開始なので戦後からの検討が困難である点，「その他」に分類される者が多く且つ本分類の内実が不明な点，2010年調査より「研究所等のポストドクター」「臨床医等」の項目が追加されたことにより，これらカテゴリが「その他」から分離されたと思われる点，「研究所等のポストドクター」を伝統的な大学教員養成の延長線上にあると見做し，これを新卒採用と合算して「伝統的な大学教員キャリア」として再計算すると0.93倍（1989：1626人，2022：1512人）となり，減少幅は抑制される。こうしたことから公的統計から大学教員の変容を検討する際には注意が必要である。

⑺　本調査では調査票をＡ票とＢ票の２種類を用意し，質問項目の構成を①Ａ・Ｂ共通項目（属性が主），②Ａ・Ｂで異なる項目（それぞれの調査票のみ尋ねて

いる項目）で構成し，回答者にＡ票とＢ票のどちらか一方を回答させている。Ａ票Ｂ票ともに1552名が回答しており，回答者は重複していない。このような方式の利点は，一定のサンプルサイズを獲得しつつ，冗長な調査に起因する虚偽回答や怠慢回答を回避することにある。回収されたＡ・Ｂ両票は，結合することにより各票で尋ねていない項目を「欠損」と見做して欠損値補完を行うことを通じて擬似的な完全データを構成した上で分析を行うのである。

本調査における職業イメージに関する質問項目の作成にあたっては，1995年「社会階層と社会移動調査」および林（2019）を参考とした。

また，我々の実施したweb調査の内容の詳細については，広島大学高等教育研究開発センター公開研究会2021年度第２，８，11回（https://x.gd/FOV8x），村澤（2021），中尾・樊（2021）を参照のこと。本調査を利用した分析結果の一部については村澤（2023a, b）を参照のこと。

なお，本調査は2021年２月25日に広島大学高等教育研究開発センター研究倫理委員会（https://x.gd/08hJ9）の審査を経てセンター長の承認を得た（承認番号2020承　002)。

(8)　本調査では，22の職を例示し，専門職かどうか，予想される年収総額，受け取るべき年収総額，予想される労働時間，威信の程度，学歴の高さ，技能の必要度，仕事の裁量性，文化的教養の程度，社会的優遇の程度，社会的重要度，政治・政策がこれら職の意見を聞くべきかどうか，倫理性，女性比率，国家資格として認定される必要性，人材充足度，理論的専門知識の必要性，回答者との距離感，男性・女性のどちらに向いている職業だと思うか，等々を尋ねている。詳細は中尾・樊（2021）を参照のこと。なお集計値は５段階尺度（全くそう思わない〜とてもそう思う）のうち「とてもそう思う」のみを抽出している。

(9)　この調査は，科研費 JP19K21567（研究代表者：小林信一）の助成により実施された「研究内容の社会的認知度に関するアンケート調査」（Web 調査：2080名）であり，研究者が行う研究内容の認知度，そしてそれら研究の応用先，デュアルユース技術への意見を尋ね，研究を誰がどのように手がけ，運用するべきかについて市民の意識から明らかにしようとしたものである。本調査の一部に，社会的なインパクトの高い組織や団体をいくつか取り上げ，それら組織・団体が発する声明・提言提案等に対する市民の信頼度を尋ねる項目を設けている（調査結果は近日公開)。なお本調査は2021年３月３日に広島大学高等教育研究開発センター研究倫理委員会（https://x.gd/08hJ9）の審査を経てセンター長の承認を得た（承認番号2020承003）。また，研究代表者の小林信一氏からは本調査の利用に関し承認を得た。

(10) これらの手法を簡潔に説明すると，直接的に組織についての回答を尋ねるのではなく，間接的に尋ねることでSDBを取り除くという実験設計である。Bullock et al.（2011）を参照のこと。

(11) これら結果は，あくまで参考であり，この結果をもとに即「日本学術会議はあまり信頼されておらず，支持もされていない」とは断言できない。実際には他の組織・団体との比較やより厳密な調査設計が必要であり，支持実験はあくまでも直接質問法に含まれるバイアスを取り除く一種の取り組みと捉えるべきではある。ただし，社会からの関心度を測定することの重要性が増している中で，その測定が容易ではなく，伝統的社会調査だけでなく他分野で蓄積される測定・調査手法を応用しながら，こうした社会の関心・意識等を測定することが今後重要になってくるであろう。もちろん，本調査にも実験設計や測定に様々な課題があることも申し添えておく。

(12) あるいは，もともと日本の市民社会が，他の伝統的専門職に比して大学教員にそれほど高い評価をしていない，とも解釈できる。

〈参考文献〉

有本章・江原武一，1996，『大学教授職の国際比較』玉川大学出版部.

有本章編，2008，『変貌する日本の大学教授職』玉川大学出版部.

有本章編，2011，『変貌する世界の大学教授職』玉川大学出版部.

芦名定道，宇野重規，岡田正則，小沢隆一，加藤陽子，松宮孝明，2021，『学問と政治　学術会議任命拒否問題とは何か』岩波書店.

Brühlmann, Florian, Petralito, Serge, Aeschbach, Lena F. & Opwis, Klaus, 2020, "The quality of data collected online: An investigation of careless responding in a crowdsourced sample", *Methods in Psychology*, 2, pp.1-13.

Bullock, Will, Imai, Kosuke & Shapiro, Jacob N., 2011, "Statistical analysis of endorsement experiments: Measuring support for militant groups in Pakistan", *Political Analysis*, 19(4), pp.363-384.

橋本鉱市，2008，『専門職養成の政策過程―戦後日本の医師数をめぐって』学術出版.

橋本鉱市，2009，『専門職養成の日本的構造』玉川大学出版部.

橋本鉱市，2013，「日本の専門職の構造について」（日本図書館情報学会シンポジウム「日本の専門職からみた図書館専門職養成の検討」2013年3月16日@東京大学，https://x.gd/h1vjw: 2024年4月30日最終アクセス確認）
羽田貴史，松田浩，宮田由起夫（編），2022a，『学問の自由の国際比較　歴史・制度・課題』岩波書店.
羽田貴史，広渡清吾，水島朝穂，宮田由起夫，粟島智明，2022b，『危機の中の学問の自由　世界の動向と日本の課題』（岩波ブックレット No.1068）岩波書店.
法学協会，1954，『注解日本国憲法（上）』有斐閣.
池内了，隠岐さや香，木本忠昭，小沼通二，広渡清吾，2021，『日本学術会議の使命』（岩波ブックレット No.1051）岩波書店.
井上義和，2018，「学生多様化論の鵺的な性格―1990年代以降の改革言説における展開と機能」『高等教育研究』第21集，39-57頁.
石原俊，2023，「大学ファンドと国際卓越研究大学がもたらすもの」『中央公論』2023年2月号，62-69頁.
人文社会系学協会連合連絡会，2021，『私たちは学術会議の任命拒否問題に抗議する』論創社.
海後宗臣，寺崎昌男，1969，『大学教育』（戦後日本の教育改革），東京大学出版会.
Karpowitz, Christopher F., Austin, Sarah, Crandall, Jacob & Macias, Raquel, 2023, "Experimenting with List Experiments: Interviewer Effects and Immigration Attitudes", *Public Opinion Quarterly*, Volume 87, Issue 1, Spring 2023, pp.69-91, https://doi.org/10.1093/poq/nfad001
駒込武，2021，『「私物化」される国立大学』（岩波ブックレット No.1052），岩波書店.
松澤孝明，2013a，「わが国における研究不正　公開情報に基づくマクロ分析(1)」『情報管理』vol.56，no.3，156-165頁.
松澤孝明，2013b，「わが国における研究不正　公開情報に基づくマクロ分析(2)」『情報管理』vol.56，no.4，222-235頁.
三浦麻子，小林哲郎，2015，「オンライン調査における努力の最小限化（Satisfice）を検出する技法：大学生サンプルを用いた検討」『社会心理学研究』32巻2号，123-132頁.
村澤昌崇編，2010，『リーディングス日本の高等教育6　大学と国家―制度と政策―』玉川大学出版会.

村澤昌崇，2021，「『職業に抱くイメージに関する意識調査』の特性—SSM データとの比較」（広島大学高等教育研究開発センター公開研究会，2021年５月17日，https://onl.la/TTGnUs2: 2023年１月29日最終アクセス確認）
村澤昌崇，2023a，「大学自治の理想と現実」『大学評価学会年報』第19号，1-11頁.
村澤昌崇，2023b，「日本の大学教員—諸々のデータが問いかけるその実像—」『大学評価研究』第22号，41-50頁.
村澤昌崇，2024a，「高校生のための大学四方山話第１回大学教員というお仕事」『大學新聞』226号.
村澤昌崇，2024b，「高校生のための大学四方山話第２回大学教員を知るデータ」『大學新聞』227号（近刊）.
中尾走，樊怡舟，2021，「『職業に抱くイメージに関する意識調査』（Web 調査）のデザインと特徴」（広島大学高等教育研究開発センター公開研究会，2021年５月17日，https://onl.la/Mej1Pi8: 2023年１月29日最終アクセス確認）
中尾走，樊怡舟，宮田弘一，村澤昌崇，松宮慎治，2022，「大学教員の意識に関する Age-Period-Cohort 分析」『大学論集』54，153-168頁.
岡崎佑大，2017，「専門職の社会学ー国際的な多様性と研究の傾向」『日本労働研究雑誌』No.678，84-85頁.
大浜啓吉，2016，「学問の自由とは何か」『科学』Vol.86，No.10，1049-1055頁.
PORTER, Theodore M., 1995, *Trust in Numbers: The Pursuit of Objectivity in Science and Public Life*, Princeton University Press（=2013，藤垣裕子訳『数値と客観性　科学と社会における信頼の獲得』みすず書房）.
佐藤学，上野千鶴子，内田樹（編），2021，『学問の自由が危ない　日本学術会議問題の深層』晶文社.
佐藤慶幸，1976，『行為の社会学—ウェーバー理論の現代的展開』新泉社.
竹内洋，1971，「専門職の社会学」『ソシオロジ』16(3)，45-66頁.
津村修，1987，「職業社会学における『専門職』概念に関する考察」『名古屋大学文学部社会学論集』(8)，32-51．上林陽治，2020，「専業非常勤講師という問題」『社会政策』12巻３号，73-84頁.
鵜川由美子，2012，「専門職（profession）をめぐる研究の動向と今後の課題」『明星大学社会学研究紀要』(32)，27-42頁.
鵜川由美子，2016，「現代日本における「専門職」の意味」『明星大学社会学研究紀要』(36)，127-137頁.

寄川条路，細井克彦，鈴木眞澄，清野淳，平山朝治（編著），2022，『学問の自由と自由の危機：日本学術会議問題と大学問題』日本評論社．
湯川やよい，坂無淳，村澤昌崇，2019，「大学教授職研究は何をなしうるか：成果と展望」『教育社会学研究』104巻，81-104頁．
善教将大，秦正樹，2017，「なぜ『わからない』が選択されるのか」『年報政治学』68巻１号，159-180頁．

〈謝辞〉

本研究はJSPS科研費JP24K00387，JP23K12797，JP22K18591，JP22K20217，JP20H01643，JP19H00621，JP19K21567，JP18K18651の助成を受けたものです。

ABSTRACT

Transformation of University Faculty Members and Perceptions of Civil Society: Academic Freedom and University Autonomy Discussed through Survey Data

The government's refusal to appoint members to the Science Council has triggered a sudden debate on academic freedom and university autonomy. This paper examined the situation from this perspective using official statistics and our own web-based survey, and found that (1) long-term trends in official statistics indicate that quantitative and qualitative changes in the number of university faculty members have occurred amid the popularization of higher education, while at the same time the old gender disparity remains strong, (2) the general public perception of university faculty members does not support their "professionalism" that much, and (3) the number of university faculty members is still low. (2) The general perception of society does not support the "professionalism" of university faculty members, and (3) Society's sense of trust in the research community may be in jeopardy.

These results indicate that the conditions under which university faculty members can exercise academic freedom and university autonomy, as well as social support, are shaky, and that the guarantees of constitutional, legal, and institutional rights may face a crisis that may diverge from reality and become a mere skeleton. He pointed out the limitations of the traditional defense of academic freedom and university autonomy, which implicitly assumes a "traditional image of faculty" as if the state of academia were ideological, uniform, and eternal, and stressed the need for serious consciousness of confrontation and dialogue with civil society beyond the classical paradigm of bureaucracy versus democracy.
Keywords: Popularization of university faculty, Professionalism, Web survey experiment

論　稿

教育社会学研究第114集（2024）

女子グループからの排除と学校からの排除

大久保　遥

【要旨】

本研究は，仲間集団からの「排除」を経験した女性を対象に，集団から排除される過程やその後に影響を及ぼす一連の経緯を描き，それをジェンダーの側面から考察するものである。協力者の学校経験の分析から，女子グループからの排除にみられた特徴は以下の通りである。

まず，集団からの排除の起点には規範からの逸脱や目立つ言動，校則違反と疑われる外見，〈リーダー〉に逆らう行為，コミュニケーション規則からの逸脱などが読みとれた。これらの基準は，男性が仲間集団から承認される「異性の獲得」「業績主義」といった明確なものではなく，外部からは見えづらく，その場の支配関係によって変更される性質をもちつつ，女子同士の間では共有される「暗黙のルール」のようなものであった。つぎに，学校からの排除の過程では，女子グループからの排除を当事者や周囲が問題に値しないものとみなしていたり，適切な介入がされないことで，「問題化」されなくなるプロセスが示された。

以上から，協力者らが女子グループからの排除が「問題化」されることなく学校から排除され，不登校や進路の局面で「個人の問題」として直面してきたことを示すと共に，学校空間を生きる女性の「生きづらさ」の一断面を描いた。本研究は，看過されてきた女子グループからの排除に関連する問題を示し，関係性と学校の二重の意味で排除されてきた者を受け入れる，非主流の後期中等教育機関の教育や支援のあり方にも示唆を与える。

キーワード：ジェンダーと教育，仲間集団，不登校

京都大学大学院・日本学術振興会特別研究員

1. はじめに

現代を生きる子どもたちにとって，学校は学業達成だけではなく友人・仲間関係への不安が生じやすい場となっている。「スクールカースト」（鈴木　2012）という学級内でのグループ間の序列を意識することや，周りから浮かないように常に神経を張り詰めて人間関係を維持するような「友だち地獄」（土井　2008）などの言葉からそれが明らかである。学校内の人間関係をめぐる「生きづらさ」は，教室内での，その場限りの問題ではない。安定した友人・仲間関係を築けないと，のちに学校からの排除へと追いやられ，やがてその後の学歴にもかかわりうることが問題なのである。高校中退者の退学理由を明らかにした調査では，勉強面よりも友人や仲間といった学校を中心とした対人関係の要因が挙げられる（古賀　2014）。ところが，子ども達がどのような経緯で人間関係から排除され，学校から排除されていくのか，その一連の過程については十分に明らかにされていない。本稿は，この課題について仲間集団とジェンダーという切り口からの分析を試みる。

仲間集団とジェンダーの研究において，子どもたちは学校で仲間集団を構築することで独自の子ども社会を形成し（Adler & Adler 訳書　2017），男女はそれぞれ同性同輩集団を自ずと準拠集団として規定し，準拠集団における地位を重要な利益として見込み，遊び仲間もそのなかで形成しやすいことが指摘される（江原　2021, pp.327-328）。子どもたちにとって仲間集団との関係は，学校生活を過ごすうえでの重要な鍵であると考えられている[1]。

国内の「ジェンダーと教育」研究は，子どもたちは教師や生徒同士の相互行為から男女に二分化した集団を形成し（木村　1999，上床　2011など），さらに性内分化したグループをつくりだしていることを明らかにしてきた。宮崎（1993）は，女子生徒が女性内部で「勉強グループ」「オタッキーグループ」「ヤンキーグループ」「一般グループ」などのグループに分化し，グループ間の対立のなかでそれぞれ準拠する女性性を意味づけし，独自のサブカルチャーを構築している姿を描く。知念（2017）は，〈ヤンチャな子ら〉がグループ内外の者に〈インキャラ〉という解釈を文脈に応じて運用することで集団の境界を構築していることを指摘し，グループ化形成の過程に男性性が組み込まれる側面を論じる。既存の研究は，子ども達が性内分化した仲間集団をつくりあげ，それらを準拠集団として学校の日常世界を過ごす実践について，ジェンダーの側面から解明してきた。ただしこれらは共通し，男女から構成される集団や性内分化したグループがどのようにして構築されてきたのかに焦点化するあまり，その集団から排除される者については見過ごしてきた。

他方で仲間集団からの排除の検討は，不登校や移行研究においても重要である。先駆的な不登校研究である森田（1991）は，不登校要因に友人関係があることを指摘する。鈴木（2020）は量的調査を用いて登校意識と社会的性差の関係を分析し，男子は学校の成績や教育アスピレーションが登校意識に関係しやすい一方，女子は勉強の側面が必ずしも登校意識に結びつかず，友人関係のボンドが影響を与えていることを示唆する。とくに上間（2015）は，中卒後風俗業界で働くリスク層にある若年女性の二者比較から，中学時代に友人ネットワークを築いてきた者は友人の支えで労働のリスクや日常の困難を回避するのに対して，不登校経験から友人関係が無い者はより困難な状況に陥る過程を示し，同輩集団が唯一のシェルターとなっていることを指摘する。これらの研究から，女性の学校や卒業後の生活維持にあたって同輩集団が資源となることがわかるが，逆にどのように同輩集団での関係性が困難となりその後に影響するのか，そのメカニズムは十分に解明されていない。

以上から本稿は，同性によって構成される仲間集団からの「排除」を経験した女性を対象に，集団から排除されて不登校に結びつく過程とその後を描き，それらをジェンダーの側面から検討することで，新たな知見を得ることを目的とする。

2. 分析の視点

2.1. 仲間集団からの排除

仲間集団からの排除を捉えるうえで，近年のジェンダー・セクシュアルマイノリティ研究が参照できる。土肥（2019）や島袋（2022）などの学校経験に焦点化した研究は，当事者が子ども同士の相互行為のなかで自己を所属集団の周縁的存在であると認識したり，準拠集団の規範に違和感を抱きながら集団内の位置やアイデンティティを模索している姿を描く。つまり，ある個人が客観的に特定の集団に属しているようにみえても，当事者の主観では帰属感が得られていないことや集団からの「排除」を感じうることが示唆される。当事者の経験に着目する本稿においても，客観的に観察可能ないじめ場面に限らず，当事者がその主観的経験において仲間集団から排除や疎外されたと感じた経験を広義に「排除」として捉える。

2.2. 仲間集団とジェンダー

Sedgwick（訳書　2001）は，男性同士は「異性の獲得」を通じて連帯を生み出す構造があることを見出した。多賀（2002）は，学校での男子集団は地位と威信を求め競い合う「パワー・プレイ」（Askew & Ross 訳書　1997）だという指摘を踏まえ，日本では男性の家族扶養義務の観念から，男子の学業達成と職業達成は直接的に結びつき，「学業達成」をめぐる競争は過熱する傾向にあると論じる。すなわち，男性が仲間集団から承認されるのに重要なのは「異性の獲得」や学業達成という「業績主義」に合致する要素であるが，これらを獲得できないと疎外される。この点は西井（2021）による「非モテ」男性当事者は異性を獲得できないことで，対異性より同性集団からの周縁化につらさを感じるという主張にも重なるだろう。

これに対して女性の場合，同性同士の友人ネットワークに権力が生まれにくいという（Chambers 訳書　2015，p.119）。上野（2010，p.24）の言葉を用いると，「男は男の世界の覇権ゲーム」であるのに対し，「女の世界の覇権ゲームは女の世界だけでは完結しない」のである。なぜなら，「必ず男の評価が入って，女同士を分裂する」からである。よって，女性同士の関係において仲間集団を形成する論理や集団が個人を排除する論理は，男性のそれとは異なるものだと推測できる。

これらを踏まえ本稿では，女性同士からなる仲間集団を「女子グループ」と呼び，その特徴をジェンダーの側面から分析し，最後に男性集団を対照的に捉え考察する。

3.　調査の概要

筆者は2022年６月～2023年９月の間に，定時制・通信制高校卒業生の10代後半～20代を対象に，学校経験について半構造化インタビューをおこなってきた。協力者については，筆者の知人やフィールドワーク先の教育機関を通じて紹介していただいた。対象の選定理由は，近年の定時制・通信制高校をはじめとする非主流の後期中等教育機関の生徒はかつての勤労青年のための高校ではなく，不登校経験者や中退者，中退につながりやすい者を受け入れる役割を担っており（伊藤　2017），入学の背景に「負の学校経験」（尾場　2011）を持つ者が多いからである。

調査協力者には事前に調査概要と同意事項を書面で送付し，同意を得たうえで調査を実施した。インタビュー開始時にも同意事項を口頭で説明し，了解を得た。データはインタビュー音声をICレコーダーに録音し，それを文字起こししたものを使用する。固有名詞は文意が変わらない程度に加工を施している。１回のインタビュー時間は約１時間～５時間で，２回に分けて実施したものもある。本稿の検討課題である「定時制・通信制高校へ入学するに至った経緯」の背景に「友人・仲間関係の要因」を語った者は協力者女性21名のうち16名だった。そのなかで分析対象としたのは，「友人・仲間関係の要因」が中心的な要因だと語った６名である（表

1参照)。なお，協力者らは主流の学校から離脱し最終的に定時制・通信制高校に入学したという共通点があるが，排除や不登校，高校入学時期はそれぞれ異なる。

表1　協力者（10代後半～20代）の概要

	学校歴	排除経験	欠席時期	調査日
A	私立中高一貫校→高校3年次に私立通信制高校へ転入学	中学1年～高校3年（部活），高校3年（クラス）	高校3年	2022/06/18, 2022/08/04
B	公立中学校→全日制高校→高校1年次に私立通信制高校へ転入学	中学3年（クラス）	中学3年	2022/08/04, 2023/08/02
C	公立中学校→全日制高校→高校3年次に私立通信制高校へ転入学	高校2年（部活），高校3年（クラス）	高校3年	2022/08/16
D	私立中高一貫校→私立通信制高校へ進学	中学1年（部活）	中学1年～中学3年	2022/09/02, 2023/08/17
E	公立中学校→公立定時制高校へ進学	小学4年（クラス），小学5年（クラス）	小学5年～中学3年	2022/09/10
F	公立中学校→私立通信制高校へ進学	中学1年（クラス）	中学1年～中学3年	2023/09/02

4.　女子グループからの排除

本調査では，定時制高校・通信制高校へ入学するに至った経緯を協力者に尋ねた。その応答として典型的だったのが，初めに学校で女子グループからの排除があり，それが欠席や不登校，学校を辞めるきっかけとなり，結果的に定時制・通信制高校への入学につながった，という流れで説明する語りであった。4節では，語りの順序に沿い，まず「女子グループからの排除の起点」に焦点を当てて分析する。

4.1.　部活動やクラス内での規範

同性だけの部員からなる部活動に加入したAとCの語りからは，その所属集団の規範から逸脱する行為に対し，他の部活仲間から制裁を受けた経験が語られた。

ミュージカル部に入部したAは，学校を休みがちになった時期に部活の欠席が続いたことで他の部員から公園に呼び出され，4対1で囲まれて責められたと話す。

A：「あんた本当に先輩に対する態度もなってない，欠席も多い，やる気もないし，何なの」みたいなのを皆でがんがん言ってくるんですよ。

部活仲間から「やる気がない」と言われていたが，実際にAは経験者だったことからも活動そのものにはやる気があり，部に対し**「クオリティ低いことが気に食わなかった」「歌うならちゃんと歌いたい」**という思いを抱くほど，歌の技量には自信があった。ただし欠席や早退などの多さから，ソロパートを持っていても**「そのソロパートいらなくない？」**と部員に言われるなど，**「ハブられていた」**と語る。

運動部に入部したCも同様に，「やる気のなさ」を部活仲間に責められた。

C：(返事が）けっこう，「はあーい」みたいな。やる気あっても，やる気なさそうにみえるんですよね，私。だから「やる気あんの？」って（言われて）。

＊：やる気ないわけじゃないんですよね。

C：ないわけじゃないし，あと声小さいんですよ。だから，自分的に大きい声出しても「声小さい」って言われて。あと「勝ちたい気持ちがない」って。

Cの「はあーいという返事」や「小さい声」によって，実際のやる気の有無に関係なく「やる気のない人」とみなされていたが，CもA同様に活動の経験者で技量もあり，1学年から試合時にポジションが用意されていた。しかしその後C以外の部員同士は遊びに出かけるが，Cだけが誘われないことが度々あったと語る。

また，AとCの両者は部活内での排除を経験した後，クラス内でも排除を経験する。部活を引退し高校3年になったAは，クラス内でもいじめにあったと語る。

A：合唱祭の時，ボーっと歌っていたら下手に声が出るから，同じパートの子に「調子乗ってんじゃないの」みたいな感じでまたいびられて。(中略）「あいつソロ気取りでほんまにキモ」って，クラス全員が見えるLINEにあげられて。

Aの歌う姿が「いびられた」のは，周囲よりも「下手に声が出る」ことが目立つものだったからだと考えられる。

クラス替えで学級内の友人が少なくなったCは，ある日Cの友人と**「男にモテモテの女の子」**の間で**「女子同士のバチバチ」**が生じ，**「クラス全員でどっち派？」**と分裂した。男子生徒は相手側の女子グループに味方し，Cのグループは学級の少数派に追いやられた。以降，同じクラスの人と**「絡まなくなった」**と言う。そして相手側のグループがクラスの中心となり，Cのグループは周縁化されることになる。

C：文化祭だったりとか，何かあったらやる気満々タイプの先生だったから，みんなも，全部にやる気満々だったから，余計にやる気ないのが目立つみたいな。

学校行事に「やる気満々」のクラスに対してCは「やる気ない」生徒であったため，クラスで「目立つ」存在となっていたとふりかえる。次第にクラスの居心地の悪さを感じ，休み時間は他のクラスの友人のもとで過ごすようになったと語る。

以上のAとCの事例から，部活動で活動の技量だけでは部活仲間からの承認は得られず，それ以上に参加率や態度の面が重視されることが，暗黙の規範として共有されていたことが想定される。一方でAやC以外の他の部員は欠席や早退をせず，あるいは大きな声で返事をして「やる気」のある態度をみせていたからこそ，両者との目指す方向性の差異に対する葛藤が生じていたのではないだろうか。

また，クラス内では「目立つ」ことで集団から周縁化されたと捉える傾向がみられた。木村（1999，pp.100-118）は，授業の観察において男子が〈雄弁〉であるのに対し，女子は〈沈黙〉を守り「少しでも「目立つ」ことを恐れるかのように静か」だと指摘する。本データにおいては〈沈黙〉を破ることだけでなく，合唱で声が出過ぎたり行事に積極的に参加しないことも「目立つ」ふるまいとしてみなされていたと考えられる。加えてＣの事例からは，「モテモテの女子」という言葉にある「男性からの承認を獲得できる女性」は優位にあり，その女性のグループに所属しないことが，クラス内での不利な立ち位置と関係していたことが推察される。

4.2. 校則

中学時に転校したＦは，前籍校の校則の違いに戸惑いを覚えた。たとえば，**「髪を伸ばしていい／ダメ」「体育の時に日焼け止めを塗れ／塗るな」**という点で両極だった。Ｆは校則に準じた価値規範のもとで，女子集団から非難を受けていた。

Ｆ：中学って，鏡の前でみんな女子がくしで髪をとかすじゃないですか。その癖で髪といてたら，「あいつ，めっちゃナルシストや」みたいな。あれ？って。（中略）髪がもともと茶色いので，それで「あいつ，染めてるわ」とか。たぶん，スタンダードとちょっとずれてるところがあったら，批判をくらう。

そしてこれら女子生徒の非難と同じように，教師もＦを指導対象としていた。

Ｆ：それ（パーマをしていないことを）を先生すらも認めてくれなかったんですよ。「やってないですよ。私，癖で丸くなっちゃうんですけど」って言っても，「いや，やってんのや」の一点張りで。誰も信じてくれないし。

こうしてＦは教師から生徒指導されることで，学校では校則違反者としても扱われることになる。その後もいじめの標的となり，登校時にクラスメイトから**「もう迷惑なんだよ，来てもらったら」**とLINEが送られたり，300件程スタンプだけ送られて**「無視かよ」**と言われてブロックされるなどの被害を受けるようになった。

Adler & Adler（訳書　2017，p.358）によると，女子は規則を守るだけでなく，「規則から従うべきことを推測し，さらにそれらに他の人達も同様に従うべきだと強く主張する」特徴がある。これを踏まえると，「スタンダードとちょっとズレている」外見をしているＦに対して周囲から「校則に従うべき」という学校の文化にしたがった強い非難が向けられ，それが次第に排除行為に結びついたと考えられる。さらに，ここでの排除の論理が学校の文化と一致していることで，教師の生徒指導には，女子グループの排除の論理を正当化させる可能性が潜んでいるといえる。

4.3. 〈リーダー〉の支配

Bは，中学3年時のクラスで経験したいじめの経緯について語る。

B：中学校の何かしきたりかなんかやけど，テニス部の子にいじめられてたんですけど，テニス部の子には逆らっちゃダメみたいな風潮があったんですよね。

＊：テニス部がトップ？

B：そう。（Bが所属する）バドミントン部は下の方やって。で。テニス部でも一番権力を持っていた女の子の好きな男の子と，うちが付き合ってたんですよ。それが妬みかって。その権力持ってた子がその男の子に告白したけど振られてっていう妬みで，うちが標的になり始めて。で，3年生の夏休みぐらいまでは友達いたんですけど，夏休み前に告白しはって，夏休み明けに学校行ったら机なかった。（中略）教室に友達誰もおらんくなって，なんか全員に無視されて。

このように，Bはいわゆる「スクールカースト」上位の部活集団の〈リーダー〉の好きな男子生徒との交際を起点に，排除の対象となる。これは，異性獲得が同性からの承認を得られる男性集団と異なり，Bの場合は〈リーダー〉の好意を抱く相手だったことも後押しし，異性獲得が排除される引き金となった。また，排除の仕方が一つのグループではなく，女子「全員」から無視されたことも特徴的である。

B：学校と関係切って。部活内だけは仲よかったんで，部活には行ってた。放課後だけ行ったりしてたんですけど。気に食わんかったんか，部活にまで入ってきて，そいつらが。部活の子を買収するじゃないけど，「無視しろよ」って呼びかけてた。「じゃないと，おまえのこと無視するぞ」みたいな。言われてる子も怖いじゃないですか。無視されたら嫌やから，無視してくるんです。

こうしてBを排除するグループは拡大し，そのなかにはBの「小学校からの親友」もいた。なお，Bを排除する集団に男子生徒は含まれていなかった。

B：二人ペアとかあるじゃないですか，授業で。それも（相手が）おらんみたいな。おらんくなったら男の子と喋るようになるんですよ。それが余計に反感かって。みんな教室の前に立って，トイレに行かせへんようにしよう，みたいな。それでトイレ行けへんくて，膀胱炎なったりしてました。

このように，クラス内においてBのことを気にかける男子生徒がいたが，それは女子グループによるいじめからの回避手段とはならず，むしろ「余計に反感をかって」Bへの攻撃をさらにエスカレートさせる加熱材料となった。

また，Eもいじめにあったと語り，そのきっかけはEが**「一番リーダー格の子の気に入らない行動」**という**「よくないことを言っちゃった」**ことにあったと語る。

E：体育のときに，その子がちょっと跳び箱を跳べなかったんですね。で，「跳び箱あの子跳べなかったで」みたいなことを隣にいた友達に言ったんですよ。そっから告げ口されて。そっからもう（クラス全員の）女子から無視みたいな。

「リーダー格の子」が「跳び箱跳べなかった」事実を友人に話したEの行動は，〈リーダー〉に反抗を示すものとみなされ，Bの事例同様に一つのグループだけでなく，クラスの女子全員から攻撃される対象となった。「無視」は年度終わりまで続いたが，Eは**「５年生になったらクラス替えがあるからそれまで我慢しよう」**という思いで耐えて通った。ところが，翌年度も同様に女子グループから無視されることがあった。次の語りは，５年生のクラスでの出来事についてである。

E：よく一緒にいたグループの女の子，私含めて４人いて。私とa，b，cちゃんがいて。aちゃんがすごく明るい陽気な子だったんですけど，急に無視する。私を無視するようになってきて。

このように，Eは思い当たる節はなかったのにもかかわらず，同じグループ内の友人から「急に無視される」ようになり，**「今日は無視されないかな，今日は話してくれるのか」**と不安を抱えながら登校するようになった。

以上から，仲間集団の〈リーダー〉に逆らうような行為は排除の起点となることがわかる。ここでは，〈リーダー〉の好きな男性と交際することや〈リーダー〉を批判する発言が該当した。佐藤（2018，p.63）によれば，排除行為は「共同行為」であるが，排除する側の人たちは「あらかじめ一つの集団を形成していたわけではない」という。BとEの事例においても，一対一ではなく必ずグループが形成され，排除過程のなかで新たなグループが生まれたり，グループの規模が拡大することもあった。そして，〈リーダー〉による支配下で集団が個人を無視し，人間関係から孤立させようと動いていたことがうかがえる。また，排除の対象や起点は必ずしも明確ではなく，それらは〈リーダー〉の意向に委ねられていた。そして排除される者はその都度立ち位置が揺らぐ，不安定な立場に置かれていた。

4.4. コミュニケーション

これまでの事例とは少し異なり，グループに入れなかったと語るのはDである。

対人関係に苦手意識があったＤは地元の公立中学校を避け，私立中高一貫校へ進学した。ところが，進学後のクラスでうまく関係性を築けなかったと語る。

Ｄ：部活とか同じ趣味を持ってる子の輪みたいな，うまく入れなくて，うまく群れに入ることができないというか。仲良くしてた子も，やっぱりはぐれたなかで気が合う友達って感じだったんです。そういう一個の群れに入れないことが全体から浮くことにつながって。なんか，みんな一緒にいるけど，普段一緒にいるグループ無いな，ぐらいな感じ。

Ｄが説明するように，一つのグループに「うまく入れない」と「全体から浮く」ことにつながる。一緒に昼食を食べる人がいても「普段一緒にいるグループ無い」と語るように，主観的にはクラスで疎外感を経験していたと捉えられる。そしてその疎外感は，部活動という所属集団でも同様だった。

Ｄ：とにかく集団行動がダメだったんです。いけるんじゃないかと思ったけど。みんなで合わせたりというのが。（中略）みんなで楽譜の読み合わせをやったりだとか，ちょっと喋ったりだとか，部活の合間合間に喋るとか，そういうのがあんまりダメだったんじゃないかと思います。

＊：どう乗り切っていたんですか，その時は。

Ｄ：一方的に喋っちゃう。ペラペラ一方的にまくしたてちゃうみたいな。

インタビュー時にＤは「一方的に喋っちゃう」といったようにコミュニケーションの要因を説明するが，当時は部活仲間への馴染めなさに疑問を抱いていた。

Ｄ：なんで嫌われるんだろうみたいな。（中略）なんでうまく馴染めていないんだろう。馴染めてないことに気づいても，その理由がわからないというか。

＊：それはどういう時に感じていましたか。

Ｄ：みんなでワイワイ話している場面で一番感じていました。疎外感みたいな。

当時のＤは，なぜ馴染めないか「わからない」まま「みんなでワイワイ話している場面」に入れない疎外感を感じていた。古久保（2003）によると，女子が群れるのは「わかってくれる」他者を求めているからであり，グループ内においては「お互いの意思や主張をセーブすることを必然」とするという。Ｄの「一方的に喋るコミュニケーション」は，それに反するふるまいだと捉えられた可能性が考えられる。

5.　学校からの排除

５節では，４節に後続する語りのなかで，協力者が女子グループからの排除と捉えられる経験をした後，どのように欠席や不登校に結びついたのかその過程を分析する。加えて最終的な進路選択までを記述することで，女子グループからの排除がもたらす影響を示す。以下からは「学校からの排除の起点」毎に分類し，分析する。

5.1. 体調不良

Aはいじめを受けていた部活を引退し，高校3年で再びクラスのグループからの排除を経験した後，学校生活を維持することが困難となった。

A：（クラスのいじめで）また同じ図式になって。でも前は，部活は無理だけど，クラスでは何もないから，クラスの子とは仲良くすることでぎりぎり行けてたのに…。学校行った瞬間，合唱練が始まった瞬間，その子達にいびられるのが分かってるし，しかも勉強も分からないんです。勉強だけが救いとかでもなくて，勉強も全く分かんない。（中略）1個も学校に行く意味，分かんなくなって。また，学校，行こうと思ったら眩暈，吐き気で行けなくなりました。

こうしてAは，かつては「クラスでは何もないから」「ぎりぎり行けて」いたが，クラスでいじめが起こったことで，登校への意欲が奪われ，そこに「勉強も分からない」状況が加わった。この負の連鎖において，「学校に行く意味」を完全に見失ってしまった。その後，「眩暈，吐き気」に襲われ，完全に休むようになる。

Aは，勉強を期待する親に対して学校に行きたくない理由をはっきり言えず，体調不良を訴え続けた。Aの父親は登校再開を願っていたが，最終的に**「観念して」**諦めた。それには学校の対応も関係していたという。

A：親は「卒業する意志はあるんですけど，具合が悪くて入院しているから来れないんです」みたいなことを学校に言ったんですが，「でもお嬢さん学校来たくないんでしょう。来たくないなら来なくていいよ」って言われたらしいです。

父親は「病欠」への配慮を訴えるも，学校側はAが「学校に来たくない」問題だと捉えていることからAの人間関係の困難は問題化されることなく，Aの「不登校」の問題として扱われていることがわかる。その後，父親は**「高校は卒業させてあげたい」**との思いで転入先を調べ，同意したAは通信制高校へ転入学した。

次のDもAと同様に，友人関係からの排除に加えて勉強の要素が後押しすることで学校生活を維持する要素を見失い，不登校となった事例である。

D：私うまくやれてないなっていうのがあって，それもあって勉強もあんまりできない，部活もちゃんとやってない，友達関係とかもうまくこなせてないっていうのと，学校生活における三要素が全部ダメになってしまって…。（中略）

家にいて，本当に何もしてなくて。こう，積極的な不登校の人っているじゃないですか。そういうわけでは全然なくって。本当にただただつらくて閉じこもっちゃう。ただもうしんどいしんどいって感じ。

「学校生活における三要素が全部ダメ」という言葉の通り，勉強・部活・友人関係は，Dにとって学校生活を構成する大きな要素であった。それは，まず友人関係によって部活動の継続がクラスでの生活が難しくなり，さらに勉強も追いつけなくなるという，負の連鎖によって生じていた。母親はDを病院に連れて行くが「しんどい」状況は変わらず，中学卒業まで不登校が続いた。その後，両親の提案を受け，D自身も**「集団生活が嫌だなと思っていた」**ことから個別学習ができる通信制高校へ進学した。

また，小学4年と5年で女子グループからの排除を経験したEは，友人関係の困難への対処が難しかったと語る。Eは先述の通りaに時々無視される状態でa，b，cのグループで過ごしていたが，Eと同じようにaに無視されていたのがbだった。

E：bちゃんとは，「よく無視してくるよね」っていう話をしていました。だけどそのbちゃんって実は4年生のときに私が言ったことを告げ口した子なんですよね。だからそのなかで変なこと言えんなと思って。

このように，同じような立場に置かれたbの存在があっても，4年時にEのことを「告げ口した子」であることから「変なこと言えん」という不信状態にあった。つまり，学校内で一度生じた人間関係の問題は，その後の関係性にも影響をもたらすのである。さらに，Eは当時の「先生の指導もあまりよくない」と感じていた。

E：先生からのあたりもきつかったし，人によってこう，ばらつきのある感じの対応してくる先生やって。よく無視されたり，きつく言われたり。

以上から，Eは友人や教員へ不信感を抱いていたことで，学校の困り感を周囲に相談できない状況にいた。次第に腹痛が発生し，病欠で学校を休むようになった。

＊：その時ってお友達のことがしんどいとか学校の先生きついみたいな話って誰かに話したりしたんですか。

E：してないです。自分自身も気づいてない。その頃は理解してなかったですね。

このように，「その頃」のEは問題に「気づいていない」状態だった。だからこそ，人間関係は問題化されずにあくまで「体調不良」を理由に欠席していた。他方でEは**「高校は行きたかった」**ため，別室登校で学習を進めていた。しかし，学習の進みに**「全然追いつけず」「焦り」**を感じていた。進路選択では**「行ける高校**

があるならどこでもいい」と思い，先生に提案された定時制高校への受験を決めた。

以上のA,D,Eの事例を通じて，一度女子グループからの排除が生じると，それに他の負の要因が重なることで学校へ行く意味を失ってしまったり，これまでの友人との関係性や教師への不信感から，一人で抱える状況となったことが明らかになった。この連鎖の結果，学校からの排除へと導かれていた。ここから，インタビュー時点において協力者は，女子グループから排除された出来事が不登校につながったと理解していることがうかがえる。ただし当時は，三者とも「体調不良」を理由に休んだが，元の要因については自身の困りを言語化できない状況にあり，表面化されなかった。このようにして，女子グループからの排除経験は当事者が言葉にしない限り「問題」として周囲に認識されることなく，学校を離脱することで，「不登校」の問題として扱われるようになる過程が読みとれる。また，三者は決して学校が不要と考えておらず，高校卒業を望んでいたが，不登校による低学力や単位不足，対人関係への不安から，選択可能な高校に制約があったり転入学を余儀なくされたのである。

5.2.　学校の対応

続いて，中学でいじめにあっていたBの対処についてである。

B：うちも初めの方はもう対抗しようと思って，床に座ったり対抗してたんですけど。だんだんなんか，心折れ始めて，行かへんくなりました。もう最後の方はほぼ行ってなくて，卒業式だけ行って。一瞬だけ行って，走って帰りました。

＊：立派ないじめだと思うんだけど，対応っていうか，何かなかったんですか。

B：一応その，お母さんが乗り込んだりしたんですけど，対応っていう対応はなかったんで。対応があれば通おうかなと思ったんですけど，何もなかった。注意ぐらい。軽い「やめなさいよ」ぐらいだったんで，もういいかな，みたいな。

Bはいじめへの「対抗」を試みたが収まらず，母親が学校へ訴え，学校との話し合いの場が設けられた。ところがその後も教師の介入は「軽い」ものに過ぎなかったため，Bは学校へ不信感や諦めを感じ，完全に休むようになった。

Bは自宅で学習を続け，志望する全日制高校へ合格した。ところが，進学先で**「切り替えて頑張ろう」**と思う反面，**「しんどい」**気持ちから抜け出せなかった。

B：いじめられた後ぐらいから，みんながこっち見てるように見えるんですよ。見てないのはわかっているし，自分のことを喋ってて。もちろん喋っていないのもわかっているけど，怖くてみんな見てる，やばい見られている，みたいな。

Bは日常生活でも「誰かに見られている」感覚にとらわれ，**「イヤホン・サングラス・帽子を装備」**しないと外出できない状況となった。こうした状況から，学校での集団生活では安心して過ごせないと感じるようになっていた。その後Bは全日制高校を辞め，個別学習ができるという理由で通信制高校へ転入学した。

また，部活仲間とクラス集団からの排除を経験したCが最終的に学校から離れた要因にあったのは，担任教員の発言が**「一番のきっかけ」**だったと語る。

C：めっちゃ怒られて。「なんでお前はクラスの仲間と仲良くできないんだ」って。呼び出されて，純粋に分かんなくて。一緒に遊んでた他のクラスの子かなと思って。「仲間って誰ですか？」って聞いたら「同じクラスの仲間だろ」って言われて。「仲間って思ってないんですけど」って言って。「なんで仲良くできないの」って聞かれたから，「いや，仲良くなりたいと思う人がいないから」って言ったら，「それはお前に原因があるんじゃないか」って言われて。

担任教員の「お前に原因がある」という言葉は，Cの人間関係の困難は「Cの問題」だと捉えていることが読みとれる。そこからCは**「その先生には何を言ってもダメ」**だと諦めを感じ，これを契機に授業の欠席が増えた。結果，習得単位が不足して高校2年生への進級が厳しい状況となったため，通信制高校へ転入学した。

以上のB，Cの事例からは，女子グループからの排除を協力者自らが学校に訴えていたものの十分な対応がなかったことや，教師が協力者の側に問題があるとみなしていたことで，その困難が解消されることはなく，協力者が学校から離脱することになった。つまり，当事者が「問題」として学校へ訴えた場合であっても，学校からの適切な介入や問題への認識がなければ，解決の道を閉ざすことになる。それゆえ，解決されないことで対人関係への不安が残ったり，欠席による単位不足につながることで，それぞれ進路変更を余儀なくされる状況に置かれた。

5.3. 排除の連鎖

中学校でいじめにあっていたFは，地元の全日制高校に進学した。ところが，高校でも人間関係の困難が生じた。

F：もう入学した時点でも聞こえてくるみたいな。上がってきた校門の前で言われるんです。入ったら入ったで，言われるし。

＊：直接的にも，何か言われるんですか。

F：いや，全部陰口です。でも，ここら辺（すぐ近く）とかで言うんですよ。あえて聞こえるように。「あいつの顔（マスク外したら）ブスらしいで」とか。

Ｆによると，地元の学校であるがゆえにネットワークがあり，中学でいじめてきた人達が，高校が一緒の人にＦの**「噂を流していた」**という。

Ｆ：数学の教科書無くなって，先生にも「忘れました」って言うしかない。物もないし，学校行けないし。でも，そんなこと言える人もいないし。

「そんなこと言える人もいない」という言葉にあるように，中学校で人間関係が築けず教師への不信感を抱いていたＦは，高校で再びいじめにあった時にも頼れる人がいない状況だった。Ｆは最終的に，学校からの排除へと追いやられる。

Ｆ：それでも行きました，学校。ぎりぎり，次，上がれるかな，上がれないかな，くらいまで休んじゃったんですけど，でもなるべく行くようにして。もう，聞こえないようにして，３カ月，頑張ったんですけど，無理でした。

Ｆは通い続けようと試みるも，登校できなくなった。その後，**「たまたまネット情報を見て」**通信制高校が年度途中でも入れることを知り，転入学を決めた。

よって，過去の人間関係が次のいじめにつながったが，これまでの経緯から友人や教員との関係性はＦの支えとはならず，いじめが「問題化」されない過程が再度生じていた。こうして学校からの排除は，連鎖されるように経験されていた。

6. まとめと考察

最後に，分析で明らかとなった論点を整理し，考察したい。4節では，女子グループからの排除の起点について，先行研究を参照しつつ女性の特徴を分析した。女子は「遵守と順応の文化」（Adler & Adler 訳書　2017）だと言われるように，協力者が排除された起点には，規範や規則といったルールからの逸脱とみなされたであろう言動があった。そのルールのなかには，学校文化と重なるものがあるため（A，C，F），教師の指導が排除の論理を正当化しうることが示唆された（C，F）。また，ルールは準拠する集団毎に異なることに加え，力関係で〈リーダー〉となった者の意向次第で適宜変動する（B，E）。さらに，グループに入るためには，一定の規則に則ったコミュニケーションを求められた（D）。いじめの先行研究では，男子は身体暴力や直接的な暴言が中心であるのに対し，女子の間では「関係性攻撃」（relational aggression）という，他者の人間関係を故意に操作し，仲間外れを通じて人を傷つける加害行為がみられやすいことが指摘される（Nicki & Jennifer 1995）。協力者らの体験においても，集団から無視されたり（B，E，F），一人だけ遊びに誘われなかったり（C）するなどの関係性の操作による排除を受けていた。また，〈リーダー〉が無視する仲間を増やし，集団を拡大させて個人を排除する動きもとられた（B，E）。さらに，一度きりではなく複数回，連鎖するように排除を経験していたことも特徴的であった。

5節では，排除を受けた協力者らがどのように対応し，その後にいかなる影響がもたらされたかを分析した。まず，グループからの排除や勉強の遅れが生じた後，体調不良を理由に学校を休んだため（A，D，E），人間関係の困難は「問題化」されることなく個人の「不登校」の問題として学校や家族に扱われるようになった（A，D）。逆に，人間関係上の被害を学校に訴えても十分な対応がなかったり（B），そもそも教師が協力者に非があると認識していたり（C），あるいはこれまでの学校への不信感から信頼して相談できる生徒や教師がいないと感じていた（F）。このように，当事者が問題だと感じていても，周囲に理解して適切に介入してくれる人がいない限り，「問題化」されない過程が見受けられた。したがって，全ての事例において女子グループからの排除が「問題化」されなかったことが示唆される。こうして協力者らは，授業欠席により低学力や単位不足となり（A，B，E），対人関係の不安が生じたり関係性が築けないまま（C，D，F），その後の進路を歩むことになった。さらに，対象者らは決して学校が不必要だと考えていたわけではなく，高校卒業は必要だと認識していた。結果，主流の学校から排除された後，個人の進路選択の局面において制限された選択肢のなかで高校を選択し，最終的に定時制・通信制高校に辿り着いていたことが明らかとなった。

上記分析を踏まえて本研究は，女子グループからの排除が学校からの排除へと連鎖する過程，すなわち，インフォーマルな関係性からの排除がフォーマルな教育制度からの排除へとつながる一連のプロセスを描いた。これにより，女子グループからの排除がもたらす影響を示した。佐藤（2018，p.71）は，排除の背景には差別があり，「差別行為とは，ある基準を持ち込むことによって，ある人（々）を同化するとともに，別のある人（々）を他者化し，見下す行為である」と定義づける。つまり，「ある基準」が特定の個人を排除する起点となると同時に，その基準によりグループが同化へと導かれるのである。ある基準をジェンダーの側面から捉えると，先述の通り，男性の場合は「異性の獲得」「業績主義」といったある種の明確な指標に準拠すると仮説立てられる。これに対して本稿でみてきた女性達の場合，その基準は規範に従順で目立たないようにすること，校則違反と疑われる外見は控えること，〈リーダー〉に逆らうとみなされる言動を控えること，コミュニケーションのルールに従うことなどである。これらは学校文化に適応的で，正当性を帯びるゆえに問題としてみえづらく，他方でその場の支配関係に応じて変更されるものであった。このような曖昧さや不確実性を含みながらも，排除の起点は排除される側にも（事後的であれ）理解可能なものとして語られた。つまり女子同士の間で共有される基準とは，外部からはみえづらいがその場の文脈に応じて一定の基準を持つ，「暗黙のルール」として共通認識されるものだと考えられる。

さらに，排除の過程や対応においても客観的にみえづらい性質があった。本稿からは，女子グループからの排除は関係性攻撃が多く，それによって生じる困難は，当事者や周囲が問題だと認識せず，あるいは，周囲から適切な介入や支援がないことで，「問題化」されないメカニズムが示された。にもかかわらず，集団からの排除は不登校へと追いやる影響力を持つために，のちに「不登校」や「進路選択」の問題として立ち上がる。こうして協力者らは，人間関係の困難が解消されることなく，進路選択の局面になって「個人の問題」として引き受けることになった。逆に言えば，学校から排除されずに標準的ルートの移行を達成させるためには，まず女子グループから排除されてはならず，そのためには，その場の「暗黙のルール」を的確に読み解き，そこから逸脱しないふるまいをしなければならないといえる。

以上から本稿は，協力者女性が経験した女子グループからの排除が「問題化」されず，学校からも排除され，それが「不登校」や「進路」の問題として個人化される過程を明らかにし，学校空間を生きる女性の「生きづらさ」の一断面を描いた。この知見は，見過ごされてきた仲間集団からの排除が関連する問題を浮き彫りにすることに加え，関係性と学校の二重の意味で排除された者を受け入れる定通教育をはじめとする非主流の後期中等教育機関の教育や支援のあり方にも示唆を与える。さらに，不登校につながる女子グループからの排除の背景にある既存の学校文化とジェンダーの構造を見出し，そこに女子同士の「暗黙のルール」を発見したことは，新たな知見である。

ただし本稿で扱ってきた仲間集団からの排除にみられる特徴は，女性に特有なものであるとは言い切れない。参照した男性集団の研究が一定年数を経たものであることや，本調査で女性以外を扱えていないことから，それが普遍的に同様に起こりうるかを十分に腑分けすることができなかった。これは本稿の限界である。

本研究の展開としては，女子同士の関係性がなぜ学校で「問題化」されないのか，学校側の論理に疑問が残る。寺町（2020）は，教師は女子の友人関係トラブルに対し教室維持のために介入するが，それをジェンダー・バイアスから「ドロドロしたもの」とみなし，劣位に置いていると論じる。この指摘の通り，なぜ女子同士の関係性の問題は教師が看過しやすい構造に置かれるのか。引き続き議論が求められる。

〈謝辞・付記〉

調査にご協力いただいた方々に深く感謝いたします。なお，本研究はJST次世代研究者挑戦的研究プログラムJPMJSP2110，JSPS科研費JP23KJ1284の助成を受けた成果の一部である。

〈注〉

(1) Allan（訳書　1993）によると，友情は「インフォーマルな，個人的関係」であるのに対し，友情グループは「全体としての集団が作り出したサブカルチャー的規範とでも呼べそうなものによって形づくられている」もので，「個人的な関係とはいえない」ものである。そして仲間関係は，「当事者たちが，多かれ少なかれ狭く限定されたある社会的文脈の中にたまたまいて，ともに活動することによって，原則的には存立する」と定義される。

〈引用文献〉

Adler, Patrisia, A. and Adler, Peter, 1998, *Peer Power: Preadolescent Culture and Identity*.（=2017，住田正樹訳『ピア・パワー――子どもの仲間集団の社会学』九州大学出版会）.

Allan, Graham, A. 1989, *Friendship: Developing a Sociological Perspective*, Harvester-Wheatsheaf.（=1993，仲村祥一・細辻恵子訳『友情の社会学』世界思想社）.

Askew, Sue, and Ross, Carol, 1988, *Boys Don't Cry: Boys and Sexism in Education*, Open University Press, Milton Keynes,（=1997，堀内かおる訳『男の子は泣かない――学校でつくられる男らしさとジェンダー差別解消プログラム』金子書房）.

Chambers, Deborah, 2006, *New Social Ties: Contemporary Connections in a Fragmented Society*, Palgrave Macmillan,（=2015，辻大介・久保田裕之・東園子・藤田智博訳『友情化する社会――断片化のなかの新たな「つながり」』岩波書店）.

知念渉，2017，「〈インキャラ〉とは何か――男性性をめぐるダイナミクス」『教育社会学研究』100巻，pp.325-345.

Nicki, R. Crick, and Jennifer, K. Grotpeter, 1995, “Relational Aggression, Gender, and Social-Psychological Adjustment”, *Child Development*, pp.710-722.

土肥いつき，2019，「トランスジェンダーによる性別変更をめぐる日常的実践――

あるトランス女性の学校経験の語りを通して」『社会学評論』70巻2号，pp.109-127.
土井隆義，2008，『友だち地獄――「空気を読む」世代のサバイバル』筑摩書房.
江原由美子，2021，『ジェンダー秩序』勁草書房.
古久保さくら，2003，「女の子が群れるということ――少女たちの社会化」天野正子・木村涼子編『ジェンダーで学ぶ教育』pp.153-167.
伊藤秀樹，2017，『高等専修学校における適応と進路――後期中等教育のセーフティネット』東信堂.
木村涼子，1999，『学校文化とジェンダー』勁草書房.
古賀正義，2014，「液状化するライフコースの実証的分析――都立高校調査からみた中途退学者の意識と行動」『教育学論集』中央大学教育学研究会，pp.21-64.
宮崎あゆみ，1993，「ジェンダー・サブカルチャーのダイナミクス――女子高におけるエスノグラフィーをもとに」『教育社会学研究』52巻，pp.157-177.
森田洋司，1991，『「不登校」現象の社会学』学文社.
西井開，2021，『「非モテ」からはじめる男性学』集英社.
尾場友和，2011，「オルタナティブな進路としての通信制高校――入学者の属性と意識」『広島大学大学院教育学研究科紀要』第三部第60号，pp.55-62.
佐藤裕，2018，『差別論――偏見理論批判』明石書店.
Sedgwick, Eve Kosofsky, 1985, *Between Men: English Literature and Male Homosocial Desire*, Columbia University Press.（=2001，上原早苗・亀澤美由紀訳『男同士の絆：イギリス文学とホモソーシャルな欲望』名古屋大学出版会）.
島袋海理，2022，「若年同性愛者のセクシャル・アイデンティティ形成過程――学校における生徒との相互行為に着目して」『教育学研究』89巻4号，pp.629-641.
鈴木翔，2012，『教室内（スクール）カースト』光文社.
鈴木翔，2020，「登校意識の社会的性差」『教育社会学研究』第106集，pp.167-187.
多賀太，2002，「男らしさの形成と学校環境」『現代性教育研究月報』12月，pp.1-5.
寺町晋哉，2020，「女子のトラブルを『ドロドロしたもの』とみなす教師のジェンダー・バイアス――関係性への焦点化に着目して」『宮崎公立大学人文学部紀要』27巻1号，pp.103-119.
上床弥生，2011，「中学校における生徒文化とジェンダー秩序――『ジェンダー・コード』に着目して」『教育社会学研究』89巻，pp.27-48.
上間陽子，2015，「風俗業界で働く女性のネットワークと学校体験」『教育社会学研究』第96集，pp.87-108.
上野千鶴子，2010，『女ぎらい――ニッポンのミソジニー』紀伊国屋書店.

ABSTRACT

Exclusion from a Girls' Peer Group and Exclusion from School

The purpose of this study is focusing on women who have experienced "exclusion" from girls' peer groups, aiming to depict the process of being excluded from the girls' group and the discussing by a gender perspective. The author conducted semi-structured interviews with women in their late teens to early twenties who are graduates of part-time high schools and correspondence high schools. Through an analysis of the women's school experiences, the following characteristics of exclusion from girls' peer groups were observed:

Firstly, the starting point for exclusion included deviations from norms, conspicuous behavior, suspicions of violating school rules based on appearance, acts contrary to the group's "leader," and deviations from communication norms. These criteria were not as clear-cut as those for males, such as "acquisition of the opposite sex" or "achievement-oriented" approval. Furthermore, these criteria were often less visible as problems because they conformed to the school culture and were easily justified. On the other hand, they had a nature that could change depending on the dynamics of the situation. In other words, the criteria shared within the girls' peer groups were not easily visible from the outside, but they resembled "unspoken rules" that were commonly shared within the context of the situation.

Secondly, the exclusion process revealed that exclusion from girls' peer groups was often not perceived as problematic by the individuals involved or their surroundings, and appropriate interventions were lacking, leading to a process where it ceased to be considered a problem. Nonetheless, exclusion from girls' peer groups, given its significant impact to the extent that it could result in the affected individuals being unable to attend school, later became treated as issues related to "school absenteeism" or "career choices." As a result, the challenges in interpersonal relationships remained unresolved, and it became a matter to be shouldered as "personal problems" when facing decisions about their educational paths.

In result, this study demonstrates how participants were excluded from school without the exclusion from girls' peer groups being "problematic," leading to them facing issues like school absenteeism and future career choices as "personal problems." It also suggests one facet of the difficulties girls face in the school environment. This research not only highlights the issues associated with exclusion

from girls' peer groups that have been overlooked but also provides insights into the education and support provided by non-mainstream secondary education institutions that accept individuals who have been excluded in both the relational and educational sense.
Keywords: gender and education/peer group/school non-attendance

認知能力と教育達成の関連に対する遺伝要因と環境要因の影響
——行動遺伝学的アプローチを用いて——

中村　聖*　敷島 千鶴**　安藤 寿康***

【要旨】

行動遺伝学の方法論は，集団内のばらつきに寄与する遺伝と環境の影響を推定する。しかし，この手法を用いた先行研究は，家庭間のばらつきを示す「共有環境」という統計学的潜在変数の効果のみで教育達成の格差を考察しており，教育社会学が指摘してきた父母の学歴と教育達成の関連は検討されていない。そこで本稿では，父母の学歴を用いて，共有環境という潜在変数を同定し，IQ と教育年数の関連に対する遺伝要因と社会経済的地位の双方の影響を確認することとした。

慶應義塾双生児研究により収集された，青年期および成人期の双生児データ（一卵性双生児698組，二卵性双生児209組）を分析した結果，IQ に対して遺伝要因が43%，共有環境要因が30%，非共有環境要因が27%，教育年数に対して遺伝要因が40%，共有環境要因が27%，非共有環境要因が34%説明していた。さらに IQ と教育達成の関連のほとんどは，遺伝要因ではなく共有環境要因が媒介していた。父母の教育年数を統制した残差得点を用いて，共有環境の同定を試みたところ，その関連の半分は父母の教育年数により説明されていた。

IQ と教育達成の関連に関して，遺伝要因を起点とし IQ から教育達成へとつながる経路ではなく，家庭環境を起点とする経路が支持された。教育社会学で指摘されてきた，教育達成に対する父母学歴の影響が，行動遺伝学的アプローチにおいても確認された。

キーワード：教育達成，認知能力，行動遺伝学

---

*北海道大学大学院　**帝京大学　***慶應義塾大学

1. 問題の所在

教育達成の格差が生成されるメカニズムについて，ウィスコンシン・モデル（Sewell et al. 1970），Bourdieu（訳書 1990）の文化資本論，Breen and Goldthorpe（1997）の相対的リスク回避説，トラッキング説（藤田 1980）などの仮説が検討されてきた。

上記の仮説を同時に検証した鹿又（2014）は，そのどれか1つが完全に生育家庭による進学格差を説明するにはいたらないことを示した。そして，教育達成に対して進学意欲と成績が強く規定していたが，進学意欲と成績に対する出身階層の影響は小さいことから，進学格差を出身階層に還元し説明する階層還元論には限界があり，教育達成の生成メカニズムの検証に認知能力と成績の関連も考慮に入れる必要性を主張している。一方で，教育達成の規定要因になりうる認知能力，とりわけIQの個人差に遺伝要因が関わっていることについては膨大なエビデンスによって，ほぼコンセンサスが得られているといってよい（安藤 2014，p.148）。これより，認知能力の背後にある遺伝要因と，社会経済的地位の双方が相加的に影響力をもちながら，個人の教育達成を形成していると考えることができる。

教育達成の格差を理解する上では，家族を視野に含めることが有効となる（近藤 1996，p20）。きょうだい類似性研究では，対象者とそのきょうだい，あるいは対象者の子ども同士の情報を含んだきょうだいデータを用いて，認知能力や教育達成に対する家族の効果を，きょうだいに共通する家族背景が家族間で異なることによる家族間効果，および，家族の中での異なった扱いなどによる家族内効果として区別する（平沢 2002）。これらの効果を推定するために，きょうだいデータを用いた共分散構造分析が実施されている。Kuo and Hauser（1995）によれば，家族間効果は教育達成のばらつきの半分程度を説明する。さらに，認知能力および成績については，おおよそ3割から4割が家族間効果で説明できることが指摘されている（Teachman et al. 1995）。しかしながら，きょうだいは個人差のある遺伝子のうち平均して50%を共有するため，家族間と家族内のどちらの効果にも，遺伝要因の効果を含む可能性があるが，きょうだいデータではこの効果は推定できない（Teachman et al. 1995）。

この問題に応えるアプローチとして行動遺伝学の方法論が挙げられる。行動遺伝学では，個人差を伴うある形質が，同じ家系内の関係にあるメンバー同士で，どのくらい似ているのかを，異なる血縁関係者間や，養子先の家族関係と実家の家族関係などで比較することにより，その形質の背後にある遺伝と環境の相対的な影響力を量的に推定する（敷島　2021b，p.41）。行動遺伝学でよく用いられる双生児法では，きょうだいデータの特徴に，一卵性双生児と二卵性双生児という，異なる血縁関係者間の情報が加わることにより，家族間効果および家族内効果から，遺伝要因の効果を識別することが可能となる。すなわち，双生児法は，遺伝というパラメータを検証可能とするきょうだい類似性研究の延長デザインである。

しかし，わが国の社会学研究において遺伝要因を取り上げる論考は，近藤（2000），敷島ほか（2008），Yamagata et al.（2013）など，ごく一部に限られている。Turkheimer（2000）は長年にわたって蓄積されてきた行動遺伝学研究の成果から，行動遺伝学の３原則を導き出している。そこでは，（１）人間の行動的形質には遺伝要因の影響がある，（２）同じ家族で育ったことによる影響は遺伝要因の影響よりも小さい，（３）遺伝要因の影響と同じ家族で育つことによる影響よりも，個人独自の環境要因の影響が大きいことを見出している。この原則に従うならば，教育達成に対しても，遺伝要因が影響すると考えることができる。そこで本稿では，IQと教育達成の関連に対して，遺伝要因と社会経済的地位の双方が影響していることを前提とし，教育達成の格差が形成される過程において，遺伝要因と社会経済的地位がどの程度影響を及ぼしているのかを明らかにしていく。

2.　先行研究の検討と分析課題の設定

行動遺伝学では，個人の対立遺伝子の組み合わせを遺伝子型，観察された特性を表現型と呼ぶ（Knopik et al. 2016, p.20）。ある集団内の表現型の個人差は，遺伝と環境の双方の加算（相加）的効果に起因すると考える。遺伝要因の効果は相加的遺伝効果と呼ばれ，表現型に対して個々の遺伝子が一定の効果を加算して与えると想定する[(1)]。環境要因の効果は，きょうだいを類似させ，家族単位で異なる効果である共有環境，および，家庭外の生活や家庭内にあっても，きょうだいの間で共有されない独自の体験などの個人単位で異なる効果である非共有環境の２つに分類される[(2)]。

行動遺伝学的アプローチを用いた研究により，教育達成に対する遺伝要因と環境要因の相対的な影響の程度が明らかにされている。ノルウェーやスペインの研究では，男性では出生コーホートが遅いほど遺伝要因の影響が増加し，共有環境要因の影響は減少していることが確認されたが，女性には世代ごとの大きな変化はみられなかった（Heath et al. 1985, Colodro-Conde et al. 2015）。このことは，教育達成のメカニズムに性差があることを想起させるが，オーストラリアの双生児を対象にしたBaker et al.（1996）は，教育達成に寄与する遺伝要因と環境要因の相対的影響に，出生コーホートおよび性別による差異は，認められなかったとしている。

アメリカ，西ヨーロッパ，オーストラリアを対象としたメタ分析は，教育達成のばらつきを遺伝要因が40%，共有環境要因が36%説明すること，女性および1949年以前の出生コーホートでは，遺伝要因の影響が小さく共有環境要因の影響が大きいこと，遺伝要因，共有環境要因，非共有環境要因の影響の程度は，国ごとに異なることを報告している（Branigan et al. 2013）。さらにSilventoinen et al.（2020）は，16カ国から収集した約19万組の双生児データから，教育達成に対して遺伝要因が43%，共有環境要因が31%影響していること，Branigan et al.（2013）と同様の性差を支持しつつも，反対に1949年以前の出生コーホートでは遺伝要因の影響が大きいことを指摘している。

行動遺伝学的アプローチのほかにもゲノムワイド関連解析（Genome-Wide Association Study：GWAS）が近年実施されている。GWASでは，何千人ものひとたちについて何百万もの一塩基多型を測定し，それぞれの一塩基多型（Single-Nucleotide Polymorphism：SNP）と表現型との相関を調べ，すべてのSNPに関する情報を足し上げたポリジェニックスコアが算出される（Harden 訳書　2023，p.93-104）。教育達成についてもGWASが実施され，教育達成に関連するSNPが特定されている（Rietveld et al. 2013, Lee et al. 2018, Okbay et al. 2022）。これらのGWASから算出されたポリジェニックスコアを用いた研究では，教育達成に関する親子間の相関の6分の1から5分の1が遺伝要因によって説明された（Conley et al. 2015, Liu 2018）。

以上より，遺伝要因と共有環境要因のどちらもが，教育達成に影響を及ぼすことが明らかになっている。しかし，教育達成の個人差を遺伝要因と環境要因の相対的影響力に分解するだけでは，教育達成の格差の生成メカニズムは明らかにできない。そこで，認知能力と教育達成の関連を取り上げた行動遺伝学研究がなされている。Tambs et al.（1989）は，ノルウェーの双生児を用いて，教育達成を説明する遺伝要因は，IQを説明する遺伝要因とほとんど共通であることを報告している。さらに，アメリカの双生児と非双生児の言語性IQ，成績，進学希望の関連について分析したNielsen（2006）は，共有環境要因と比べて，遺伝要因のほうがそれぞれの変数間の関連を説明していることを明らかにした。National Longitudinal Survey of Youthを使用したRowe et al.（1998）も，IQと教育年数の相関の68%を遺伝要因，32%を共有環境要因が説明することを確認している。一方で，日本の男性の双生児を対象に分析を行ったYamagata et al.（2013）は，15歳時の学業成績に影響を与える遺伝要因は教育年数には影響を与えなかったが，学業成績に影響を与える共有環境要因は教育年数にも影響を与えていたことを明らかにしている。

このように，認知能力と教育達成の関連を説明する遺伝と環境の要因について，一貫した結論は得られていない。個人に内在する認知能力やパーソナリティ特性の表現型の源泉は，社会の影響を受けにくく，遺伝と環境の影響は文化横断的であるが，教育達成のように，社会的に構築された形質であれば，その発現には社会的状況との交互作用がより生じやすく，遺伝と環境の影響は文化依存的である可能性が指摘されている（Shikishima et al. 2013a; 敷島　2021a）。したがって，教育達成に対する遺伝と環境の影響，そして認知能力と教育達成の関連の原因についても国ごと，出生コーホートごとに異なる可能性がある。

行動遺伝学は遺伝要因と環境要因の双方の相対的影響力を量的に捉えるため，教育達成の格差について，エビデンスに基づく有益な知見を提供できるアプローチである。しかしながら，行動遺伝学の先行研究は，家庭間のばらつきを示す「共有環境」という統計学的な潜在変数の効果の大きさのみで教育達成の格差を考察しており，教育社会学で検討されてきた社会経済的地位と教育達成の関連については十分に検討されていない。これでは，きょうだいで共有されるどのような要因がいかに格差を生成しているのかについてはわからないままであり，「行動科学」と「遺伝学」の架橋領域（安藤　2014，p.v）の役割は果たせていない。そこで本稿では，父母の学歴を用いて，共有環境という潜在変数を同定し，IQと教育年数の関連に対する遺伝要因と社会経済的地位の双方の影響を確認することとした。

3. データと変数

3.1. データ

慶應義塾ふたご行動発達研究センターのプロジェクトである慶應義塾双生児研究では，首都圏の住民基本台帳から，同一住所に居住する同一生年月日の14歳から30歳の2名を双生児として同定し，これらの世帯に郵送で調査への参加を呼びかけた（Shikishima et al. 2006, p.811）。

同性双生児および三つ子の卵性の診断には，自記式質問紙尺度「主に外見の類似性に基づく卵性診断用測度自己報告式」（Ooki et al. 1990），口腔内粘膜，爪や毛根，あるいは血液から抽出したDNA，大学来校時にプロジェクトで撮影した双生児ペアの写真を使用した（敷島　2021b，p.43）。

3.2. 変数

IQ の測定には，京大 Nx15- 新訂第２版を使用した[3]。京大 Nx15- は15歳以上を対象とし，言語的知能（日常記憶・単語完成・類似反対語・文章完成・乱文構成・マトリックス），空間的知能（ソシオグラム・重合版・図形分割・折り紙パンチ），数的能力（計算法・符号交換）の３領域に及ぶ12下位テストから構成される（敷島　2021c，p.78）。個人の各12下位テスト素点は，標準化データに基づく偏差値に換算され，12個の偏差値の合計を IQ に換算した。IQ が測定された平均年齢は24.23歳（標準偏差＝3.73，最小値＝18，最大値＝37）であった。

双生児および父母の学歴は，中学を９，高校を12，専門学校・高専・短大を14，大学を16，大学院を18として，教育年数に変換した[4]。父母の学歴について，きょうだいの一方に欠損があった場合は，もう一方の回答を割り当てた[5]。なお，行動遺伝分析を実施するときには，IQ と双生児の教育年数のそれぞれに対して，性別，「1971～82年生まれ」「1983～87年生まれ」「1988～91年生まれ」の３つに分類した出生コーホートを統制した残差得点，および，それらの変数に加えて父母の教育年数を統制した残差得点を使用した。

表１に使用変数の記述統計量を示した。卵性，性別，出生年，父母の教育年数について欠損がある双生児ペア，IQ と本人教育年数のどちらも双生児の双方が欠損しているペア，三つ子は分析から除いた。その結果，一卵性双生児698組，二卵性双生児（同性のみ）209組が分析対象となった[6]。

4. 分析方法

双生児法とは，一卵性双生児と二卵性双生児の類似性の比較により，遺伝と環境の影響を推定する方法である（安藤　2014，pp.25-38）。一卵性双生児は遺伝子を100％共有するのに対して，二卵性双生児は平均的に50％共有する。一方で，養育環境の影響は，２種類の双生児の間で等しいと仮定される[7]。これより，ある表現型の測定値から求めた一卵性双生児の級内相関係数が，二卵性双生児を上回れば，その表現型には遺伝の影響が認められ，両方の級内相関が等しければ，双生児の類似性は共有環境のみに起因すると判断できる。

本稿では，遺伝と環境の影響の推定に，級内相関係数とともに多変量遺伝分析の１つであるコレスキー分解モデル（豊田　2000，pp.100-103）を用いた。図１に示

表1　使用変数の記述統計量

	平均値	標準偏差	最小値	最大値	人数
男性ダミー	.307	.461	0	1	1814
1971-82年生まれ	.252	.435	0	1	1814
1983-87年生まれ	.244	.429	0	1	1814
1988-91年生まれ	.504	.500	0	1	1814
IQ	101.469	13.228	52	139	634
本人教育年数	14.979	1.617	9	18	1750
父親教育年数	14.227	2.333	9	18	1814
母親教育年数	13.408	1.756	9	18	1814

したコレスキー分解による二変量遺伝分析では，一卵性双生児と二卵性双生児の2種類の母集団を仮定し，まず，IQと本人の教育年数の遺伝要因，共有環境要因，非共有環境要因による相関を3つのパスに分解する。IQと本人教育年数につく添え字の1と2はそれぞれの双生児きょうだいを示している。例えば，a_{11}はIQを説明する遺伝要因の影響を表し，a_{12}はIQを説明する遺伝要因のうち本人教育年数に対しても与えている影響を意味している。a_{22}はIQを説明する遺伝要因では説明しきれない本人教育年数に対する独自の遺伝要因の影響を示している。IQおよび教育年数に対する影響は，きょうだいの間で等値制約が置かれ，遺伝要因の相関は一卵性双生児が1に，二卵性双生児が0.5に，共有環境要因の相関は両方の双生児ともに1が固定母数として設定される。

次に，潜在変数である共有環境要因の中身を同定するために，父母の教育年数を統制した残差得点を用いた。モデル1では，IQと本人教育年数をそれぞれ従属変数として，性別と出生コーホートを独立変数として統制した残差得点を用いて，コレスキー分解による二変量遺伝分析を実行した。さらにモデル2では，IQと本人教育年数に対して，性別，出生コーホートのほかに，父母の教育年数を統制した残差得点を用いて，コレスキー分解による二変量遺伝分析を実行した。

共有環境要因の説明率がモデル1からモデル2にかけて，どの程度減少するかを明らかにすることで，IQと本人教育年数の関連が父母の教育年数により，どの程度説明されるかについて確認した。コレスキー分解による二変量遺伝分析の推定には，ロバスト最尤法を使用し，欠損値は完全情報最尤法により対処した。

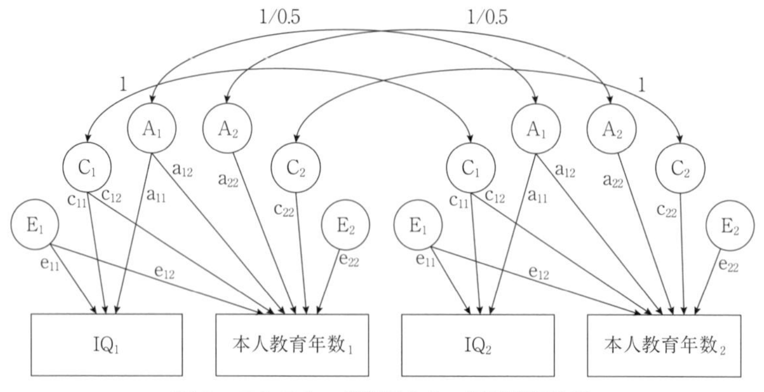

図１　コレスキー分解による二変量遺伝分析

注：A は遺伝要因，C は共有環境要因，E は非共有環境要因を表す。

5.　結果

5.1.　変数間の表現型相関

表２に各変数の表現型相関を示した。本人教育年数と IQ の間に .404の相関が認められた。父教育年数と本人教育年数の相関は .336であり，一方で父教育年数と IQ の相関は .175となり，父と本人の教育年数の相関のほうが大きかった（z=3.900, $p<.001$）。同様に，母教育年数と本人教育年数の相関は，母教育年数と IQ の相関よりも大きかった（z=2.035, $p<.05$）。

5.2.　双生児の類似性の比較

IQ と本人教育年数に寄与する遺伝と環境の影響を確認するために，それぞれについて双生児級内相関を求めた。IQ については，一卵性双生児が .717（95%CI：.671, .757, N=502），二卵性双生児が .507（95%CI：.366, .626, N=128）であった。本人教育年数については，一卵性双生児が .663（95%CI：.632, .692, N=1320），二卵性双生児が .477（95%CI：.394, .553, N=366）であった。IQ，本人教育年数ともに一卵性双生児の級内相関が二卵性双生児より高く，双生児の類似性に遺伝要因が影響していることが示唆される。

表２　各変数の表現型相関

	1	2	3	4
1．本人教育年数	—			
2．IQ	.404 (.337，468)	—		
3．父教育年数	.336 (.265，.404)	.175 (.098，.250)	—	
4．母教育年数	.303 (.230，372)	.218 (.142，.292)	.555 (.473，.627)	—

注１：行と列の各番号は対応している。
注２：括弧内は95％信頼区間。
注３：リストワイズ削除にて求めた（N=628）。父母の教育年数は家族レベルの変数のため，きょうだいの一方のみを使用した（N=314）。

5.3.　二変量遺伝分析

IQ と教育年数の関連に対する遺伝要因と父母の学歴の影響を検討するために，コレスキー分解による二変量遺伝分析を実施し，各モデルの推定値を表３と表４に示した。それぞれの表現型にかかるパス係数を二乗した値を合計すると１となることから，説明率として読み取れる。

まず，表３のモデル１について，IQ を規定する要因をみると，遺伝要因が43％，共有環境要因が30％，非共有環境要因が27％説明していた。また，本人教育年数には，遺伝要因が40％，共有環境要因が27％，非共有環境要因が34％説明しており，遺伝要因と環境要因が同じ程度影響を及ぼしていた。

IQ を説明する遺伝要因は本人教育年数に対しても影響を及ぼしていたが，95％信頼区間に０を含むことから有意ではなかった。一方で，IQ と共通する共有環境要因は教育年数のばらつきを27％説明しており，両者の関連のほとんどは共有環境によって説明されていた。IQ と共通しない教育年数への独自の要因に注目すると，遺伝要因と非共有環境要因はそれぞれ教育年数に対して影響を及ぼしていたが，IQ とは独立した独自の共有環境要因の影響は認められなかった。

次に，表４の父母の教育年数を統制した残差得点を使用した，モデル２の推定値をモデル１の推定値と比較した。IQ を説明する共有環境要因の影響は11％減少し，IQ と教育年数に共通の共有環境要因の説明率は，27％から13％に減少し，有意ではなくなった。つまり，共有環境要因により説明される IQ と教育年数の関連の半分ほどが父母の教育年数により説明された。

表3　父母の教育年数を統制する前の二変量遺伝分析（標準化パス係数）

	IQ		本人教育年数	
	パス係数	説明率	パス係数	説明率
遺伝効果				
a_{11}	.655（.475, .835）	.43		
a_{12}			.140（-.162, .442）	.02
a_{22}			.616（.435, .797）	.38
共有環境効果				
c_{11}	.546（.351, .741）	.30		
c_{12}			.517（.256, .777）	.27
c_{22}			.000（.000, .000）	.00
非共有環境効果				
e_{11}	.522（.459, .585）	.27		
e_{12}			.129（.020, .239）	.02
e_{22}			.563（.511, .616）	.32
AIC		10989		
CFI		.996		
RMSEA		.016		

注1：a_{11}からe_{22}は，図1のパスと対応している。
注2：括弧内は95%信頼区間。
注3：一卵性双生児698組，二卵性双生児209組。
注4：性別，出生コーホートを統制した残差得点を使用。

表4　父母の教育年数を統制した後の二変量遺伝分析（標準化パス係数）

	IQ		本人教育年数	
	パス係数	説明率	パス係数	説明率
遺伝効果				
a_{11}	.717（.522, .912）	.51		
a_{12}			.203（-.107, .513）	.04
a_{22}			.655（.507, .803）	.43
共有環境効果				
c_{11}	.440（.147, .734）	.19		
c_{12}			.366（-.006, .737）	.13
c_{22}			.000（-.001, .000）	.00
非共有環境効果				
e_{11}	.541（.477, .604）	.29		

e_{12}		.139（.020, .257）	.02
e_{22}		.614（.559, .669）	.38
AIC	10795		
CFI	1.000		
RMSEA	.000		

注1：a_{11}からe_{22}は，図1のパスと対応している。
注2：括弧内は95％信頼区間。
注3：一卵性双生児698組，二卵性双生児209組。
注4：性別，出生コーホート，父母の教育年数を統制した残差得点を使用。

6. 考察

教育年数のばらつきを，遺伝要因が40％，共有環境要因が27％，非共有環境要因が34％説明した。遺伝の影響は，家族が共有する環境の影響を凌ぎ，個人独自の環境の影響は，家族が共有する環境の影響を超えていた。行動遺伝学の3原則（Turkheimer 2000）は支持され，教育達成に対する遺伝と環境の双方の重要性が示された。IQと教育年数の間には表現型レベルで.404の相関が確認され，個人の能力が教育達成に反映されているようにみえる。しかし，遺伝要因と環境要因のレベルに分解すると，両者の関連を説明するのは遺伝要因ではなく共有環境要因であり，さらにその半分は父母の教育年数により説明されていた。Yamagata et al.（2013）においても，成績と教育年数の関連の大部分が共有環境により説明されており，本稿の結果と一致する。すなわち，IQと教育達成の関連に関して，遺伝要因を起点としIQから教育達成へとつながる経路ではなく，家庭環境を起点とする経路が支持された。IQと教育達成の関連の半分が父母の教育年数により説明されたということは，遺伝要因では説明されない社会経済的地位に対応した文化的資源や子育て戦略が，認知能力の発達に寄与することで，教育達成の格差が維持される可能性がある。したがって，教育社会学で指摘されてきた，教育達成に対する父母の学歴の影響を，遺伝要因を考慮した上でも確認できたといえる。

教育年数に対してIQとは関連しない独自の遺伝要因の影響が確認された。Krapohl et al.（2014）は，学業成績の遺伝分散が自己効力感，パーソナリティなどの非認知能力により説明される割合は，IQによって説明される割合と同程度であり，両者により遺伝分散の75％が説明されることを報告している。Demange et al.（2021）は，教育達成を説明する認知能力とは関連しないSNPを非認知能力を説明する遺伝要因とし，この遺伝要因が教育達成と相関していたことを示している。

本研究においても，教育達成の個人差が生成される過程にIQ以外の遺伝要因が潜んでいることが示唆され，教育達成に対する独自の遺伝要因は，学業成績の背後にある非認知能力を説明する遺伝要因と重複している可能性（Shikishima et al. 2013b）が指摘できる。今後，変数を拡大した多変量遺伝分析を行うことにより，この遺伝要因の源泉はどこにあるのか，突き止めていく必要がある。

Rosenbaumのトーナメントモデルは，能力は個々人が有する特性ではなく，選抜システムによって能力が定義されると主張する（Rosenbaum 1984, p.266）。したがって，地位達成や教育選抜において問題化する能力は社会的に構成される（中村 2018, p.86）。能力の源泉となりうる遺伝要因についても，社会的に構成されることがある。Jencks et al.（訳書　1978）は，能力に対する遺伝要因の影響を社会的なメカニズムから例示した。例えば，ある国の人々が赤毛の子どもを学校に入れることを拒絶するとしたら，赤毛の原因となる遺伝子は読解能力を低下させるといえるかもしれない。しかし，赤毛の読解能力の低さを遺伝子のせいにすることはできない。すなわち，遺伝的に読解能力が低いということはなく，社会的に特定の遺伝的特徴を能力が低いとみなしているという見方もできる。安藤（2012, pp.217-19）によれば，現行の教育制度は一般知能を重視するため，遺伝的個人差を顕在化させ不平等を生み出す装置として機能してしまうが，この遺伝的個人差は個人の努力，成育環境，親や教師の力量として隠蔽されてしまう。このように考えれば，地位達成や教育選抜において問題化する遺伝要因は社会的に構成されると指摘することもできる。

教育達成において評価される能力に対応した遺伝要因が環境に調整された形で，事後的に影響を与えている可能性も考えられる。遺伝環境交互作用の1つに生態学的（社会的補償）モデルがある（Mills et al. 2020）。このモデルは，個々人を取り巻く社会経済的環境によって，遺伝要因の影響が最大化されると想定する（Bronfenbrenner and Ceci 1994）。例えば，社会経済的地位が高いほどIQの遺伝率は高くなり，反対に社会経済的地位が低いと，共有環境による説明率が高くなる（Turkheimer et al. 2003）ことが報告されている。すなわち，教育達成に有利に働く能力の背後にある遺伝要因は，単独で発現するとは限らず，社会経済的環境との交互作用の中で発現している。教育達成に関する遺伝要因がどのように影響を及ぼしているかを説明するためには，遺伝と環境の交互作用を射程に入れたモデルを実施する必要がある。

最後に本稿の限界について3つ述べたい。1つ目は，本稿で用いたIQが測定された平均年齢は24.23歳であったため，教育を受けたことによりIQが高くなるという因果関係も考えられる。すなわち，IQに影響する共有環境が，教育達成に影響するのではなく，教育達成に影響する共有環境が，IQに影響を及ぼしている可能性もある。加えて，首都圏の双生児サンプルに限定されていること，および，IQの情報を含むケースが634人と少ないことから，IQと教育達成の関連への解釈には一定の留保がつく。

そして２つ目は，アソータティヴ・メイティング（assortative mating）である。これは，遺伝的に類似した者同士が結婚する傾向を言い，ある形質において夫婦の表現型の間に有意な相関が見いだされる場合である（安藤　2014，p.156）[8]。本稿の父学歴と母学歴の表現型相関は.555であり，共有環境の相対的影響力を過大評価している可能性がある。

３つ目は，共有環境の同定に際して，受動的遺伝環境相関（安藤　2014，pp.152-153）を想定していないことである。例えば，高学歴の親は学歴を獲得することに寄与する遺伝要因を子どもに伝達することに加えて，親自身の遺伝的性向に基づいて教育に寄与する家庭環境を構築しやすい。このため，子どもの教育に対する親の影響に遺伝要因が混在してしまうが，双生児のみを対象にした分析では受動的な遺伝と環境の相関を想定することはできず，この影響は共有環境要因の影響として表現されてしまう。本稿では，本人教育年数に対する父母の教育年数の影響を一卵性双生児，二卵性双生児のどちらも等しいとして，「共有環境」と仮定した。しかし，親から子どもへの教育の伝達に遺伝要因が絡んでいれば，その「共有環境」にも，遺伝の影響が寄与している可能性がある。

これらの点については，双生児のみを対象とする古典的モデルより，双生児とその配偶者およびその子どもを対象とするMultiple Children of Twinsデザインによる対処が可能である。この分析モデルでは，アソータティヴ・メイティングを考慮しながら，親子間の教育の伝達に遺伝要因と共有環境要因の双方を想定できる（Baier et al. 2022）。今後は双生児の親族に関する情報も収集し，社会学の視点から解釈できる行動遺伝学的研究を蓄積していくことが求められる。

〈付記〉

本稿を作成するにあたって慶應義塾ふたご行動発達研究センターからデータの提供を受けた。また，貴重なコメントを頂戴いたしました査読の先生方に感謝申し上げます。

〈注〉

(1) 遺伝の効果には，相加的遺伝効果のほかに非相加的遺伝効果がある。非相加的遺伝効果は同じ座位の対立遺伝子との交互作用やほかの座位との交互作用を意味し，一卵性双生児の級内相関が二卵性の級内相関の2倍を上回った場合，この効果が考慮される（安藤 2014，pp.41-42）。本稿では，このことはなかったため，相加的遺伝効果のみを想定する。

(2) 非共有環境には測定誤差も含まれる。

(3) IQの測定については，敷島（2021c，pp.77-80）を参照されたい。

(4) 調査時に20歳以上の双生児の最終学歴を分析に用いた。

(5) 双生児が報告する父母学歴が一致しない場合，少なくとも低いほうの学歴を修了したと考え，その学歴を採用した。なお，短大，高専，専門学校，大学の中で不一致が起きている場合は高校とした。

(6) 教育年数の男女別の平均値を求めたところ，女性が14.827，男性が15.328であった。t検定を実施した結果，t=-6.02，df=1748，p<.001であり，男女の教育年数に有意差が確認された。そのため，二卵性異性ペアを含めると二卵性双生児の級内相関係数が小さくなり遺伝要因の寄与の推定値が過大となるため，二卵性異性ペアは分析から除いた。

(7) これは等環境仮説と呼ばれ，双生児法の前提となる。

(8) 通常，アソータティヴ・メイティングは正の相関だが，この概念をより一般化すれば負の相関をも含む（安藤 2014，p.156）。

〈文献〉

安藤寿康，2012,『遺伝子の不都合な真実：すべての能力は遺伝である』筑摩書房。

安藤寿康，2014,『遺伝と環境の心理学：人間行動遺伝学入門』培風館。

Baier, T., E. M. Eilertsen, E. Ystrøm, I. M. Zambrana and T. H. Lyngstad, 2022, "An Anatomy of the Intergenerational Correlation of Educational Attainment: Learning from the Educational Attainments of Norwegian Twins and Their Children," *Research in Social Stratification and Mobility*, Vol.79.

Baker, L. A., S. A. Treloar, C. A. Reynolds, A. C. Heath and N. G. Martin, 1996, "Genetics of Educational Attainment in Australian Twins: Sex Differences and Secular Changes," *Behavior Genetics*, Vol.26, No.2, pp.89-102.

Bourdieu, P.,1979, *La Distinction: Critique sociale du jugement*, Éditions de Minuit.

（＝1990，石井洋二郎訳『ディスタンクシオンⅠ・Ⅱ』藤原書店）．

Branigan, A. R., K. J. McCallum and J. Freese, 2013, "Variation in the Heritability of Educational Attainment: An International Meta-Analysis," *Social Forces*, Vol.92, No.1, pp.109-140.

Breen, R. and J. H. Goldthorpe, 1997, "Explaining Educational Differentials: Towards a Formal Rational Action Theory," *Rationality and Society*, Vol.9, No.3, pp.275-305.

Bronfenbrenner, U. and S. J. Ceci, 1994, "Nature-Nurture Reconceptualized in Developmental Perspective: A Bioecological Model," *Psychological Review*, Vol.101, No.4, pp.568-586.

Colodro-Conde, L., F. Rijsdijk, M. J. Tornero-Gómez, J. F. Sánchez-Romera and J. R. Ordoñana, 2015, "Equality in Educational Policy and the Heritability of Educational Attainment," *PLoS One*, Vol.10, No.11.

Conley, D., B. W. Domingue, D. Cesarini, C. Dawes, C. A. Rietveld, et al. 2015, "Is the Effect of Parental Education on Offspring Biased or Moderated by Genotype?" *Sociological Science*, Vol.2, pp.82-105.

Demange, P. A., M. Malanchini, T. T. Mallard, P. Biroli, S. R. Cox, et al. 2021, "Investigating the Genetic Architecture of Noncognitive Skills Using GWAS-by-Subtraction," *Nature Genetics*, Vol.53, No.1, pp.35-44.

藤田英典，1980,「進路選択のメカニズム」山村健・天野郁夫編『青年期の進路選択：高学歴時代の自立の条件』有斐閣，pp.105-129.

Harden, K. P., 2021, *The Genetic Lottery: Why DNA Matters for Social Equality*, Princeton University Press.（＝2023，青木薫訳『遺伝と平等：人生の成り行きは変えられる』新潮社）．

Heath, A. C., K. Berg, L. J. Eaves, M. H. Solaas, L. A. Corey, et al. 1985, "Education Policy and the Heritability of Educational Attainment," *Nature*, Vol.314, No.6013, pp.734-736.

平沢和司，2002,「きょうだいデータを用いた家族・教育達成研究の変遷」『北海道大学医療技術短期大学部紀要』第15巻，pp.9-16.

Jencks, C., M. Smith, H. Acland, M. J. Bane, D. Cohen, et al. 1972, *Inequality: A Reassessment of the Effect of Family and Schooling in America*, Basic Books.（＝1978，橋爪貞雄・高木正太郎訳『不平等：学業成績を左右するものは何か』

黎明書房).
鹿又伸夫，2014,『何が進学格差を作るのか：社会階層研究の立場から』慶應義塾大学出版会。
Knopik, V. S., J. M. Neiderhiser, J. C. DeFries and R. Plomin, 2016, *Behavioral Genetics* (7th ed.), Worth Publishers.
近藤博之，1996,「地位達成と家族：キョウダイの教育達成を中心に」『家族社会学研究』第8号，pp.19-31.
近藤博之，2000,「「知的階層制」の神話」近藤博之編『日本の階層システム3：戦後日本の教育社会』東京大学出版会，pp.221-245.
Krapohl, E., K. Rimfeld, N. G. Shakeshaft, M. Trzaskowski, A. McMillan, et al. 2014, "The High Heritability of Educational Achievement Reflects Many Genetically Influenced Traits, Not Just Intelligence," *Proceedings of the National Academy of Sciences*, Vol.111, No.42, pp.15273-15278.
Kuo, H. D. and R. M. Hauser, 1995, "Trends in Family Effects on the Education of Black and White Brothers," *Sociology of Education*, Vol.68, No.2, pp.136-160.
Lee, J. J., R. Wedow, A. Okbay, E. Kong, O. Maghzian, et al. 2018, "Gene Discovery and Polygenic Prediction from a Genome-Wide Association Study of Educational Attainment in 1.1 Million Individuals," *Nature Genetics*, Vol.50, No.8, pp.1112-1121.
Liu, H., 2018, "Social and Genetic Pathways in Multigenerational Transmission of Educational Attainment," *American Sociological Review*, Vol.83, No.2, pp.278-304.
Mills, M. C., N. Barban and F. C. Tropf, 2020, *An Introduction to Statistical Genetic Data Analysis*, MIT Press.
中村高康，2018,『暴走する能力主義：教育と現代社会の病理』筑摩書房。
Nielsen, F., 2006, "Achievement and Ascription in Educational Attainment: Genetic and Environmental Influences on Adolescent Schooling," *Social Forces*, Vol.85, No.1, pp.193-216.
Okbay, A., Y. Wu, N. Wang, H. Jayashankar, M. Bennett, et al. 2022, "Polygenic Prediction of Educational Attainment Within and Between Families from Genome-Wide Association Analyses in 3 Million Individuals," *Nature Genetics*, Vol.54, No.4, pp.437-449.

Ooki, S., K. Yamada, A. Asaka and K. Hayakawa, 1990, "Zygosity Diagnosis of Twins by Questionnaire," *Acta Geneticae Medicae et Gemellologiae*, Vol.39, No.1, pp.109-115.

Rietveld, C. A., S. E. Medland, J. Derringer, J. Yang, T. Esko, et al. 2013, "GWAS of 126,559 Individuals Identifies Genetic Variants Associated with Educational Attainment," *Science*, Vol.340, No.6139, pp.1467-1471.

Rosenbaum, J. E., 1984, *Career Mobility in a Corporate Hierarchy*, Academic Press.

Rowe, D. C., W. J. Vesterdal and J. L. Rodgers, 1998, "Herrnstein's Syllogism: Genetic and Shared Environmental Influences on IQ, Education, and Income," *Intelligence*, Vol.26, No.4, pp.405-423.

Sewell, W. H., A. O. Haller and G. W. Ohlendorf, 1970, "The Educational and Early Occupational Status Attainment Process: Replication and Revision," *American Sociological Review*, Vol.35, No.6, pp.1014-1027.

敷島千鶴，2021a，「養育行動の文化差」藤澤啓子・野嵜茉莉編・安藤寿康監『ふたご研究シリーズ第3巻：家庭環境と行動発達』創元社，pp.27-44.

敷島千鶴，2021b，「一卵性双生児と二卵性双生児」敷島千鶴・平石界編・安藤寿康監『ふたご研究シリーズ第1巻：認知能力と学習』創元社，pp.41-50.

敷島千鶴，2021c，「一般知能」敷島千鶴・平石界編・安藤寿康監『ふたご研究シリーズ第1巻：認知能力と学習』創元社，pp.75-102.

敷島千鶴・安藤寿康・山形伸二・尾崎幸謙・高橋雄介・野中浩一，2008，「権威主義的伝統主義の家族内伝達：遺伝か文化伝達か」『理論と方法』Vol.23，No.2，pp.105-126.

Shikishima, C., J. Ando, Y. Ono, T. Toda and K. Yoshimura, 2006, "Registry of Adolescent and Young Adult Twins in the Tokyo Area," *Twin Research and Human Genetics*, Vol.9, No.6, pp. 811-816.

Shikishima, C., K. Hiraishi, S. Yamagata, J. M. Neiderhiser and J. Ando, 2013a, "Culture Moderates the Genetic and Environmental Etiologies of Parenting: A Cultural Behavior Genetic Approach," *Social Psychological and Personality Science*, Vol.4, No.4, pp.434-444.

Shikishima, C., S. Yamagata, K. Hiraishi, N. Kijima and J. Ando, 2013b, "Genetic Overlapping among Intelligence, Educational Attainment, Occupational Status,

Marriage, and Having Children: Japanese Female Twins," *Behavior Genetics*, Vol.43, No.6, pp.540-541.

Silventoinen, K., A. Jelenkovic, R. Sund, A. Latvala, C. Honda, et al. 2020, "Genetic and Environmental Variation in Educational Attainment: An Individual-Based Analysis of 28 Twin Cohorts," *Scientific Reports*, Vol.10, No.1.

Tambs, K., J. M. Sundet, P. Magnus and K. Berg, 1989, "Genetic and Environmental Contributions to the Covariance Between Occupational Status, Educational Attainment, and IQ: A Study of Twins," *Behavior Genetics*, Vol.19, No.2, pp.209-222.

Teachman, J. D., R. D. Day and K. P. Carver, 1995, "The Impact of Family Environment on Educational Attainment: Do Families Make a Difference?" B.A. Ryan, G.R. Adams, T.P. Gullotta, R.P. Weissberg, R.L. Hampton eds., *The Family-School Connection*, Sage, pp.155-203.

豊田秀樹，2000，『共分散構造分析［応用編］：構造方程式モデリング』朝倉書店。

Turkheimer, E., 2000, "Three Laws of Behavior Genetics and What They Mean," *Current Directions in Psychological Science*, Vol.9, No.5, pp.160-164.

Turkheimer, E., A. Haley, M. Waldron, B. D'Onofrio and I.I. Gottesman, 2003, "Socioeconomic Status Modifies Heritability of IQ in Young Children," *Psychological Science*, Vol.14, No.6, pp.623-628.

Yamagata, S., M. Nakamuro and T. Inui, 2013, "Inequality of Opportunity in Japan: A Behavioral Genetic Approach," *RIETI Discussion Paper Series*, 13-E-097.

ABSTRACT

Influence of Genetic and Environmental Factors on the Association between Cognitive Ability and Educational Attainment: A Behavioral Genetics Approach

Limited empirical studies in Japanese sociological research have focused on genetic factors. When analyzing the degree of inequality in educational attainment, the total family effect is captured in the analyses as an estimated value that combines the influence of genetic variation and family-level social influence. In other words, studying the unobserved genetic factors of individuals will contribute greatly to our understanding of the causal mechanisms of social inequality. Thus, focusing on genetic factors and socioeconomic status is crucial when considering the overall impact of socioeconomic status on educational attainment.

A solution to this issue is through behavioral genetics methodology, which decomposes the variance of an observed trait into variances in terms of additive genetic as well as shared and nonshared environmental effects. However, previous studies that employed this method considered inequality in educational attainment that is based solely on the statistical effect of the latent variable "shared environment." It indicates differences between families but does not examine the relationship between educational attainment and parental education, which are usually considered in educational sociology. Therefore, this study identified the latent variable using parental education levels to investigate the effects of genetic factors and parental education on the relationship between IQ and educational attainment.

An analysis of adolescent and young adult twin data (698 pairs of identical twins, 209 pairs of fraternal twins) collected by the Keio Twin Study indicated that genetic, shared environmental, and nonshared environmental factors explain IQ by 43%, 30%, and 27%, respectively. Furthermore, genetic, shared environmental, and nonshared environmental factors explain educational attainment by 40%, 27%, and 34%, respectively. Moreover, the analysis found that the relationship between IQ and educational attainment is explained by shared environmental factors rather than genetic factors. When latent variables were identified using residual scores controlling for parental education, approximately 50% of the relationship between IQ and educational attainment was explained by parental education.

Hence, regarding the relationship between IQ and educational attainment, the analysis supports the notion that the family environment mediates the relationship between IQ and educational attainment, rather than genetic factors.

Using a behavioral genetics approach, this study confirmed the influence of parental education on children's educational attainment, which has been observed in educational sociology.
Keywords: educational attainment, cognitive ability, behavioral genetics

教育社会学研究第114集（2024）

どのような母親が家事を子どもにしつけるのか
——性別役割分業意識をめぐる実証的検討——

戸髙 南帆

【要旨】

家事とジェンダーの研究においてわずかにみられる子どもを対象とした議論では，男子よりも女子が家事をするというジェンダー差が広く報告されている。多くの先行研究では，子どもの家事実践に焦点をおき，親の属性や意識がこれに影響を与えるという構図が想定されていたが，子どもが家事をする背後には，親の代わりやしつけといった様々な要因が混在していることが指摘できる。

そこで本稿では，ジェンダー役割を学ぶ場として重要な家庭において，子どもに家事を教えるという母親のはたらきかけに着目し，性別役割分業意識との関連を検討した。もし性別役割分業を支持する母親が，娘に積極的に家事を教える一方で，息子には家事を教えることに消極的であるならば，将来の性別役割分業の再生産に加担している可能性があるためである。

日本の小学生を対象とした親子ペアデータを分析した結果，子どもに家事を教えることには明確なジェンダー差があり，息子をもつ母親よりも，娘をもつ母親のほうが，より家事を教える傾向にあった。一方で，仮説に反して，母親が性別役割分業を支持するほど子どもには家事を教えない傾向が確認された。この傾向は，むしろ娘をもつ母親においてより明確であった。つまり，性別役割分業を支持する母親は，そもそも家事を子どもに教える傾向にはないといえる。ジェンダー役割の社会化の過程を紐解くうえで，家事という視点からも，さらなる研究蓄積が求められている。

キーワード：子どもの家事，性別役割分業意識，しつけ

東京大学大学院

1. はじめに

社会学における家事研究の多くは成人に関心を寄せ，子どもの家事への関与を問うものはわずかである。多くの社会で子どもの家事におけるジェンダー差が報告されているものの（直井　2009，Evertsson 2006など），日本における子どもの家事研究は記述的な把握が大半であり，家庭におけるしつけなどの教育的な観点からの検討はほとんど見当たらない。子どものジェンダーと家事における一貫した研究結果は，成人における時間の使途のジェンダー差の観点からも検討されており，家庭はジェンダー役割の社会化の上で重要である（Raley & Bianchi 2006）。子どものときに家事に参加した経験は，家事に対する志向を高めるように作用する（多賀 1993）といった示唆からも，家庭における家事に関するはたらきかけの実態を明らかにする必要があるだろう。

家庭における子どもの家事は，しばしば親から子どもへのはたらきかけの結果や，親の監督下での「お手伝い」とされ，それらは子どものジェンダーとも密接に関連してきた。例えば，かつては暮らしに必要な生活技術などをしつける手段として，子ども，特に女の子の場合には意図的に母親の手伝いをさせたという（新井 1993）。現代においても程度の差こそあれ，子どもが実際に家事をする多くの場合には，保護者が何らかの形で子どもの家事にかかわっていると考えられるだろう。

そこで本稿が提起するのは，現代でも家事をめぐる保護者の子どもへのはたらきかけに，子どものジェンダーや保護者の属性・意識に基づく明確な相違があるのではないかという問いである。男性には家事についての「学びの過程」がほとんど欠けている（Dotti Sani 2016）と指摘されており，男子は女子よりも家庭で家事を教わる機会が少ない可能性がある。家事へのかかわりを促すという保護者の行為において，子どものジェンダーによる大きな差があれば，家事を身につけるうえでどちらかの性別が不利になることも想像に難くない。まずは，子どもに家事を教える，関与を促すといった機会のジェンダー平等が，その後の土台になるのではないか。

かつては性別役割分業が前提とされ，家事は女性と結びつけられることが多かったと考えられるが，現代の家庭においても，それは当てはまるのだろうか。例えば，性別役割分業を支持する母親が，娘を家事に接近させて，息子を家事から遠ざけているといった状況では，性別役割分業は再生産されかねない。あらゆる家庭で日々生じる家事に，親子がどう対応しているかを検討することは，既存のジェンダー秩序の世代間継承を問う上で重要な課題である。そこで本研究では，家庭において母親が子どもに家事を教えるという行為に焦点化し，そのなかで母親の性別役割分業意識がどのような効果をもっているかについて検討する。

2. 先行研究の検討

2.1. 子どもの家事についての研究蓄積

子どもの家事研究は，女子が男子よりも多くの家事を担っていることを様々な社会において示し，子どもの家事遂行に家族，とりわけ親がどのように影響を及ぼすかという観点を研究の中心に据えてきた（西村 2021）。先行研究では，親から子どもへと影響する主な2つのプロセスとして，1つは直接的なはたらきかけが，2つ目にはモデリング効果があげられている。前者の考え方は家事をさせることによるものであり，子どもが家事をすることは，そのはたらきかけの結果としてみなしている。後者の社会的学習理論（Bandura 1977）に基づくモデリング効果は，家事をする親をロールモデルとして，子どもが観察，学習，模倣することであり，その結果が子どもの家事遂行に現れるとして分析されてきた。

ここで，子どもの家事遂行に対する親の影響を検討した研究蓄積において，本稿ではまず以下のような2つの限界があることを指摘したい。第一に，子どもが家事をすることについては，「子どもに家事をさせる親」というような表現が使われてきたが，子どもが家事を担う理由は多様である。代表的には2つの理由が挙げられており，1つには親の家庭内代替労働力として，もう1つには子どもの社会化，子ども自身の教育のためとされている（Blair 1992）。特に近年注目を浴びているのは，様々な事情を抱えた親の代わりに家事の大半を引き受けるヤングケアラーの存在であり，やむを得ない家庭の事情から家事をするケースも含まれると考えられる。つまり，子どもが家事をする背景には，必要性に迫られた側面と，親の教育的な意図のもとにある実践が混在している。子どもの家事への親の影響を検討するにあたって，既存研究がしばしば論じてきたモデルは，親が子どもに家事をさせるという行為を親の教育態度と結び付け，それを子どもの家事実践というアウトカムによって測るというものであった。しかし上述のように，子どもが家事をすることは必ずしも親のしつけと結びついているとは限らない。親子セットのデータを用いて小学生の家事実践を分析した品田（2004）も同様に，子どもに家事をさせることは，現実には，母親の主体的に選んだ教育的態度の1つにはなっていないと指摘している。

子どもの家事実践から親の影響を探るという枠組みの第二の限界としては，親が子に家事を教えることと，子どもが実際に家事をすることには，別々のメカニズムが潜んでいる可能性がある点である。例えば，「家事を教わるけれど，日常で実践する必要はない」「日常実践する必要があり，教わる」「教えられていないけれど，日常で担っている」「日常実践する必要もなく，教えられてもいない」などである。これらは切り分けて考える必要があり，教える側である親の態度に焦点化することで，より精緻な議論が可能となる。

2.2. 家事についてのはたらきかけと母親の影響

従来の研究では，家庭内で子どもが家事をするか否かについては一定の検討がなされてきたものの，家事について親が子にはたらきかけるという行為の背後要因については，ほとんど研究対象とされていない。例えば，家庭科教育学においては，食事にかかわる家事のしかたを家族が教えるという働きかけが，子どもの家事実践を促すという指摘がされている（鳥羽・久保　2013）が，その背景にあると考えられる親の意識や属性に関する検討はされていない。社会学におけるわずかな研究蓄積としては，大学生を中心とした回顧式の質問紙調査を用いて，家事に関する意識の形成を検討した多賀（1993）が挙げられる。小学生から高校生までの間に，4つの家事について両親から受けたしつけを尋ねた結果，男性についてはより平等な家事分担意識をもつ両親が家事のしつけを多く行い，それが息子の家事参加経験に影響していることを示唆した。その一方で，女性は両親の家事分担意識にかかわらず家事のしつけを多く受ける傾向にあるという（多賀　1993）。このことから，家庭における家事のしつけにもまずジェンダー差があり，親の意識も影響していることが想定される。しかし，多賀の調査は子ども側を対象とした回顧によるものであるため，親の行為の正確な把握という点では限界を残す。

子どもへの家事のしつけは，かつてはジェンダーバイアスを帯びていることが自明であった。明治時代のはじめ頃には，日本の就業者の約８割が農業従事者であり，子どもは早くから性と年齢に見合った家業や家事の手伝いをさせられていた。しかし，戦後の高度経済成長期に，家庭の中で子どもが担う家事は急速に短時間化した（新井　1993）。近年の子どもの自由時間の使い方を分析した佐藤（2009）によると，家の手伝いをする１日あたりの平均時間は，小学生男子は8.3分，女子は12.4分であるという。直井（2009）は，かつては性別役割分業のもとで身辺の自立が求められたのは女子であり，男子には経済的自立が求められてきたが，近年の教育目標は男女双方の自立を促すことになってきたと述べている。家事も広くは身辺の自立に含まれると考えられるが，具体的にその自立をどう子どもに促すかという点はこれまでほとんど検討されておらず，ブラックボックスのままにされている。

2.3. 本研究における検討課題

林川（2015）は，女子中学生の家庭優先志向の形成メカニズムを検討するなかで，性役割意識の形成を取り扱った先行研究において，どのように性役割の家庭内社会化がなされるのかという問いは等閑視されてきたと指摘している。本稿ではそのメカニズムの一端を明らかにすることを目的として，母親からのはたらきかけに着目する。子どものしつけや教育の主な担い手となるのは，共働き家庭であっても依然として女性であるため（額賀・藤田　2022），分析の対象も母親に限定する。そのうえで，母親自身の性別役割分業意識と，家事のやり方を教えるという行為の関連を検討する。具体的には，娘については，性別役割分業を支持する母親ほど，娘が家事を担うことを想定するために，娘に家事を教えている可能性が考えられる。

仮説①性別役割分業を支持する母親ほど，娘に家事を教えている。

一方で，息子については，母親が性別役割分業を支持しているほど息子に家事を教えていない可能性が考えられる。家事のゲートキーピングという観点からも，この可能性は想定される。Allen & Hawkins（1999）によると，母親による，父親のさらなる家事へのかかわりを妨げるゲートキーピング行動は，母親の21%にみられたという。ゲートキーピング行動の理由としては，母親が家事のスタンダードを設定することで生じる家族に対する責任感や，母親であるという対外的なアイデンティティを手放したくないこと，そして母親自身の強固な性別役割分業意識が挙げられている（Allen & Hawkins 1999)。妻が性別役割分業意識に肯定的である場合，夫の家事参加の程度は逓減する（西岡　2004）という指摘も併せて考えると，息子に対しても，性別役割分業意識の強い母親は家事のはたらきかけを控えている可能性がある。

裏を返せば，母親が息子に家事を教えるということは，男性でも家事をする，家事ができるといったメッセージを含みうるものであり，性別役割分業を支持しない母親ほど息子に家事を教えているかもしれない。Penha-Lopes（2006）によると，息子に家事をさせる母親は複数のレベルで社会化の行為主体となっており，家事行動の任命者として，革新的なジェンダー態度の持ち主として，そして息子の手本としてふるまっていると示唆している。以上より，息子をもつ母親については，次の仮説を立てた。

仮説②性別役割分業を支持する母親ほど，息子に家事を教えていない。

これらの仮説を検討するうえで注意しなければならないのは，母親の性別役割分業意識と，家事を教えるという行為の背後に，母親自身の学歴の影響が複数の経路で想定されることである。第一には，高学歴の女性は性別役割分業を支持しないという傾向（原・肥和野　1990）があり，第二には，高学歴の母親は子どものしつけに全般的に熱心であるという点である。つまり母親が高学歴であることは，家事についても積極的にしつける可能性がある一方で，同時に性別役割分業を支持しない傾向にもあるため，娘に対して家事をあえて教えないとも考えられる(1)。このような可能性を考慮するため，分析では母親の学歴を統制したモデルも用いて，母親の性別役割分業意識そのものの効果を確認する。

さらには，子どもに家事を教えることには手間がかかることから，教育意識の高さが家事を教えることにそのまま反映されるとは考えにくく，母親の仕事や時間的余裕といった面も影響すると考えられる。非大卒女性に比べて大卒女性が「親が導く子育て」を実践する傾向について，額賀・藤田（2022, p.192）は，母親の高い教育関心に加えて，時間や労力といった「親が導く」コストをかろうじて払えるために実現可能となっていると言及している。三輪（2000）も，親自身の意識について，子どもに手伝いをさせた方がよいと思う一方で，親みずからが家事をしたほうが早く確実に実行できると考えている点を示唆している。

母親の性別役割分業意識については，母親自身の就業状態や，夫婦間の家事分担のあり方との関連が考えられる。例えば，就業継続を希望して高等教育を受けたものの，専業主婦になった女性は性別役割分業意識を結果的に変更する（木村邦博　2000）という指摘や，本人が有職であるほど性別役割分業に否定的である（白波瀬　2005）という点が挙げられており，母親のおかれた現状が意識を規定している面を考慮するため，分析ではこれらを統制変数として投入する。

母親側の要因だけでなく，子どもの年齢によっても，親子と家事とのかかわりは異なると想定される。大卒家庭において，子育ての重心は，中学校進学に近づくにつれて多様な経験をさせることから勉強へと移る（Matsuoka 2019）。もっとも子どもが家事をするのは10歳代の前半頃（西村　2021）であり，子どもの学年が高いほど家事実践は少ない（直井　2009，鳥羽・久保　2013）。また，保護者の教育的かかわりは，子どもが相対的に低年齢である時期に多く生じ，かつ社会化効果も大きいと想定される。以上をふまえて，本稿の分析対象は小学生の親子に限定した。

3. データと方法

本稿では，上述の仮説を大規模社会調査データによる計量分析から検討する。データについては，小学1年生から高校3年生の子どもとその保護者を対象とし，回収票のほとんどが親子セットでの回答という特徴をもつ「子どもの生活と学びに関する親子調査」を用いる。本調査は，東京大学社会科学研究所とベネッセ教育総合研究所の共同研究によって2015年度調査（Wave 1）から毎年実施されている。2015年度調査の調査対象者の抽出は，株式会社ベネッセコーポレーションが有する情報をもとに，同社の教材購入者に偏らないよう，学年ごとの購入者比率に合わせたモニター募集がなされた。さらに地域的にも偏りが出ないよう，学校基本調査による学年ごとの児童生徒比率に合わせて，全国を7つに層化して抽出されている。初回調査時の有効回答率は77.7%であり，毎年，小学1年生の子どもと保護者が新規モニターとして追加される。回収サンプルの偏りについては，子どもの教育をテーマにしており，分析に支障をきたすほどではないものの，保護者の学歴が高い傾向がある点については留意が必要である（木村治生　2020）。

次に，分析対象とするデータについて述べる。本稿で注目する性別役割分業意識の変数は2017年度調査（Wave 3）のみに含まれているため，この一変数については2017年度調査を用い，その他の変数については脱落サンプルの少ない2015年度調査を用いた(2)。そのなかで，2015年度時点で子どもが小学生であり，両親がともに同居し，母親が保護者票の調査回答者となっているケースに限定した。分析に使用する変数に欠損値を含むケースを除き，最終的に分析対象となったのは男子2,591人，女子2,689人の合計5,280の母子ペアである。

続いて，変数について述べる。家事を教える行為については，「あなたのお子様に対するかかわりについて，次のことはどれくらいあてはまりますか」という子どものとのかかわりについて問う保護者票の複数の質問項目のなかから，「料理や掃除のしかたを教える」を用いる(3)。この変数は，「とてもあてはまる」から「まったくあてはまらない」までの4件の選択肢で回答されている。具体的な家事の例として，料理と掃除が取り上げられており，それらが様々な家事の中でもある程度の手順や知識が必要とされる点を考慮しても，本分析に適していると考えた。

本分析で注視する母親の性別役割分業意識については，保護者の価値観を尋ねた質問項目のうち，「男性は外で働き，女性は家庭を守るほうがよい」を用いた。これは「とてもあてはまる」から「まったくあてはまらない」までの4件法の変数である。また，統制変数となる母親の学歴についても，大学卒または大学院卒をダミー化して変数を作成した。その他の統制変数は，子どもの学校段階，母親の就業状態，母親の家事負担割合，きょうだい数，祖父母同居ダミーである(4)。

分析では，はじめに各変数の基本的な分布を確認しながら，母親が家事を教えることについての子どものジェンダー差を検討する。そのうえで，家事を教える行為を従属変数とした順序ロジット回帰分析を行う。母親が性別役割分業を支持する場合，その影響は子どものジェンダーによって現れ方が異なると考えられるため，それぞれのモデルで分析する（仮説1，2）。さらに，モデル2として母親の学歴についての変数を追加的に投入し，母学歴の効果を統制した上での母親の性別役割分業意識の影響を検討する。

4. 分析結果

表1に本分析で用いた変数の記述統計量を示す。「料理や掃除のしかたを教える」の分布を確認すると，「とてもあてはまる」は13%，「まああてはまる」は49%，「あまりあてはまらない」は34%，「まったくあてはまらない」は3％であった。さらに，母親が子どもに家事を教える頻度に，子どものジェンダーによる明確な差があることが確認できる。具体的に明示すると，子どもに料理や掃除のしかたを教えること対して，娘をもつ母親が「とてもあてはまる」「まああてはまる」と答えた割合は7割に近い一方で，息子をもつ母親の場合は5割強にとどまっている。また，この変数について「まったくあてはまらない」が非常に少ないため，後述の分析では「あまりあてはまらない」と統合して「あてはまらない」として用いる。3値の変数は，値が大きいほど，母親が頻繁に家事を教えていると解釈する。

次に，独立変数となる，母親の性別役割分業意識を示した「男性は外で働き，女性は家庭を守るほうがよい」について，「とてもあてはまる」と回答した者は2％，「まああてはまる」は23%，「あまりあてはまらない」は52%，「まったくあてはまらない」は22%であった。「あまりあてはまらない」と答えている母親が最多であり，次いで多い「まあてはまる」と併せると7割を超えている。一方で「とてもあてはまる」と答えた母親の割合は非常に少ないため，次の分析ではこれを「まああてはまる」と統合して「あてはまる」という変数を作成し，ダミー化して用いた。

表2では，子どものジェンダーごとに，母親の性別役割分業意識と家事を教える

表１　分析に用いた変数の記述統計量

従属変数：料理や掃除のしかたを教える	合計（%）		男子（%）	女子（%）
とてもあてはまる	13.5		10.7	16.1
まああてはまる	49.2		44.9	53.3
あまりあてはまらない	34.1		39.8	28.6
まったくあてはまらない	3.3		4.7	2.0
$\chi2$=125.710, p=0.000, Cramér's V = 0.154				
独立変数：母親の性別役割分業意識	（%）			
とてもあてはまる	2.4			
まああてはまる	23.1			
あまりあてはまらない	52.2			
まったくあてはまらない	22.3			
コントロール変数	最小値	最大値	平均値	標準偏差
母親大卒ダミー	0	1	0.33	0.47
学校段階				
小学校低学年（１・２・３年生）	0	1	0.55	
小学校高学年（４・５・６年生）	0	1	0.45	
母親就業形態（４群）				
正社員・正職員	0	1	0.15	
非正社員・職員（フルタイム）	0	1	0.07	
非正社員・職員（パートタイム）	0	1	0.42	
無職（専業主婦など）	0	1	0.36	
母親の家事負担割合	0	1	0.89	0.16
きょうだい数	1	7	2.30	0.79
祖父母同居ダミー	0	1	0.14	0.35

N=5,280　うち男子 N=2,591　女子 N=2,689

行為についてのクロス表を示す。クロス表の分析からは，これらの２変数に関連がみられたのは女子の場合に限られた。

次に，「料理や掃除のしかたを教える」を従属変数とした，順序ロジット回帰分析の結果を表３で示す。子どものジェンダーごとに分析を行った結果，母親の性別役割意識は，子どもが男子であっても女子であっても負の効果があり，母親が性別役割分業を支持しているほど，子どもに家事を教えていない傾向が示された。この傾向は，特に女子について顕著であった。

表 2　母親の「性別役割分業意識」と「料理や掃除のしかたを教える」のクロス表

「男性は外で働き，女性は家庭を守るほうがよい」	「料理や掃除のしかたを教える」 男子				女子			
	あてはまらない	まあ あてはまる	とても あてはまる	合計	あてはまらない	まあ あてはまる	とても あてはまる	合計
まったくあてはまらない	43.2	45.1	11.8	100.0	26.6	52.7	20.7	100.0
あまりあてはまらない	43.2	46.5	10.3	100.0	30.8	54.5	14.7	100.0
あてはまる	47.8	41.7	10.5	100.0	33.8	51.3	15.0	100.0
	$\chi 2$=5.585, p=0.232, Cramér's V=0.033				$\chi 2$=16.539, p=0.002, Cramér's V=0.056			

注）行パーセント。
「性別役割分業意識」は「とてもあてはまる」「まああてはまる」を合算して「あてはまる」とした。
「料理や掃除のしかたを教える」は「まったくあてはまらない」「あまりあてはまらない」を合算して「あてはまらない」とした。

母親の学歴を追加的に投入して統制したモデル２でも，母親の性別役割分業意識は有意にマイナスの効果を示しており，この傾向は変わらなかった[(5)]。よって，仮説①は不支持，仮説②は支持された。その他，統制のために投入した変数のうち，きょうだい数が一貫して統計的に有意な効果を示しており，子どもの数が多い家庭の母親ほど，子どもに家事を教えているといえる。

5.　議論

本稿は，母親が子どもに家事を教えるという行為について，母親の性別役割分業意識との関連に着目しながら検討した。まず，家事を教えることそのものの全体的な傾向としては，娘を持つ母親が，息子を持つ母親よりも多く家事を教えていることが示された。裏を返せば，家庭で家事について教わる機会にはジェンダー差があり，男の子は女の子よりも母親から家事を教わる機会に恵まれていない傾向にあるといえる。成人の家事分担の議論においては，夫婦間の収入差や時間的余裕といった観点での説明が試みられることが多いが，本研究から確認できた知見として，母親の子どもに対する家事についての働きかけ自体が多分にジェンダー差を帯びている点を強調したい。このような機会の差が，家事についてどのような社会化効果を生み出し，それらがその後の中学生や高校生の時期，そしてパートナーとの関係における社会化効果とどう関連しているかは，今後検討の余地が十分にあるだろう。

次に，母親の性別役割分業意識に注目し，この意識が家事を教えるという行為にもたらす効果を検討した。当初の仮説では，子どもが女子の場合，性別役割分業を支持する母親ほど，娘の将来を見越して家事を教えることがより多いと考えた。し

表3　順序ロジット回帰分析による分析結果（従属変数：「料理や掃除のしかたを教える」）

	男子				女子			
	モデル1		モデル2		モデル1		モデル2	
	Coef.	S.E.	Coef.	S.E.	Coef.	S.E.	Coef.	S.E.
母親の性別役割分業意識								
まったくあてはまらない［基準］								
あまりあてはまらない	−0.056	0.097	−0.056	0.097	−0.280 **	0.096	−0.290**	0.096
あてはまる	−0.197 †	0.112	−0.197 †	0.112	−0.365 **	0.113	−0.376**	0.113
母親大卒ダミー			0.001	0.080			−0.262**	0.081
学校段階								
小学校低学年（1・2・3年生）［基準］								
小学校高学年（4・5・6年生）	0.148 †	0.076	0.148 †	0.077	0.087	0.075	0.073	0.075
母親の就業形態（4群）								
正社員・正職員［基準］								
非正社員・職員（フルタイム）	0.283	0.179	0.283	0.180	0.171	0.164	0.119	0.165
非正社員・職員（パートタイム）	0.203 †	0.120	0.203 †	0.121	−0.028	0.119	−0.067	0.119
無職（専業主婦など）	0.069	0.125	0.069	0.125	−0.114	0.125	−0.126	0.125
母親の家事負担割合	0.113	0.259	0.113	0.259	0.522 *	0.250	0.482 †	0.250
きょうだい数	0.132**	0.048	0.132**	0.048	0.145 **	0.047	0.141**	0.047
祖父母同居ダミー	−0.075	0.113	−0.075	0.113	0.201 †	0.107	0.188 †	0.107
カットオフポイント1	0.281	0.260	0.282	0.265	−0.241	0.249	−0.414	0.255
カットオフポイント2	2.640	0.266	2.641	0.271	2.258	0.254	2.092	0.259
尤度比 $\chi 2$	21.60*		21.60*		37.10 **		47.64**	
Pseudo R2	0.004		0.004		0.007		0.009	

† $p<0.1$, * $p<0.05$, ** $p<0.01$（両側検定）　男子 N=2,591　女子 N=2,689

かしながら分析結果はむしろ逆であり，性別役割分業を支持する母親ほど，子どもへの家事のはたらきかけを控える傾向が確認された。これは，子どもが特に女子である場合に有意な効果がみられ，母親の学歴を統制しても結果は変わらなかった。つまり，母親自身が性別役割分業を支持するからといって，娘にも積極的に家事を教えこむといったことは確認されなかった。一方で，息子をもつ母親については，性別役割分業意識が低い場合，すなわちリベラルなジェンダー観をもっていたとしても，息子に積極的な家事への関与を促してはいないことが示唆された。このことから推測すると，母親たちは，意識の上では性別役割分業に反対しながらも，実際にジェンダー平等を推進するような行為には至っていないようである。

性別役割分業を支持するほど子どもに家事を教えない傾向がみられた背景には，なにが考えられるのだろうか。ここでは1つの可能性として次のシナリオを議論してみたい。子どもに家事を教えるということは，必ずしも日常的な子どもの家事関与につながるとは限らない。しかし母親にとっては，家事を教えることが，あたかも子どもに家事を代理的に担うことを期待しているふるまいのようにも感じられ，それ自体が「家事は家庭内の成人女性が担うもの」という母親の性別役割分業意識に抵触している可能性がある。こうして性別役割分業を支持する母親は，家事を自身の役割として捉えるがゆえに，子どもは家族の一員でありながら家事へかかわることは求められない。これは，母親による家事のゲートキーピング行動とも捉えられるだろう。

このような傾向は結果的に，子どもの活動を生活の中心に据えることを可能にしている。これは，広田（1999）の「パーフェクトチャイルド」と同時に論じられている，「完璧な母親＝パーフェクト・マザー」の一面でもあるようにも思える(6)。あくまで推測にはなるが，このような母親の背中を見て，子どもたちが「家事＝女性が担うもの」という結び付けしている可能性も考えられるのではないか。母親の様子を観察し，模倣するというモデリング効果は，ジェンダー役割の再生産のキーメカニズムとされている（Cunningham 2001）だけに，さらなる検討が必要な点である(7)。

本稿では，子どもの家事の実践をアウトカムとしていた既存研究とは異なり，母親側の行為に着目した結果，母親のジェンダー観がもたらす意外ともいえる帰結が提示された。しかし再度強調したいのは，その土台にある，女の子は男の子よりも母親から家事を教えられることが多いという，明確なジェンダー差の存在である。子どもの進路選択や将来像におけるジェンダー差の背景には，このような家事への距離感の違いが根底にあるのではないだろうか。

おわりに，本稿の限界と今後の課題について述べる。まず，本分析では，母親が子どもにはたらきかけるという図式を前提としていたが，子どもが自発的にお手伝いなどに関心を示し，母親に料理を教えてもらうという可能性も想定されうる。また，今回は母親に焦点をあてたため，データの限界から父親の情報についてはほとんど検討できていない。父親については，子どもとの同居ケースに分析対象を限定したこと，夫婦間での家事分担を統制した検討に留まったが，モデリング効果の観点からも，父親の家事への関与についてさらなる検証が求められるだろう。そして，本分析は家族間での比較であったが，同一家族内の異性のきょうだいに対する母親のかかわりを比較した場合，同様の結果が得られるか否かについても検討が叶っていない点が挙げられる。最後になるが，今後の課題として，ケア領域の選好など文理選択における性別専攻分離や，将来展望におけるジェンダー差を考えるにあたって，子どもの家事という視角からのさらなる検討の必要性を指摘しておきたい。

〈付記〉

本研究の分析にあたり，東京大学社会科学研究所附属社会調査・データアーカイブ研究センターSSJデータアーカイブから「子どもの生活と学びに関する親子調査Wave 1～4，2015-2019」（ベネッセ教育総合研究所）の個票データの提供を受けました。また本研究は，JST 次世代研究者挑戦的研究プログラム JPMJSP2108 の支援を受けたものです。

〈注〉

(1) この点については，子どもが家事をすることを母親のはたらきかけの結果として解釈した検討がなされているが，一貫した結論は出ていない。例えば，西村（2021）は母親の学歴と子どもの家事遂行との関連を検討しており，短大以上の高学歴の母親が娘について，ケア役割＝家事から解放するような働きかけをしていることを示唆している。スウェーデンの子どもの家事について検討したEvertsson（2006）も，同様の結果を示している。一方で，息子について，母親が高学歴であることは，男子の家事頻度とは明確な関連がみられなかったという（西村　2021，Evertsson 2006）。一方で，Cordero-Coma & Esping-Andersen（2018）は，母親の学歴は息子の家事を促すが，娘の家事をより少なくする方向には促さないと指摘している。ほかにも，親が高学歴であるほど男子に家事をさせている（品田　2004）という指摘がある。

(2) 本分析では，子どもに家事を教えることは母親の性別役割分業意識に影響を与えず，この2時点間で不変として扱う。また，Wave 3の協力依頼については，Wave 1とWave 2のいずれかに回答した者に調査モニターを絞っている（木村治生　2020）。調査継続におけるサンプルの脱落については，量的・質的の側面から見ても継続回答のゆがみはほとんど見られない（岡部　2020）。

(3) 本調査で，子どもとのかかわりで家事について保護者に尋ねた項目はこの設問に限られている。

(4) きょうだい数と祖父母同居の有無は，家事の総量や担い手に影響しうるとして投入した。母親の家事負担割合については，配偶者との分担の割合を「0割」「1～2割」「3～4割」「5割」「6～7割」「8～9割」「10割」の7択から選択する形式である。これらを母親の家事負担として捉え，それぞれ「0」「0.15」「0.35」といったように，幅のあるものは中央値を取りながら0から1までの数値に変換して用いている。本稿では母親が回答したケースを分析対象としているため，調査票の構成上，母親からの間接的な情報ではあるが，父親の家事を統制する唯一の変数として投入している。

(5) モデル2で追加的に投入した母学歴についての結果を以下に述べる。娘をもつ母親の学歴が大卒以上の場合，家事を教える頻度は少ない傾向がみられた。この結果は，高卒以下の学歴である母親ほど娘に家事を教える傾向にある，という解釈も可能である。西村（2022）によると，高学歴層の母親は家事とは別に子どもに関わる時間を確保しようとし，低学歴層の母親は，家事をしながら子どもの教育の面倒をみているという。それゆえ，低学歴層の母親は，家事について子どもに教える機会も多いと想定でき，このような母親と子どものかかわりかたの違いが分析結果に現れたと捉えることもできる。低学歴層の母親は家事について子どもに教える機会が多いと想定され，母親と子どもとのかかわりかたの違いの一つとも捉えられる。その一方で，息子をもつ母親については，母親の学歴との間に有意な関連が確認されなかった。スウェーデンの子どもの家事についても同様の結果が得られているが，その背景としてEvertssonは母親学歴と家事サービスの購入可能性の関係について言及しつつも，それらは高価であり，一般的ではないと述べてられている（Evertsson 2006）。また，今回は大学卒，大学院卒を大卒ダミーとして用いたが，高卒以下，専門学校・各種学校，短期大学，大卒以上の4カテゴリをダミー化して投入した分析を行ったところ，有意な効果がみられたのは大卒以上の変数のみであった。

(6) しつけに熱心とされている高学歴の母親は，子どもに家事を教えることについては消極的なようである。むしろ，娘をもつ高学歴の母親は家事を教えない傾向にあった。これは，先述の西村（2021）の指摘とも整合的である。

(7) モデリング効果については，家事において同性の親子間でより顕著である（McHale et al. 1990）。家事をする父親は息子のロールモデルとなり，息子の家事実践を増やす（西村　2021）という指摘もある。

〈引用文献〉

Allen, Sarah, M. and Hawkins, Alan, J., 1999, "Maternal gatekeeping: Mothers' beliefs and behaviors that inhibit greater father involvement in family work," *Journal of Marriage and the Family*, Vol.61, No.1, pp.199-212.

新井眞人，1993，「子どもの手伝いの変化と教育」『教育社会学研究』第53集，pp.66-86.

Bandura, Albert, 1977, *Social learning theory*, Englewood Cliffs: Prentice Hall.（=1979，原野広太郎監訳『社会的学習理論：人間理解と教育の基礎』金子書房）.

Blair, Sampson, L., 1992, "Children's participation in household labor: Child socialization versus the need for household labor," *Journal of Youth and Adolescence*, Vol.21, No.2, pp.241-258.

Cunningham, Mick, 2001, "Parental influences on the gendered division of housework," *American Sociological Review*, Vol.66, No.2, pp.184-203.

Cordero-Coma, Julia and Esping-Andersen, Gøsta, 2018, "The intergenerational transmission of gender roles: Children's contribution to housework in Germany," *Journal of Marriage and Family*, Vol.80, No.4, pp.1005-1019.

Dotti Sani, Giulia, M., 2016, "Undoing gender in housework? Participation in domestic chores by Italian fathers and children of different ages," *Sex Roles*, Vol.74, pp.411-421.

Evertsson, Marie, 2006, "The reproduction of gender: housework and attitudes towards gender equality in the home among Swedish boys and girls," *The British Journal of Sociology*, Vol.57, Issue 3, pp.415-436.

原純輔・肥和野佳子，1990，「性別役割意識と主婦の地位評価」岡本英雄・直井道子編『現代日本の階層構造④女性と社会階層』東京大学出版会，pp.165-186.

林川友貴，2015，「女子中学生の家庭優先志向の形成メカニズムの検討—母親と娘の意識の相互依存性を考慮した二者関係データの分析から」『家族社会学研究』第27巻第２号，pp.127-138.
広田照幸，1999，『日本人のしつけは衰退したか』講談社.
木村治生，2020，「「子どもの生活と学び」研究プロジェクトについて——プロジェクトのねらい，調査設計，調査対象・内容，特徴と課題」東京大学社会科学研究所・ベネッセ教育総合研究所編『子どもの学びと成長を追う—２万組の親子パネル調査から』勁草書房，pp.3-26.
木村邦博，2000，「労働市場の構造と有配偶女性の意識」，盛山和夫編『日本の階層システム４　ジェンダー・市場・家族』東京大学出版会，pp.177-192.
McHale, Susan, M., Bartko, Todd, W., Crouter, Ann, C., and Perry-Jenkins, Maureen, 1990, "Children's housework and psychosocial functioning: The mediating effects of parents' sex-role behaviors and attitudes," *Child development*, Vol.61, No.5, pp.1413-1426.
Matsuoka, Ryoji, 2019, "Concerted cultivation developed in a standardized education system," *Social Science Research*, Vol.77, pp161-178.
三輪聖子，2000，「子どもからみた親との関係—子どもの手伝いをめぐる親子関係を中心に」『教育期の子育てと親子関係』神原文子・高田洋子編『教育期の子育てと親子関係』，ミネルヴァ書房，pp.102-116.
直井道子，2009，「子どもの家事手伝いとジェンダー—手伝いと自己像，将来像との関連で」直井道子・村松泰子編『学校教育の中のジェンダー—子どもと教師の調査から』日本評論社，pp.56-69.
西村純子，2021，「ふたり親世帯・母子世帯の子どもの家事ときょうだいの世話」労働政策研究・研修機構編『労働政策研究報告書 No.208 仕事と子どもの育成をめぐる格差問題』，pp.65-82.
————，2022，「親子のかかわりの学歴階層間の差異——労働時間・家事頻度との関連に着目して」『社会学評論』第72巻第４号，pp.522-539.
西岡八郎，2004，「男性の家庭役割とジェンダー・システム—夫の家事・育児行動を規定する要因」目黒依子・西岡八郎編『少子化のジェンダー分析』勁草書房，pp.174-196.
額賀美紗子・藤田結子，2022，『働く母親と階層化—仕事・家庭教育・食事をめぐるジレンマ』勁草書房.

岡部悟志，2020,「『親子パネル調査』におけるサンプル脱落の実態と評価」東京大学社会科学研究所・ベネッセ教育総合研究所編『子どもの学びと成長を追う—２万組の親子パネル調査から』勁草書房，pp.27-33.

Penha-Lopes, Vânia, 2006, "To cook, sew, to be a man": The socialization for competence and Black men's involvement in housework," *Sex Roles*, Vol.54, Nos.3/4, pp.261-274.

Raley, Sara and Bianchi, Suzanne, 2006, "Sons, daughters, and family processes: Does gender of children matter?" *Annual Review of sociology*, Vol.32, pp.401-421.

佐藤香，2009,「自由時間の使い方にみる男女の違い」Benesse 教育研究開発センター編『研究所報　放課後の生活時間調査報告書—小・中・高校生を対象に；学年別や性別にみる生活時間と意識』55巻，pp.25-34.

品田知美，2004,「子どもに家事をさせるということ——母親ともう１つの教育的態度」本田由紀編『女性の就業と親子関係—母親たちの階層戦略』勁草書房，pp.148-166.

白波瀬佐和子，2005,『少子高齢社会のみえない格差—ジェンダー・世代・階層のゆくえ』東京大学出版会.

多賀太，1993,「家事に関する意識の形成—家事に対する志向と家族生活」『九州教育学会研究紀要』第21巻，pp.113-120.

鳥羽波峰・久保桂子，2013,「小学生の家事参加に影響する要因と家事参加を促進する家庭科の授業」『日本家庭科教育学会誌』第55巻第４号，pp.227-236.

ABSTRACT

What Kind of Mothers Train Their Children to Do Household Chores?: An Empirical Examination of Attitudes toward the Gender Role Division of Labor

In the few discussions of housework and gender studies that have focused on children, gender differences have been widely reported, with girls doing more housework than boys. However, it can be pointed out that behind children's housework, various factors, such as parental substitutions and discipline, are intermingled.

In this paper, we focus on mothers' efforts to teach their children housework in the home, which is considered an important place for learning gender roles, and examine the relationship with the attitudes toward the gender role division of labor. If mothers who support the notion that "it is preferable that men engage in paid work and women in housework", they might actively teach their daughters household chores, while they are reluctant to teach their sons. If that is the case, mothers may contribute to reproducing the gender role in the next generations.

For the analysis, I used a data from the Japanese Longitudinal Study of Children and Parents 2015 and 2017 by the Institute of Social Science at the University of Tokyo and Benesse Educational Research and Development Institute. The survey includes parent-child pair data for Japanese elementary school students nationwide. I predicted the hypothesis that the more mothers support gender-role on housework, the more they train their daughters in housework (Hypothesis 1), and the less they train their sons (Hypothesis 2). The dependent variable is "Train children in cooking or cleaning", and the independent variable is to what extent mother supports the view on the gender roles. Control variables include children's school year (2 groups), mother's educational background, mother's share of housework between the couple, mother's employment status and work style, number of siblings, and whether the children live with their grandparents.

Firstly, it was confirmed that mothers of girls teach their children housework more frequently than mothers of boys. Applying ordered logistic regression model, this tendency was robust even after taking into account various factors such as the family structures. Contrary to the hypothesis 1, the more mothers supported the gender role, the less frequently they taught their children household chores. This tendency was rather clear for girls. Hypothesis 2 is supported for sons' result. This tendency remained even when the mother's educational background was controlled. In the end, the results suggest that mothers who support gender role division of labor do not tend to teach their children housework in the first place.

Analysis of parent-child pair data for Japanese elementary school students shows that there is a clear gender difference in teaching housework to children, with mothers of daughters more likely to teach their children than mothers of sons. On the other hand, contrary to the hypothesis, the more mothers supported the gender role division of labor, the less likely they were to teach their children household chores. In order to unravel the socialization of gender roles, further research is needed from the perspective of housework.

Keywords: Children's housework, gender roles, parenting

教育社会学研究第114集（2024）

教育態度に対する社会階層と親族ネットワークの影響

――階層とネットワークの教育社会学――

荒牧　草平

【要旨】

教育態度は，社会学的研究において，主に教育達成の階層差を生み出す媒介要因の１つとして着目されてきた。しかし教育の目的に関する理論的考察やソーシャルネットワークに関する研究成果をふまえると，以下の２つの方向で発展の可能性がある。第１に，着目する教育態度の対象を，子どもに教育・地位達成を求める態度に限定せず，社会貢献を求める態度にまで広げることであり，第２に，検討すべき背景要因の範囲を，親自身の地位や資源だけに限定せず，そのソーシャルネットワークにまで拡張することである。

以上の問題意識に基づき，子育て中の親を対象とした調査データを用いてログリニア・モデルによる探索的分析を行った結果，以下の点が明らかとなった。１）従来から注目されてきた地位達成志向は，確かに階層と関連するが，それとは独立に競争的ネットワークの規模とも正の関連を持つ。２）従来は見過ごされてきた社会貢献的な子育て志向には，協力的ネットワークの規模のみが正の関連を持つ。３）肯定的養育態度には，競争的ネットワークの規模のみが負の関連を持つ。４）地位達成志向の強い者は否定的養育態度を取りやすい。これらの結果は，私的で協力的な人間関係が向社会的な教育態度を形成する可能性や，教育達成の多世代効果の背景には競争的な親族関係が作用している可能性，および，核家族外の育児資源を充実させる際には，それらの資源と子どもの親との関係性に配慮すべきことを示唆する。

キーワード：ソーシャルネットワーク，向社会的態度，競争的ネットワーク

大阪大学

1. 問題設定

1.1. 「階層と教育」研究の射程

教育態度に関する教育社会学的研究は，主に「階層と教育」という研究枠組において行われてきた。ここでの「教育」とは教育達成，すなわち学力や学歴の達成を意味しており，教育態度は子の達成と親自身の階層をつなぐ媒介要因として問題にされてきたのである（図１の破線枠内）。特に注目を集めてきたのは，Lareau (2003) による，中産階級では全面的で計画的な教育が行われるのに対し，労働者階級では自然な成長に任せる子育てがなされているという指摘になる。日本でも，Lareau に触発された本田（2008）を皮切りに，長期にわたる質的・量的調査に基づく伊佐編（2019）等，実証研究が積み重ねられてきた。いずれも階層による教育態度の違いがもたらす子どもの教育達成の格差に主な関心を寄せている[(1)]。

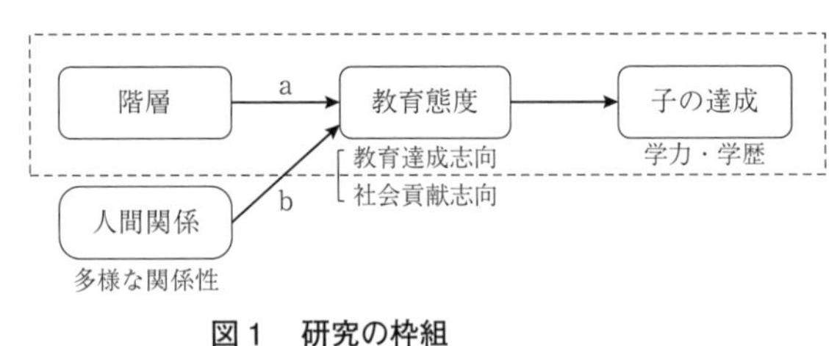

図１　研究の枠組

注）［破線枠］は「階層と教育」研究の枠組

1.2. 「教育」のもう1つの側面

教育達成が職業的地位や所得，様々なライフチャンスと強く関連する現代社会において，上記のような研究の社会的重要性は疑いようがない。また，個々の家庭において親が子どもの教育・地位達成を望むこと自体も何ら批判されるべきことではない。しかし，個人主義的な学力や学歴の達成を重視する一方で，「教育」のもう１つの重要な側面が忘れられているとしたら問題であろう。

個人主義的な成功や幸福の追求は，他者への配慮のなさや共同体への無関心と結びつく，といった危惧はたびたび表明されてきた（Bellah et al. 訳書　1991，野平　2000，池田　2005）。その背後には，個人主義的な利益追求を支える功利的個人主義が，「他者との関係を競争的で自己と対立的なものととらえ，他者にじゃまされることなく，また，他者から隔絶して，自分の計画や筋書きどおりに人生を実現していく個人を理想像」(池田　2005, p.102) としている，という認識がある。

換言すれば，自分（達）のことだけでなく，他者や共同体のためを考え，協力して社会を運営していくことも重要であり（Bellah et al. 訳書　1991，池田　2005)，そうした価値を伝達し共同体を維持・存続させることも教育の重要な目的になる(野平　2000)。ところが，家庭背景と教育態度との関連を問う教育社会学的研究では，こうした側面に関する親の教育態度が取り上げられることは稀である。これをふまえ，本稿では，社会貢献的な教育態度に着目することを第1の課題としたい。

自分だけでなく他者や共同体のためを考えることを，個人の性質として言い換えれば利他主義（altruism）になる。利他主義についてはAuguste Comteも言及していたように，社会学の創成期から議論されており，その代表と言えるボランティア行動などの向社会的行動については，アメリカを中心に計量研究の歴史がある(三谷　2015)。一方，日本では向社会的行動の計量研究はほとんど行われてこなかったが，三谷は精力的に研究を行い，ボランティア行動などの向社会的行動に対して，階層要因の影響は弱く（三谷　2014)[2]，学校教育による社会化効果も認められないが[3]，子ども期における近所の大人による人助けや母親の宗教参加が統計的に有意な関連を持つ（三谷　2013）ことを明らかにした。ここで興味深いのは，人助けをする近所の大人に囲まれて育つことが効果を持つという知見である。これは，核家族に限らない人間関係（ソーシャルネットワーク）による社会化効果を示唆する。一方，向社会的行動を生成・維持する社会的メカニズムに関するレビュー論文（Simpson and Willer 2015）は，ネットワークが，感情的なコミットメント，道徳的義務感覚，相手の福祉への関心，他者のしがちな行動に対する不確実性の減少などを通じて，向社会性を生み出す傾向を持つと指摘している。

1.3. ソーシャルネットワークへの着目

このように，ソーシャルネットワークは，個人の向社会性の形成（三谷　2013）にも，向社会的行動を生成・維持する社会的メカニズム（Simpson and Willer 2015）にも関与し得るが，「階層と教育」研究の枠組を踏襲してきた教育態度の研究には，こうしたネットワークの観点がほとんど組み込まれてこなかった。

ただし，「階層と教育」研究の分野でも，上記の見方を適用可能な分析がなされていることは指摘しておきたい。Mare（2011）の問題提起などをきっかけに，近年，教育達成に対する多世代にわたる親族の影響（Multigenerational Influences）に着目した実証研究がさかんに行われている。これは視点を変えれば，親の階層的属性だけでなく，その人間関係が影響する可能性（図１の矢印ｂ）を示唆する。たとえば，親族内で教育達成に有利な知識や考え方（ハビトゥス）が伝達されているとしたら，誰とのどのような交際が親の教育態度の形成に強く関与するのかなどネットワークの観点からもアプローチが可能である。ところが，これらの研究の焦点は，あくまで階層的地位や資源による影響（図１の矢印ａ）の起源を多世代へと遡ることにあり，親と親族との関係性（矢印ｂ）にはあまり関心を寄せてこなかった。

これに対し，社会関係資本（ソーシャルキャピタル）概念を用いた研究の中には，人間関係が教育や子育てに与える影響に着目したものもある。この概念が非常に多義的な点には注意を要するが，稲葉（2011a）によれば，多くの研究はネットワークが信頼や協同的行動を生み出す側面に着目している。信頼や協同は社会貢献的な教育態度との親和性が高いと予想されるため，その関連性が研究されていてもよいはずだが，日本の教育社会学研究で注目を集めたのは，保護者や学校の社会関係資本（つながり）が子どもの学力と関連すること（志水　2014など）であった。つまり，図１の矢印ｂに着目しつつも，主な関心は子どもの教育達成への影響に向けられてきたのである。これは，社会関係資本に関する研究のうちでも，ネットワークに存在する資源や資本が個人の地位達成や生活状況に関与するとするLin（訳書2008）やBourdieu（1986）の関心に近い。しかし，社会関係資本概念が方法論的個人主義の限界と行き過ぎた個人主義への反省から注目されてきた（辻・佐藤2014）とすれば，こうしたとらえ方は，やや限定的だと言える。もちろん，この他にも地域の社会関係資本や学校への信頼，幸福感との関連なども検討されており（露口編　2019），マクロな協調行動や一般的信頼を扱ったPutnam（訳書　2001）の研究や，家族内外のつながりが持つ教育効果に着目したColeman（訳書　2006）の議論にも言及されているが，やはり社会貢献的な教育態度との関連は検討されてこなかった。また，社会関係資本は，前述の通り信頼や協力など肯定的な影響を及ぼすものと前提され，負の影響を持ち得ると想定する研究は少ない。しかし，日本の社会関係資本研究を牽引してきた稲葉（2011b）が指摘したように，社会関係資本にも「ダークサイド」は存在し得る。また，ネットワークがストレスなど負の影響を及ぼし得ることは，日本でネットワーク概念が用いられ始めた当初から指摘されていた（目黒　1988）。

他方，家族社会学分野では，育児ネットワークに関する研究の蓄積がある。ただし，その関心は，乳幼児の育児を行う母親に対する支援的ネットワークの作用に集中している（落合　1989，松田　2008など）。子どもが幼いうちは世話などの支援が特に重要であることから，こうした動向は理解できる。ところが，子どもの成長につれて，親の関心は，単に健康に育ってくれることから，自らの期待する性質を獲得させることへと移り変わっていく。したがって，ネットワークの影響が，支援以外の側面に広がっている可能性も検討すべきである。たとえば，周囲の子育ての様子や教育方針を参考にしたり，子どもの成果を比較し合ったり，同調を要求されたりすることが，教育態度に正負の影響をもたらすという指摘もある（金　2007，荒牧　2019，2023）。Merton（訳書　1961）の準拠集団論を振り返ってみても，周囲の人々を手本にしたり（規範的準拠），互いに比較し合ったり（比較的準拠）するなどの多様な関係性が，教育態度に様々な影響をおよぼし得るという説明は納得できる。

以上をふまえ，教育態度に対する多様なネットワークの影響（図１ｂの矢印）に着目することを本稿の第２の課題としたい。

1.4.　研究課題と目的

ここまでの整理から明らかなように，教育態度に関する社会学的研究には，少なくとも次の２つの発展可能性がある。第１に，着目する教育態度を，子どもに教育・地位達成を求める態度に限定せず，社会貢献を求める態度にまで広げることである。第２に，検討すべき背景要因の範囲を，親自身の地位や資源だけでなく，そのネットワークにまで拡張することである。考えてみれば，地位達成であれ社会貢献であれ，教育態度には親自身の階層的地位や資源だけでなく，周囲の人びととの関わり方が影響すると想定することは，ごく常識的なとらえ方だと言える。ところが，この点を検討可能なデータが存在しなかったこともあり[(4)]，研究はあまり進展していない。そこで本稿は，これら２点を検討可能な調査データを用いて，親の教育態度の形成背景を探索的に解明することを目的とする。

2.　研究方法

2.1.　データ

上記の研究課題を遂行するため，子育て中の親を対象に，教育態度・社会階層・ネットワークに関する情報を聴取した『子育て世代の人づきあいと希望に関する調査』のデータを用いる。調査対象は，南関東の一都三県（埼玉県・千葉県・東京都・神奈川県）に居住する，小中学生の子どもを持つ女性1,200名になる。対象を女性に限定したのは，現代の日本社会では，未だ，主に女性が子育てを担っていることによる[5]。調査は，住民基本台帳からの層化二段無作為抽出法によるサンプリングに基づき，2021年９月から10月にかけて郵送法によって実施され，715名から回答を得ている。調査可能な1,184名[6]に対する回収票数の割合は60.4%になる。ただし，分析に用いたのは，使用するすべての質問に有効回答の得られた617ケースである。調査対象の範囲は限定されているものの，同様の先行調査は存在せず，ランダムサンプリングに基づく郵送調査としてまずまずの回収状況であることから，本データの分析にも意味があると考えられる。ただし，育児ネットワークに関する研究では，ネットワークの様相や影響は地域によって異なるとの指摘もあるため（前田　2008，松田　2008），今回は南関東の女性のケースとして理解する必要がある。

2.2.　教育態度の指標

子どもに地位達成や社会貢献を求める態度をとらえるため，子どもの将来の職業や生き方への期待に関する質問を取り上げる。具体的には，「お子さんの将来には，どのような希望を持っていますか」という問いに対して，「とにかく高収入の仕事についてほしい」「できるだけ高い学歴を得て欲しい」「世間的な評価の高い仕事についてほしい」「人の役に立つ仕事をしてほしい」「進んで人を助けられる人になってほしい」の５項目について，「そう思う」から「そう思わない」までの４段階で回答された結果を用いる。このうち最初の３項目は子どもに高収入・高学歴・高地位を求める傾向であり，後の２項目は社会貢献的な仕事や行動を求める傾向とみなせる。それぞれ，肯定的な回答ほど値が高くなるように１から４の値を与えて主成

表１　子育て志向に関する主成分分析

	地位達成志向	社会貢献志向
高収入の仕事	0.52	−0.24
できるだけ高学歴	0.53	−0.24
評価の高い仕事	0.54	−0.17
人の役に立つ仕事	0.35	0.56
人を助ける人	0.20	0.74
固有値	2.21	1.21
寄与率（%）	44.2	24.2

分分析を行ったところ，表1の通り，固有値1を超える主成分が2つ抽出された。そこで第1主成分を地位達成志向，第2主成分は社会貢献志向と名づけ，これらの得点を分析に用いる。

ところで，上記のような価値志向を持つ人々は，実際にはどのような子育てをしているのだろうか。とりわけ，地位達成志向との関連で気になるのは，この志向性に基づいて親が過剰に「教育熱心」となった場合に，適切な親子関係が築きにくいのではないかという点である。こうした危惧は「受験競争」が社会問題化した1970年代から指摘されており（二関　1971），近年では「教育虐待」というセンセーショナルな言葉で語られることもある。このような関心に対応して，調査では，過去1年間に「子どもを無視すること」「手や体を叩いて叱ること」「子どもが傷つくようなことを言うこと」の頻度（「よくある」から「まったくない」の4段階）をたずねている。頻度の高い回答ほど得点が高くなるように1から4の値を与えて主成分分析を行った結果，固有値1.8で寄与率60.4％の第1主成分が抽出された。これは否定的な養育態度をとらえていると考えられる。以後の分析では，これを反転させて肯定的な養育態度の指標として用いる(7)。

2.3. ネットワークの測定方法

先述の通り，従来の研究は，ネットワーク構成員同士で互いに信頼し協力し合う関係や，幼い子どもを持つ母親に対するネットワーク構成員からの支援，そして互いに比較したり行動を規制したりする関係に着目してきた。このうち子どもの世話などの支援については既に多数の研究実績があり，また小中学生になると乳幼児期に比べればその重要性も低下することから，本稿では支援以外の関係に着目していく。なお，先述した先行研究も含め，多くの研究がネットワークの基本的な特性としてネットワークの規模を取り上げてきた。したがって，本稿でも，様々な働きをするネットワークの規模に着目していく。

ネットワークの測定において，もう1つ考慮しておくべきなのが紐帯種別になる。Wellman and Wortley（1990）は，ネットワーク構成員との紐帯種別（types of ties）――親族・近隣・友人・同僚などの別――によって，受けられる支援が異なることを指摘した。これを参考にすれば，支援以外の面でも紐帯種別によってネットワークの働きは異なると予想される。ここで，本稿は「階層と教育」研究とネットワーク研究の接合を試みているが，特に多世代効果に関する研究（Mare 2011など）との関連からは，親族との関係性――親族成員の階層特性だけでなく交際の様相――がもたらす影響を明らかにすることが特に重要になる。したがって，ここでは親族との様々な交際状況に関するネットワーク規模に焦点化することとしたい。

調査では，親族のうち「子育てや子どもの教育についてよく話す方々」の中で，「協力して仕事や用事ができる方」「喜びや悲しみを共有できる方」「人として信頼できる方」「子育ての考え方が参考になる方」「子ども同士の成長や成績を比べる方」「家庭の豊かさや持ち物を比較したがる方」「同じ様に行動する事を求めてくる方」という合計7項目に該当する相手が何人いるかをたずね，「いない」「1～2人」「3～4人」「5人以上」から回答を得ている。ただし，実際には同じ人物と複数の関係を取り結んでいる場合が多く，7つのネットワークには重複があると予想される。そこで相関係数から相互の関連を確認すると，表2の通り，「協力できる」「気持ちを共有できる」「信頼できる」「子育てが参考になる」の4項目相互の間，および，「子の成長や成績を比較」「家庭の豊かさを比較」「同調を要求」の3項目相互の間に，それぞれ強い結びつきが認められる。そこで，これら2つの変数群毎に主成分分析を適用して合成指標を作成した[8]。このうち前者は協力的なネットワークの規模を，後者は競争的なネットワークの規模をとらえていると考えられる。以下の分析では，これらの主成分得点を2種類のネットワーク規模の指標として用いる。

表2　ネットワーク規模の相関行列

	協力	気持ち	信頼	参考	子比較	家比較	同調
協力できる	1.00						
気持ちを共有できる	0.67**	1.00					
信頼できる	0.64**	0.83**	1.00				
子育てが参考になる	0.56**	0.60**	0.61**	1.00			
子の成長や成績を比較	0.03	0.04	0.02	0.08*	1.00		
家庭の豊かさを比較	0.00	−0.03	−0.05	0.07	0.54**	1.00	
同調を要求	0.14**	0.14**	0.10**	0.18**	0.34**	0.25**	1.00

注）*$p < .05$　**$p < .01$

2.4.　階層指標

回答者の階層的属性を表す指標としては，本人の学歴（教育年数），世帯年収（対数値）[9]，蔵書数[10]の3項目に着目する。ただし，本稿の関心は，様々な階層要因の相対的重要度の比較ではなく，階層とネットワークがそれぞれ教育態度とどのように関連するかを問うことにある。また，各階層属性間には一定の相関関係も認められることから，分析には主成分分析によって合成した総合階層指標を用いる(11)。

2.5. 分析手法

本稿は，これまでに分析されたことがない，社会階層・協力的ネットワーク・競争的ネットワーク・教育態度という４変数（教育態度同士の関連も考慮すれば６変数）相互の関連構造を探索的に解明することを目的としている。したがって，こうした複雑な関連構造の解明に適した，ログリニア・モデルによる分析を行う。なお，４次元以上のクロス集計表を作成するには，各セルに割り当てられるケース数を確保するため，各変数のカテゴリー数はなるべく少ない方がよい。幸い本稿で用いる変数は，すべて主成分得点として構成されたものであり，分布の偏りが出ないように再カテゴライズすることが可能である。ここでは，結果のわかりやすさを考慮して，いずれも分布を２等分する２値変数に変換することとした(12)。もちろん，２値に縮約することで変数間の関連が弱く検出される可能性はあるが，微弱な関連は捨象し，それでも見出される明確な関連構造に着目できるメリットがある。本稿のような探索的研究には適した分析方法だと言えるだろう。

3. 分析結果

3.1. 基礎的な集計結果

ログリニア・モデルによる分析を行う前に，階層やネットワークの指標が各教育態度とどのような関連を持つのか，クロス集計の結果から確認しておこう。図２は，

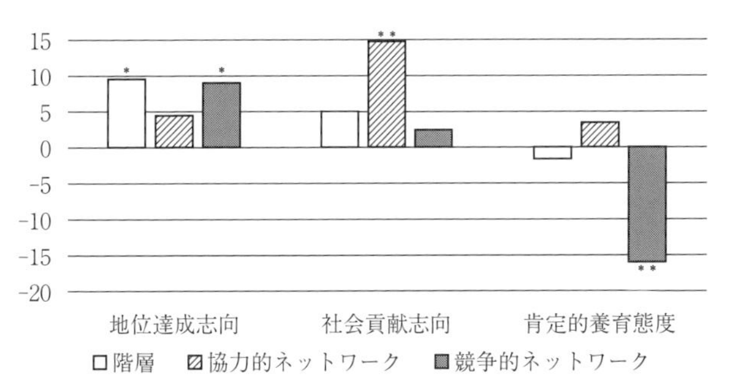

図２　階層および各ネットワーク規模と教育態度の関連

注）値は各変数におけるカテゴリー間の比率の差．$^{*}p < .05$　$^{**}p < .01$

3つの教育態度変数について，階層指標および2つのネットワーク指標とのクロス集計の結果を要約したものである。それぞれの教育態度を取る傾向が強い比率について，各指標のカテゴリー間の差（上位から下位の比率を引いた値）を図示したものになる。ここから，たとえば一番左端の要素を見ると，階層の高い者の方が低い者より約10%ポイント地位達成志向が強い傾向にあるとわかる。結果は以下のように要約できる。1）階層の高い者は地位達成志向が強い。2）協力的ネットワークが豊富な者は社会貢献志向が強い。3）競争的ネットワークが豊富な者は地位達成志向が強く，また肯定的養育態度を取りにくい（否定的養育態度を取りやすい）。

3.2. ログリニア・モデルによる分析結果

上記の結果が各変数相互の関連を考慮しても認められるのか，ログリニア・モデルによって検討しよう。なお，4変数以上の場合に構築可能なモデルの数は膨大となり，すべてを確認することはほぼ不可能であるため，対象モデルは研究目的に合わせて適切に設定する必要がある（太郎丸　2005）。ここでは階層指標と2つのネットワーク指標が，それぞれ教育態度とどのように関わるかを明らかにすることが目的なので，初めにこれら3指標間の関連を解明しておくことが有効だろう。

表3がログリニア・モデルの結果になる[13]。Sは階層，N_1は協力的ネットワーク，N_2は競争的ネットワークを意味しており，［　］で囲われた変数間には関連があり，それ以外は独立であることを意味する。たとえば，モデル1の［S］［N_1］［N_2］は3変数が相互に独立であることを，モデル2の［SN_1］［N_2］は階層と協力的ネットワークは関連するが，どちらも競争的ネットワークとは独立であることを意味する。

モデルを選択する第1の基準はデータへの適合度であり，尤度比統計量（G^2）および自由度と有意水準から判断される。なお，パラメータ数を増やすほどデータ

表3　階層とネットワークのログリニア・モデル

モデル	G^2	df	p	AIC
1 ［S］［N_1］［N_2］	7.0	4	.138	−1.0
2 ［SN_1］［N_2］	6.9	3	.076	0.9
3 ［SN_2］［N_1］	6.5	3	.088	0.5
4 ［S］［N_1N_2］	1.6	3	.670	−4.4

注）S：階層指標　N_1：協力的ネットワーク　N_2：競争的ネットワーク

への適合は良くなるが，逆にモデルは複雑となり解釈が困難となりやすい。そこで第２の選択基準としてモデルの節約性が考慮される。それを評価する指標が適合度をパラメータ数で調整した赤池情報量規準（AIC）で，値が小さいほど良いモデルとみなされる[14]。パラメータ数を増やして適合度を改善することと，自由度の高い節約的なモデルを評価することは相反するため，２つの選択基準が選ぶモデルは必ずしも一致しない。ただし，表３ではどちらの指標からも，２つのネットワーク間の関連を想定したモデル４が最適だと判断される。つまり，どちらのネットワークも階層とは独立だと考えてよい。ちなみに，モデル４における個々のセルの標準化残差を確認すると，絶対値が1.96を超えるケースは１つもないことから，これ以上の複雑なモデルを検討する必要はないと判断できる。

次に，表４から，各教育態度を考慮した４変数のログリニア・モデルを検討しよう。モデル１は，先の結果をふまえ，ネットワーク同士の関連［N_1N_2］のみを想定し，階層もネットワークも教育態度［Y］とは独立であることを意味する。このモデルを基準に，教育態度に対するどの指標の関連を考慮すべきかを検討していく。モデル２から４は，階層とネットワークの各指標が，それぞれ教育態度と関連することを考慮したモデル，続くモデル５と６は，階層と教育態度の関連［SY］を前

表４　教育態度を加えたログリニア・モデル

a. 地位達成志向

	モデル	G^2	df	p	AIC
1	［N_1N_2］［S］［Y］	14.2	10	.165	−5.8
2	［N_1N_2］［SY］	8.5	9	.484	−9.5
3	［N_1N_2］［S］［N_1Y］	13.0	9	.165	−5.0
4	［N_1N_2］［S］［N_2Y］	9.2	9	.423	−8.8
5	［N_1N_2］［SY］［N_1Y］	7.3	8	.506	−8.7
6	［N_1N_2］［SY］［N_2Y］	3.5	8	.900	−12.5

b. 社会貢献志向

	モデル	G^2	df	p	AIC
1	［N_1N_2］［S］［Y］	19.3	10	.036	−0.7
2	［N_1N_2］［SY］	17.8	9	.038	−0.2
3	［N_1N_2］［S］［N_1Y］	5.9	9	.754	−12.1
4	［N_1N_2］［S］［N_2Y］	19.0	9	.025	1.0
5	［N_1N_2］［SY］［N_1Y］	4.3	8	.829	−11.7
6	［N_1N_2］［SY］［N_2Y］	17.4	8	.026	1.4

c. 肯定的養育態度

	モデル	G^2	df	p	AIC
1	［N_1N_2］［S］［Y］	29.3	10	.001	9.3
2	［N_1N_2］［SY］	29.1	9	.001	11.1
3	［N_1N_2］［S］［N_1Y］	28.5	9	.001	10.5
4	［N_1N_2］［S］［N_2Y］	13.3	9	.149	−4.7
5	［N_1N_2］［SY］［N_1Y］	28.4	8	.000	12.4
6	［N_1N_2］［SY］［N_2Y］	13.2	8	.107	−2.8

注）S：階層指標　N_1：協力的ネットワーク　N_2：競争的ネットワーク　Y：教育態度変数

提に，各ネットワーク指標の効果を考慮したモデルになる。

地位達成志向の場合，モデル2から4のうち，データへの適合度もAICも階層を考慮したモデル2が最適だが，競争的ネットワークを考慮したモデル4もほぼ同等に良い。ここから予想されるように，どちらの関連も考慮したモデル6が最適だとみなされる。社会貢献志向の場合は，協力的ネットワークとの関連を考慮したモデル3と5のあてはまりが良い。ここでは階層とネットワークの効果を比較する目的から，［SY］を含むモデル5を採択しておく(15)。肯定的養育態度については，競争的ネットワークとの関連を考慮したモデル4と6が良いと判断できるが，ここでも階層との関連も含めたモデル6を採択しておこう。なお，各採択モデルについて標準化残差を確認したところ，いずれも絶対値が1.96を超えるセルは認められないことから，これ以上に複雑なモデルを検討する必要はないと判断できる。

各教育態度について採択モデルの推定結果を図示したのが図3a〜cになる。図中の数値は，教育態度と各指標との関連の強さを示したもので，パラメータ推定値から求めた対数オッズ比になる。ここから，地位達成志向には階層と競争的ネットワークが同程度の効果を持ち，階層が高い場合は低い場合と比べて，オッズ比にして1.47（$=e^{.3844}$）倍，競争的ネットワークが多いと少ない場合の1.44倍，地位達成

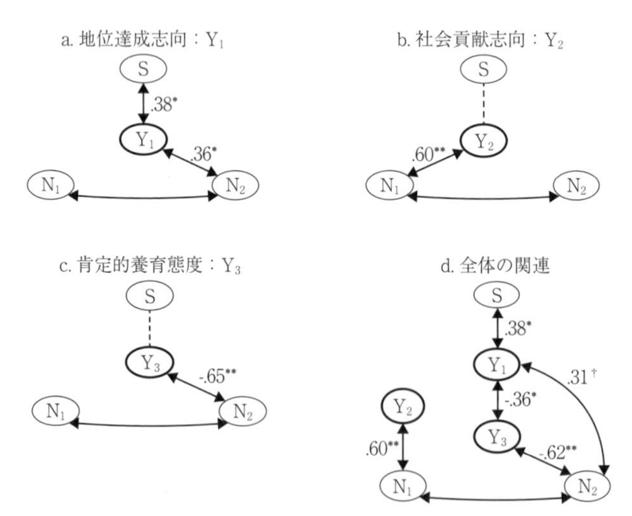

図3　ログリニア・モデルにおける各変数の効果

注）S：階層指標．N_1：協力的ネットワーク．N_2：競争的ネットワーク．表4の採択モデルに基づく．値は対数オッズ比．実線矢印は関連が統計的に有意なことを破線は有意でないことを意味する．
†$p<.10$　*$p<.05$　**$p<.01$

志向の強いことがわかる。同様にして，協力的ネットワークが多いと社会貢献志向が強い傾向は1.81倍になる。肯定的養育態度は競争的ネットワークと強い負の関連を示すことから，親族と競争的な関係にあると否定的養育態度になりやすい（1.92倍）とわかる。なお，社会貢献志向の場合も肯定的養育態度の場合も，階層との関連も含むモデルを採択したが，どちらも［SY］パラメータの推定値は有意とはならなかった。

最後に，すべての教育態度変数を含めた6次元クロス表について検討しよう。まず3つの教育態度変数間の関連について調べたところ，表5に示した通り，地位達成志向と肯定的養育態度との関連［Y_1Y_3］のみを考慮すればよいことがわかった。これをふまえて，図3a～cに示した3つの教育態度に関する分析結果に［Y_1Y_3］項も加えたモデル［N_1N_2］［SY_1］［N_2Y_1］［N_1Y_2］［N_2Y_3］［Y_1Y_3］について，推定結果を図示したのが図3dになる[16]。ここには図3a～cの関連がほぼそのまま認められる。したがって，これらの分析結果は頑健であり，相互に独立して作用していると判断できる。また，地位達成志向と肯定的養育態度が負の関連を持つことから，地位達成志向の強い者は否定的養育態度を取りやすいこともわかる。

表5　教育態度指標のログリニア・モデル

モデル	G^2	df	p	AIC
1 ［Y_1］［Y_2］［Y_3］	9.4	4	.053	1.4
2 ［Y_1Y_2］［Y_3］	7.4	3	.061	1.4
3 ［Y_1Y_3］［Y_2］	3.2	3	.367	−2.8
4 ［Y_1］［Y_2Y_3］	8.9	3	.031	2.9

注）Y_1：地位達成志向　Y_2：社会貢献志向　Y_3：肯定的養育態度

4. 結果のまとめと考察

本稿では，教育態度の形成背景について，①「階層と教育」研究の枠組において検討されてきた地位達成志向だけでなく，「教育」のもう1つの目的に対応した社会貢献志向に着目するとともに，②その形成背景として，親自身の階層だけでなく，親族ネットワークがもたらす影響にも着目する，という2つの新たな視点から探索的な分析を行った。その結果，1）先行研究でも着目されてきた地位達成志向には，階層に加えて，それとは独立に競争的ネットワークの規模も正の関連を持つこと，

2）従来は見過ごされてきた社会貢献的な子育て志向には，協力的ネットワークの規模のみが正の関連を持ち，階層は関連しないこと，3）肯定的養育態度には，競争的ネットワークの規模のみが負の関連を持ち，階層は関連しないこと，4）地位達成志向の強い者は否定的養育態度を取りやすいこと，が明らかとなった。

このうち特に重要なのは，社会貢献的な子育て志向が強いのは協力的ネットワークが豊富な者であり，階層は関連しないという知見である。先述の通り，三谷（2013, 2014）は，人助けをする近所の大人との幼少時における交流が向社会的行動の社会化に重要である一方，階層はあまり関連しないことを明らかにした。本稿の知見は，三谷と同様，私的で協力的な人間関係が向社会的態度の形成に影響する可能性を示唆している。これと関連して，Bellahほか（訳書　1991）は，社会的な活動を通じた他者との協働の経験が，たとえ当初は私的な関心から参加した場合であっても，公共心の育成に寄与し得る可能性を論じた。他方，ネットワーク研究を先導してきたFischerは，ネットワークがマクロな社会とミクロな個人の行為を媒介する働きについて，「社会がわれわれに刻印するのも個人的紐帯をとおしてであり，逆もまた真である。親は子どもに社会の規則を教え，学校の友達はこうした規則を曲げる社会の暗黙の標準を教える。（中略）逆に，ほとんどの人びとは周りの人びとに個人的な影響をおよぼすことによってのみ，社会に影響をあたえる」（訳書　2002，p.22）と述べている。これらをふまえれば，私的な人間関係における向社会性の形成可能性――FischerやBellahの議論をふまえれば，それがさらに連帯的な社会を形作る可能性――について，より詳細に研究する意義のあることを本稿の結果は示唆している。

注目すべき2点目は，競争的ネットワークの統計的に有意な効果が認められたことである。家族社会学における育児ネットワーク研究でも，社会関係資本に関する研究でも，主に着目されてきたのは肯定的に関わる人間関係であった。ところが，従来は取り上げられてこなかった競争的な人間関係が，教育態度と関連するとの知見が得られたのである。これはネットワーク研究に新たな視点をもたらすものである。また，競争的関係が地位達成志向と関わるという知見は，むしろ肯定的関係（社会関係資本）と学力の関連（志水　2014など）に着目してきた教育社会学研究にとっても，新たな分析視角をもたらすものだと言えるだろう。

さらに，この結果は，「階層と教育」研究の領域で近年注目を集めている多世代効果を生み出す1つの背景要因が，親族関係の競争主義的な性格にあることも示唆する。すなわち，親族内での競い合いや地位達成に向けた規範的制約が達成志向の教育態度を促進し，結果的に子どもの教育達成につながる可能性である。もしも，この理解が妥当であるならば，個人主義的な「成功」の背景で，競争主義的な親族の文化やハビトゥスが作用していることになる。

子育て環境に関する議論からは，親族との関係が競争的だと否定的養育態度になりやすいという知見も興味深い。渡辺（1994）は，現代の子育て環境は，親が核家族外の養育主体とどのように関わるかに強く依存することを指摘した。渡辺の意図は，核家族外に有効な育児資源を充実させることによって，豊かな育児を行い得ると主張することにある。本稿の意義は，そうした資源の１つである親族関係の質が，子育ての質に関わることを指摘した点にあるが[17]，これは親族以外との関係にもあてはまる可能性がある[18]。以上をふまえると，豊かな子育て環境を整備する目的で核家族外の育児資源を充実させる際には，単に数を増やすだけでなく，彼ら／彼女らと子どもの親との関係性にも配慮すべきだ――関係が競争的だと逆効果になり得る――という実践的インプリケーションを導くことができるだろう[19]。

以上，従来とは異なる研究枠組とデータを用いた探索的分析により，いくつかの興味深い知見が示された。しかしながら，対象が南関東の女性に限られていること，クロス集計表に基づく基礎的な分析に留まること，取り上げたネットワークは親族に限られており，測定の方法も内容も限られていること，教育態度概念の理論的検討が不十分であることなど様々な限界がある。また，分析では変数間の関連が示されただけであり，因果関係が解明されたわけではない。このように，本稿は新たな研究枠組とデータによる探索的試みという性格が強いため，知見の信頼性については本稿と同様の調査データを用いて改めて確認する必要がある。かつてMerton（訳書　1961）は，新たな経験的データが特定の理論的な関心を喚起し（理論的焦点の転換），さらなるデータを生み出すことで，その研究の発展に寄与する可能性を論じた[20]。本稿が，階層とネットワークの影響を共に考慮した分析枠組に基づく社会学的研究の進展に，少しでも貢献できれば幸いである。

〈謝辞〉

本研究はJSPS科研費19K02541および23H00940の助成を受けたものである。

〈注〉

(1)　ただし，伊佐（2019）は，研究の過程で，子育ての階層差が必ずしも明確な学力差を生まない理由を解明することへと，関心がシフトしたと表明している。

⑵　三谷（2014）は，1995年SSM調査と2010年SSP調査のデータを用いて分析を行い，1995年時点では高学歴・高収入・高地位ほどボランティアになりやすかったが，2010年になると学歴以外は有意でなくなることを明らかにしている。

⑶　本人も認めている通り，学校教育の社会化効果に関する三谷（2013）の検討は十分とは言えない。しかしながら，そもそも，こうした関心に基づく研究自体が少なく，学校教育による互恵的関係の社会化に着目した山田（2006）などわずかにとどまる。

⑷　もちろん，データが存在してこなかったのは，そうした研究関心が弱かったことを意味する。この点には本稿末尾でも言及している。

⑸　たとえば，『社会生活基本調査』（総務省統計局　2022）によれば，2021年における６歳未満の子どもを持つ女性の平均育児時間が３時間54分であるのに対し，男性は１時間５分と女性の約４分の１にとどまる。もちろん，こうした現実があるとはいえ，男性を対象とした調査研究も必要になる。荒牧（2023）では，調査会社の登録モニタという限界はあるが，男性を対象とした分析も行っている。

⑹　宛先不明11件，入院１件，調査対象外４件を除いた数字。調査対象外とは小中学生の子どもがいないと連絡があった場合であり，サンプリングミスの可能性および台帳登録後の離死別等により対象外に変化した可能性が考えられる。調査の詳細は，荒牧（2023）に掲載されている。

⑺　「子どもによく話しかける」など，肯定的養育態度を直接たずねた質問では，回答の分布が肯定側に大きく偏ってしまう。そこで否定的な態度を反転することで，肯定的養育態度の指標とした。

⑻　各ネットワーク規模について，「いない」は０，「１～２人」は1.5，「３～４人」は3.5，「５人以上」は5.5として計算した。それぞれの第１主成分は，前者が固有値3.0で寄与率74.1％，後者が固有値1.8で寄与率59.0％であった。

⑼　昨年１年間の家族全員分の税込年収の合計について，「収入はなかった」「50万円未満」～「1500万円以上」という12の選択肢で回答を得ている。これを各選択肢の中間値に代表させた金額に換算した後に対数化した。

⑽　家族全員分の書籍について，「10冊以下」～「201冊以上」の５つの選択肢で回答を得ているので，各選択肢の中間値に代表させた冊数に換算した。

⑾　固有値1.5の第１主成分（寄与率49.4％）の得点を用いた。

⑿　したがって，分析に用いるすべての変数が概ね50％ずつの分布となっている。ただし，肯定的養育態度は下位層が45.2％，上位層が54.8％と若干偏りがある。

⒀　分析にはLEMを用いた。LEMの使用方法については太郎丸（2005）を参照した。

⒁　同様の指標にベイズ情報量規準（BIC）がある。AICの課すペナルティが2p（pはパラメータ数）であるのに対し，BICのペナルティは$\log(N)p$であるため，Nが8より大きくなるほど，つまりほぼ全ての調査データにおいて，BICはAICより節約的なモデルを好む。ただし，本稿の分析では，両者に基づくモデル選択の結果は表4aを除いて同じため，ここではAICのみを示した。なお，表4aにおいてBICではモデル1が最適となるが，G^2も考慮すると，この判断は受け入れ難い。

⒂　ただし，モデル3と5を比較すると，⊿G^2が1.6で両者の自由度の差は1であることから，モデル3に［SY］項を追加しても有意な改善とはなっていない。

⒃　パラメータ数が64と非常に多いため，標準化残差が1.96を超えるセルが1つだけ含まれるが，尤度比検定の結果（G^2=56.3 df=51 p=0.282）は十分に良い。

⒄　ただし，本稿の親族ネットワークには核家族内の親族である夫も含まれる。

⒅　これに関連して，荒牧（2023）は，非親族（とりわけ子どもの友だちの保護者）と競争的な関係にある場合，育児不安が強い傾向にあることを指摘している。

⒆　人間関係の質に関しては，一見頼りになりそうな強い紐帯よりも，弱い紐帯の方が孤立解消に有効だとする石田（2018）の指摘も示唆的である。

⒇　Mertonは「理論的焦点の転換」が研究に必ず望ましい結果をもたらすと述べたわけではない。しかし，階層研究とネットワーク研究を接合する調査研究が増えることは，社会学研究にとってメリットをもたらし得るものと考えられる。

〈引用文献〉

荒牧草平，2019，『教育格差のかくれた背景：親のパーソナルネットワークと学歴志向』勁草書房.

――――，2023，『子育て世代のパーソナルネットワーク：孤立・競争・共生』勁草書房.

Bellah, Robert N., Richard Madsen, William M. Sullivan, Ann Swidler, and Steven M. Tipton, 1985, *Habits of the Heart: Individualism and Commitment in American Life*, University of California Press.（＝1991，島薗進・中村圭志訳『心の習慣：アメリカ個人主義のゆくえ』みすず書房）.

Bourdieu, Pierre, 1986, “The forms of capital,” *Handbook of Theory and Research for the Sociology of Education,* Greenwood, pp.241-258.

Fischer, Claude, S., 1982, *To Dwell among Friends,* The University of Chicago Press.（＝2002，松本康・前田尚子訳『友人のあいだで暮らす：北カルフォルニアのパーソナル・ネットワーク』未来社）.

本田由紀，2008,『家庭教育の隘路：子育てに強迫される母親たち』勁草書房.

池田寛，2005,「教育コミュニティの理論」『人権教育の未来』解放出版社，pp.90-123.

稲葉陽二，2011a,「ソーシャル・キャピタルとは」稲葉陽二・大守隆・近藤克則・宮田加久子・矢野聡・吉野諒三『ソーシャル・キャピタルのフロンティア：その到達点と可能性』ミネルヴァ書房，pp.1-9.

――― 2011b,「ソーシャル・キャピタルのダークサイド」稲葉陽二・大守隆・近藤克則・宮田加久子・矢野聡・吉野諒三『ソーシャル・キャピタルのフロンティア：その到達点と可能性』ミネルヴァ書房，pp.245-256.

伊佐夏実，2019,『学力を支える家族と子育て戦略：就学前後における大都市圏での追跡調査（シリーズ学力格差２〈家庭編〉）』明石書店.

石田光規，2018,『孤立不安社会：つながりの格差，承認の追求，ぼっちの恐怖』勁草書房.

金娟鏡，2007,「母親を取り巻く『育児ネットワーク』の機能に関するPAC（Personal Attitude Construct）分析，『保育学研究』45(2)，pp.47-57.

Lareau, Annette, 2003, *Unequal Childhoods: Class, Race, and Family Life,* University of California Press.

Lin, Nan, 2001, *Social Capital: A Theory of Social Structure and Action,* Cambridge University Press.（＝2008，筒井淳也・石田光規・櫻井政成・三輪哲・土岐智賀子訳『ソーシャル・キャピタル：社会構造と行為の理論』ミネルヴァ書房）.

前田尚子，2008,「地方都市に住む育児期女性のパーソナル・ネットワーク」『家庭教育研究所紀要』30，pp.5-13.

Mare, Robert D., 2011, "A Multigenerational View of Inequality," *Demography,* 48, pp.1-23.

松田茂樹，2008,『何が育児を支えるか：中庸なネットワークの強さ』勁草書房.

目黒依子，1988,「家族と社会的ネットワーク」望月嵩・木村汎『現代家族の危機』有斐閣，pp.191-218.

Merton, Robert K., 1957, *Social Theory and Social Structure: Toward the Codification of Theory and Research,* New York: The Free Press.（＝1961，森東吾・森好夫・金沢実・中島竜太郎訳『社会理論と社会構造』みすず書房）.

三谷はるよ，2013,「市民参加は学習の帰結か？：ボランティア行動の社会化プロセス」『ノンプロフィットレビュー』13(2)，pp.37-46.

――― 2014,「『市民活動参加者の脱階層化』命題の検証：1995年と2010年の全国調査データによる時点間比較分析」『社会学評論』65(1)，pp.32-46.

――― 2015,「『利他』への計量社会学的アプローチ」『未来共生学』2，pp.97-110.

二関隆美，1971,「母親の教育態度と子どもとの関連：教育ママの子はどんな子か」『青少年問題研究』19，pp.1-34.

野平慎二，2000,「教育の公共性と政治的公共圏」『教育学研究』67(3)，pp.281-290.

落合恵美子，1989,「現代家族の育児ネットワーク」『近代家族とフェミニズム』勁草書房，pp.93-135.

Putnam, Robert, 1993, *Making Democracy Work: Civic Tradition in Modern Italy,* Princeton University Press.（＝2001，河田潤一訳『哲学する民主主義：伝統と改革の市民的構造』NTT 出版）.

辻竜平・佐藤嘉倫，2014,「まえがき」辻竜平・佐藤嘉倫『ソーシャル・キャピタルと格差社会：幸福の計量社会学』東京大学出版会：1-14.

志水宏吉，2014,『「つながり格差」が学力格差を生む』亜紀書房.

Simpson, Brent and Robb Willer, 2015, "Beyond Altruism: Sociological Foundations of Cooperation and Prosocial Behavior," *Annual Review of Sociology,*41, pp.43-63.

総務省統計局，2022,『令和３年社会生活基本調査結果』.

太郎丸博，2005,『人文・社会科学のためのカテゴリカル・データ解析入門』ナカニシヤ出版.

露口健司，2019,『ソーシャルキャピタルで解く教育問題』ジダイ社.

渡辺秀樹，1994,「現代の親子関係の社会学的分析：育児社会論序説」社会保障研究所編『現代家族と社会保障』東京大学出版会，pp.71-88.

Wellman, Barry, and Scot Wortley, 1990, "Different Strokes from Different Folks: Community Ties and Social Support," *American Journal of Sociology,* 96(3),

pp.558-588.
山田哲也，2006,「学校教育は互恵的な社会関係を生み出すのか？」『教育学研究』73(4)，pp.81-97.

ABSTRACT

Effects of Social Stratification and Kinship Networks on Educational Attitudes: Sociology of Education from the Perspective of Social Stratification and Social Networks

Sociological research has predominantly concentrated on the significance of educational attitudes as a mediating factor in generating class disparities in educational attainment. However, considering theoretical considerations about the purpose of education and the results of sociological research of social networks, the sociological study of educational attitudes has potential for development in the following two directions. The first is to broaden the scope of the research to include attitudes toward children's social contribution, rather than limiting the research to attitudes toward children's status attainment, as has been done in the past. Second, the scope of the background factors to be considered should not be focused solely on the status and resources of the parents themselves but should be extended to their social networks.

Based on the above issues, we conducted an exploratory analysis from these two perspectives using survey data from parents raising children. The results of the log-linear model revealed the following: 1) status attainment orientation, which has traditionally been the focus of attention, is indeed related to parents' social status, but independently it is also positively related to the size of the competitive network; 2) only the size of the cooperative network and not social class is positively associated with the socially contributory parenting orientation, which has traditionally been overlooked; 3) positive parenting attitudes is negatively associated with the size of the competitive network, but social class has no direct association; and 4) those with strong status attainment orientation are more likely to adopt negative parenting attitudes. These results suggest that private and cooperative relationships may influence the development of prosocial attitudes, that competitive kinship may act as a background factor for multigenerational influences on educational attainment, and that their relationships with children's parents should be considered when enhancing child-rearing resources outside the nuclear family.

Keywords: Social Networks, Prosocial Attitude, Competitive Network

教育社会学研究第114集（2024）

学科・専攻分野を考慮した教育と職業の連関に関する研究

――相互情報量指数を用いた学歴段階間・学歴段階内の寄与の分析――

小川 和孝

【要旨】

本論文の目的は，日本社会における学歴と職業の連関について，個人レベルの社会調査データから新たな分析を行うことである。より具体的には学科・専攻分野を考慮した際に，異なる学歴段階間・学歴段階内に職業との連関がそれぞれどの程度に存在するかを明らかにする。

分析では，2005年と2015年の「社会階層と社会移動調査」をデータとし，相互情報量指数を用いて学歴と職業の連関の強さを明らかにする。主な分析結果は次のとおりである。（1）学歴段階別にみると職業との連関にもっとも寄与しているのは，男性では大学・大学院，女性では高校である。構成割合を考慮した構造的連関では，男女ともに中学，大学・大学院，高校，短大・高専・専門の順で職業との連関が強い。（2）学歴と職業の全体の連関に占める，学歴段階内の寄与は3割前後であり，女性においてより大きい。（3）2005年から2015年にかけて学歴と職業の連関は男女ともに弱まっている。反実仮想的なアプローチを用いて構造的変化に注目すると，男女ともに観察値よりも大きな連関の弱まりが見られる。これは高等教育の進学率が高まるにつれて，それまでに各専攻分野に特徴的であった職業に付く傾向が弱まったという，教育過剰（overeducation）が起きている可能性を示唆する。

キーワード：学歴，専攻分野，労働市場

東北大学

1. 問題の所在

本論文の目的は，日本社会における学歴と職業の連関（linkage）について，個人レベルの社会調査データから新たな分析を行うことである。より具体的には学科・専攻分野を考慮した際に，異なる学歴段階間・学歴段階内に職業との連関がそれぞれどの程度に存在するかを明らかにする。

学校教育が労働市場における仕事といかに結びつくかは，教育社会学の主要な関心の１つであり続けている。業績主義的な選抜原理の下では学歴が地位達成を規定するメカニズムとして想定されてきた。また，近年多くの先進産業国において進行してきた雇用の流動化・不安定化の下では，教育システムが人々に良好な就業機会をもたらすことができるのかどうかに関心が高まってきている。すなわち，教育によって得た職業的技能や資格が労働市場において評価されるのかどうかというものである。

これまで日本社会の教育システムの特徴としては，学力偏差値の序列構造と地位達成の関連に関心が寄せられてきた一方で，職業的な面での教育の役割については軽視されがちであった。しかし1990年代以降，若年者の学校から労働市場への移行が不安定化する中で，教育と職業の関係性について日本でもますます問われるようになってきている（本田編　2018）。特に高等教育の進学率が上昇する中で，どのような教育が仕事とのマッチングを強めるのかという点から，個別の学科・専攻分野と仕事の関係が注目されている。また，男女で異なる専攻分野を選択する傾向があることは広く知られていることから，学科・専攻分野と職業の連関はジェンダー間格差のメカニズムをより理解する上でも重要となりえる。

ヨーロッパを中心とした教育システムの職業的な役割に関するこれまでの研究では国レベルの教育システムと職業の関連が強いほど若年者の労働市場への移行が円滑になるということが注目されてきた。しかし国レベルの特徴の背後には，個人を単位とした学歴と職業の連関のパターンがある。この関係をより精緻に捉えるべきだとするアプローチが発展してきている（DiPrete et al. 2017）。

日本社会においても高学歴化を１つの背景として，学科・専攻分野を区別した学校歴と労働市場の関連を検討する研究が増えてきている。しかし，その蓄積まだ十分ではなく，また大卒者や特定の職種のみを対象にする傾向にある。本稿では，教育システムと労働市場のマッチングの問題に対して新たな視点からアプローチする。多グループ間の職業分離を捉える指標を用いることで，特定の職業への就きやすさに対する学歴間・学歴内の寄与の度合いを明らかにし，さらに異なる時点におけるマッチングの変化にも注目する。

2. 先行研究の検討

2.1. 教育と職業の連関

社会階層研究の分野では近代社会における業績主義の浸透という観点から，学歴と職業の連関の強さの測定が行われてきた。すなわち，個人の社会的地位がどれだけ属性的（ascriptive）かというものである。またAllmendinger（1989）を嚆矢として，国家間の教育制度の違いが職業的地位に影響することに関心が持たれてきた。制度の存在は一般的にインセンティヴと制約を人々に与えるため，教育制度の違いによって人々がどのようなタイプの技能に投資するかが異なるという視点である。

高等教育進学率の上昇や若年失業率の悪化を背景として，どのような教育が若年者の仕事のマッチングを良好にするのかという観点から，学科や専攻分野が労働市場におけるアウトカムにもたらす効果が注目されてきている。職業教育が強いことは若年者の労働市場への移行を円滑にすることから（Wolbers 2007），特定の学科・専攻分野と職業の連関は望ましいものとしてしばしば捉えられる。ただしそれには異なる学科・専攻分野へのアクセスに格差がないことが前提の1つとなり，実際には性別によって異なる選択傾向があることが問題視されることもある。

Reimer et al.（2008）は，ヨーロッパ22カ国の大卒者の比較から，（1）各専攻分野の分布は国によって大きく異なっており，その特徴は教育拡大の方向性に影響されていること，（2）人文科学系の卒業者は平均より高い失業リスクを有するものの，平均より高い職業的地位を有する傾向などを見出している。こうした専攻分野と職業の関連は，大学において身につく職業的スキルによるだけではなく，それぞれの専攻分野が雇用主に対して示す訓練可能性のシグナルによっても生じる（Van de Werfhorst 2004）。

本稿もこれらの研究群に従って，学科・専攻分野による職業との異なる強さの連関の背後には，職業的スキルや雇用主から見た望ましさの違いが存在すると考える。

2.2. 日本社会の文脈

これまで日本社会において教育と職業の連関が問題となる文脈としては，学力偏差値による序列・学校間トラッキングの下での地位達成（竹内　1995）が主に注目されてきた。しかし，若年者の学校から労働市場への移行が不安定化する中で，教育の職業的な意義について日本でもますます問われるようになってきている（本田編　2018）。そこではどのような教育がより仕事とのマッチングを強めるのかということが大きな関心となる。

こうした背景から，専攻分野と労働市場の関連に注目する研究も増えている。山本・安井（2016）は，2005年 SSM 調査から大卒女性の専攻間賃金格差を分析しており，（1）理工系と文系の賃金格差は非専門職において特に大きいことや，（2）人的資本に関わらない変数は文系と理工系の格差を説明しないことなどを明らかにしている。ただし大卒女性に限定した分析であるため，専攻分野と労働市場の関連について全体像を描こうとするものではなく，専攻分野の分類も文系・理工系と荒い。

また豊永（2018）は，1995年～2015年の3時点の SSM 調査から，出身大学の学校歴と専攻分野が初職に与える影響を検討している。その結果，（1）専攻分野が職場での応用可能なシグナルとして専門職入職に影響していること，（2）同じ人文系出身者の初職での不利は男性に限定的である一方で，同じ理工系出身でも女性は男性ほど事務販売職とくらべて専門職になりやすいわけではないことを示している。豊永の研究は既存研究で無視されがちであった専攻分野の影響に注目しているが，分析対象は大卒者のみとなっている。他の学歴の人々を含めた時に大卒学歴および専攻分野がどの程度に個別の職業と結びついているのかは不明である。

また近年では大学進学率の高まりを背景として，教育の相対的価値の問題に関心が高まりつつある（Di Stasio et al. 2016）。古田（2018）は1965年～2015年の6時点の SSM 調査から，高学歴化が進む中での学歴と職業との関連の変容を検証している。その結果，学歴間の相対的な格差は1990年代以降に大学進学を迎えた世代においても維持されていることなどを明らかにしている。これに対して近藤（2017）は，過去数十年にわたり学歴と職業の構造的な関連が弱まったことを指摘している。

2.3.　先行研究における課題と問いの焦点化

日本社会においても学科・専攻分野を区別して教育と職業の関連を捉えようとする研究が増えてきているものの，大卒者に限定するといったように特定の学歴段階にのみ焦点が当てられる傾向がある。しかし大卒者の仕事のマッチングは，他の学歴における職業の分布にも影響を受けるため，異なる学歴の人々との相対的な位置の把握も重要であろう。特に近年では専門学校への進学率も上昇し，その職業的役割も注目されている（多喜　2019）。

また，高学歴化の中で社会全体での学歴と職業の連関の変化を問う際に，周辺分布の変化によるものか，それとも特定の学校歴と職業の連関による構造的な変化によるものかという点も問われる必要がある。この点について古田（2018）と近藤（2017）は学歴と職業の構造的な連関について異なる知見を出しているものの，どちらも学科・専攻分野の区別を行っていない。そのため，たとえば大卒者全体としては専門職への就きやすさが維持されている一方で，大きく拡大している専攻分野においては供給が過剰になっているといったことが分からない。この限界を乗り越えることは，職業に対する学歴の垂直的・水平的格差を明らかにできるという意義がある。

DiPrete et al.（2017）は，学歴と職業の連関を「粒状の構造」（granular structure）としてより捉えていくべきという立場から，アメリカ・ドイツ・フランスにおいて初等教育から高等教育までを含めて人々の学歴と職業の連関をモデル化し，その連関の強さを異なる学歴段階間と，同一の学歴段階内の寄与に分解した分析を行っている。この方法の利点として，（1）労働市場におけるアウトカムに対する学歴の垂直的・水平的不平等をより明確にすることができる，（2）職業とのマッチングの相対的な強さから位置財（positional goods）としての性格をより強く持つ学科・専攻分野を明らかにすることができる[(1)]，（3）学歴と職業の詳細なカテゴリーに注目することで，階級・階層がより微小な単位で構成されている「マイクロ・クラス」の理解が進む可能性などが挙げられている。このアプローチを参照し，以下では中学から高等教育までのすべての学歴を含めた上で個別の学科・専攻分野と職業の連関を検討する。

本研究における分析の問いは次の通りである。第一に，日本社会において異なる学歴段階間・学歴段階内を区別した時に教育と職業はどのように結びついているかである。さらにこの時，それぞれの学歴と職業がどの程度に全体の連関に寄与しているのかを検討する。学歴段階間では一般的により上の学校段階ほど高いスキルを獲得していると考え，職業との連関が強くなると予想する（仮説１-１）。また学歴段階内については，より職業に関連した教育内容として，高校では普通科よりも職業科の方が職業との連関が強いことを予想する。また，豊永（2018）では大卒者において理工系・教育系・医療系と専門職の対応の強さが指摘されているため，高等教育経験者ではこれらの専攻分野と職業の連関が強いと予想する（仮説１-２）。

第二に，高学歴化や労働市場の変化を踏まえ，異なる時点における教育と職業の連関の変化を明らかにする。仮に教育と職業の連関の変化が観察されたとして，それは各時点の学歴・職業の分布の変化を反映したものなのか，それとも両者の連関が構造的に変化したのかという２つの要素が含まれる。時点間の比較を行う際に，専門職との連関が強い大卒者の増加を反映して，全体としては学歴と職業の連関は強まっていることを予想する（仮説２－１）。他方で，高学歴化と労働市場の流動化によってそれまで高学歴者が就いていた仕事に就けなくなる可能性から，周辺分布の変化を統制した構造的な連関は弱まっていることを予想する（仮説２－２）。

第三に，既存研究では性別による高等教育の専攻分野の選択の違いと職域分離の関連が指摘されてきた（高松　2008；山本・安井　2016）。これらを踏まえて分析は男女別に行い，特徴を比較する。先行研究においては女性の方が高等教育における人的資本を活かしにくいことが指摘されており，男性よりも女性の方が学科・専攻分野による学歴段階内の連関への寄与が小さいことを予想する（仮説３）。

なお，学歴内の異質性を捉える上では学科・専攻分野の区別のみに注目し，入学偏差値など他の変数は考慮しない。その理由としては本稿の目的が上述したように学歴と職業の連関を学歴段階間・学歴段階内に分解することによって，学科・専攻分野の相対的な寄与を分析し，文系／理系といった単純な区分では捉えきれない詳細なパターンを理解することだからである。そのためには次節で導入するような性別・人種分離研究などにおいて用いられてきた指標を用いて，多数の学科・専攻分野と職業の連関のパターンについて特定の仮定を置かない分析を行うことが有効であると考えられる。ただしその代償として，回帰分析のような手法とくらべて多数の変数を同時に考慮することが困難となる[(2)]。

もちろん個別の学科・専攻分野の中でも選抜度によって職業との連関には異質性があると考えられるものの，学科・専攻分野が職業とのマッチングに与える影響について十分な理解が得られていない現状では，そのような異質性を本稿で扱わないことは分析の価値を根本的に損なうものではないと判断した。また古田（2018）や近藤（2017）で分析されていない男女での異なる傾向を捉える上では選抜度よりも学科・専攻分野がより重要であるとも考えられる。

3.　分析の戦略

3.1.　データ

「社会階層と社会移動調査」（SSM 調査）の2005年・2015年データを使用する[(3)]。どちらも層化二段抽出の全国調査であり，調査時点において2005年調査は20～69歳，2015年調査は20～79歳の人々を対象としている。有効回答数は2005年調査が5,742

(有効回答率44.1%), 2015年調査が7,817 (同50.1%) であった。

用いる変数は, 学歴と調査時点の職業 (現職) である。まず学歴は4つの大分類 (1:中学, 2:高校, 3:短大・高専・専門, 4:大学・大学院) にグループ化し, 次に文部科学省の「学部系統分類表」や Reimer et al. (2008) を参考にして, 学科・専攻分野を考慮して14の小分類に区分した[4]。具体的には, 高校を「普通科」と「職業科」に分類した[5]。短大・高専・専門は,「教育・社会福祉」,「人文科学・芸術・文化・教養」,「社会科学・商業実務」,「工業・農業」,「医療・衛生・服飾・家政」に分類した。そして大学・大学院は,「教育」,「芸術・人文科学」,「社会科学」,「理学」,「工学・農学」,「保健・家政」に分類した。

職業は SSM 職業大分類を用いた (1:専門, 2:管理, 3:事務, 4:販売, 5:熟練ブルー, 6:半熟練ブルー, 7:非熟練ブルー, 8:農業)[6]。分析は男女別に行い, 調査時点で55歳以下の就業者に限定する[7]。欠損値を除外した有効サンプルサイズは6,141である。

DiPrete et al. (2017) では万単位のサンプルサイズのデータを使用して, ケース数が100を超えるカテゴリーのみを分析している。これに対して, 日本のデータでは学科・専攻分野の詳細な区別をしたものが少なく, 職業も把握できる大規模な調査としては, SSM がもっとも条件をよく満たす。その上で学歴・職業ともにより詳細なカテゴリーにするのは結果の信頼性に関わると判断した。なお分析にあたっては, ブートストラップ標準誤差によって不確実性の大きさを示す。

3.2. 測定に用いる指標

分析には DiPrete et al. (2017) において採用されている相互情報量指数 (Mutual Information Index) を使用する。これはエントロピーに基づく統計量の1つであり, 社会学の分野では性別や人種による分離に関する研究で適用されてきた (Mora and Ruiz-Castillo 2011)。

専攻分野を考慮した学校歴と職業の連関を分析するには, たとえば回帰分析を用いるのが1つの方法である。しかし, 本稿のように多数のカテゴリーからなる学科・専攻分野と職業の詳細なパターンに注目する場合, 回帰分析では一連の交互作用項として扱うか, あるいは同一の学歴段階ごとに分析するなどのモデル化が通常は必要になる。しかし, 多数の交互作用項では結果の解釈が難しくなり, 下位グループ内の比較では学歴間・学歴内の相対的な寄与を測ることが難しい。これに対して, 分離指数を用いたアプローチでは教育と職業の連関を単一の値に集計し, その上でグループ間・グループ内の寄与に分解して解釈することが可能である。なお前述した近藤（2017）が用いているジニ分離指数は，グループ間・グループ内の寄与への分解を明確に行うことができず，解釈が困難な余分な項が発生するという欠点がある。

分離指数の中でよく用いられる非類似指数は多グループ間の分離を捉えるのには適しておらず，本稿のように多数の学科・専攻分野を扱う上では望ましくない。これに対して，相互情報量指数は多グループの場合においても，スケール不変性，移転原理，交換原理といった望ましい性質を満たす。また，相互情報量指数は非類似指数にくらべて比率の小さいセルの影響を受けづらい（Elbers 2023）。

相互情報量指数を定義するにあたり，まず合計Iのカテゴリーからなる学歴の変数があるとき，エントロピー$E(P_i)$を（1）式のとおり定義する。

$$E(P_i)=\sum_{i=1}^{I} p_i \log(1/p_i) \quad (1)$$

p_iはカテゴリーiの割合である。あるカテゴリーの割合p_iが小さいとき，$\log(1/p_i)$の値は大きくなる。つまり，$E(P_i)$はそれぞれのカテゴリーがどれだけ稀であるかによって，得られる情報量の大きさに注目している。次に，それぞれの個人が合計Jの職業のグループに分かれるとき，相互情報量指数Mは（2）式で定義される。

$$M=\sum_{j=1}^{J} p_j (E(P_i)-E(P_{i|j})) \quad (2)$$

$E(P_{i|j})$は職業jにおける学歴iの割合$p_{i|j}$から計算されたエントロピーである。Mは学歴のみを用いた場合から，新たに職業を用いた場合のエントロピーの平均的な減少度である。もし学歴と職業の連関が強ければ，特定の職業において特定の学歴が出現しやすく，$E(P_i)$と$E(P_{i|j})$の差が大きくなり，Mも大きな値をとる。人種分離研究ではMが大きいほど人種間の分離が強いことを意味するが，本稿ではMが大きいほど学歴と職業の連関が強い（職業が学歴によって分離している）ことを意味する。

また，Mは学歴の各カテゴリーの寄与，あるいは職業の各カテゴリーの寄与という形の2つの分解が可能である。

$$M=\sum_{i=1}^{I} p_i M(edu)_i=\sum_{j=1}^{J} p_j M(occ)_j \quad (3)$$

$$L_i=M(edu)_i=\sum_{j=1}^{J} p_{j|i}\log\left(\frac{p_{j|i}}{p_j}\right),\ L_j=M(occ)_j=\sum_{i=1}^{I} p_{i|j}\log\left(\frac{p_{i|j}}{p_i}\right) \qquad (4)$$

$M(edu)_i$ および $M(occ)_j$ は個別の学歴・職業の M への寄与において，構成割合とは独立した部分であり，「局所連関」（local linkage）とも呼ばれる。本稿では，全体の連関への各学歴・職業の相対的な寄与については相互情報量指数が，特定の学歴と職業の結びつきという構造的連関では局所連関がそれぞれ対応していると考える。

さらに学歴の小分類 i が大分類 k に包含されているとき，X^k をそれらの集合とする。このとき，（5）式のとおり全体の連関を学歴段階間の連関 M^B と，学歴段階内の連関 M_k^w の加重平均に分解できる。

$$M=M^B+\sum_{k=1}^{K} p_k\, M_k^w \qquad (5)$$

$$M^B=\sum_{k=1}^{K} p_k(E(P_j)-E(P_{j|k}))=\sum_{j=1}^{J} p_j(E(P_k)-E(P_{k|j})) \qquad (6)$$

$$M_k^w=\sum_{i\in X^k} p_i(E(P_{j|k})-E(P_{j|i\in X^k}))=\sum_{j=1}^{J} P_{j|k}(E(P(_{i|i\in X^k}))-E(P(_{i|j,\, i\in X^k})) \qquad (7)$$

M はそれぞれの職業において，すべての学歴が均等に分布をしていれば最小値の0となる。他方で，各職業が学歴の大分類レベルでは均等に分布しており，かつ小分類レベルでは完全に職業が分離している場合に M は最大値 $\log(IJ)$ をとる。

また M は周辺分布の影響を受けるという性質があり，時点間で大きさを比較する際に，学歴・職業分布の変化と独立にはならない。ただし M の変化を周辺分布に依存する変化と，周辺分布に依存しない構造的な変化に分解できる（Elbers 2023）。このためには「繰り返し比例補正」（iterative proportional weighting）(8)によって，1時点目のクロス表を周辺分布のみ2時点目と一致するように，反実仮想的なクロス表を作る。そうすることで2つのクロス表の違いはオッズ比にすべて反映されることになり，次式のように2015年と2005年の M の差を分解できる。

$$M(t_{2015})-M(t_{2005})=\left\{M(t_{2015})-M(t'_{2005})\right\}+\left\{M(t'_{2005})-M(t_{2005})\right\} \qquad (8)$$

$M(t_{2015})$ と $M(t_{2005})$ はそれぞれ2015年と2005年における M であり，$M(t'_{2005})$ は学歴と職業の周辺分布を2015年に一致させた，反実仮想的な2005年の M である。$\left\{M(t_{2015})-M(t'_{2005})\right\}$ が構造的変化を，$\left\{M(t'_{2005})-M(t_{2005})\right\}$ が周辺的変化を表す。

4. 分析結果

4.1. 学歴と職業の連関の強さ

表1　2時点の学歴ごとの職業の分布（%）

男性	専門	管理	事務	販売	熟練Ｂ	半熟練Ｂ	非熟練Ｂ	農業	N
中学	0.8/0	4/1.8	3.2/3.5	7.1/8.8	42.1/43.9	22.2/19.3	11.9/21.1	8.7/1.8	126/57
高校—普通科	1.2/5.9	5.8/2.1	14.7/18.9	13.5/11.9	33.2/22.7	19.3/26.2	7.7/9.8	4.6/2.4	259/286
高校—職業科	4.3/4.3	7.2/2.8	11.5/11.4	9.6/13.1	31.7/35.9	24/21.7	6.7/7.4	4.8/3.4	416/351
短大・高専・専門—教育・社会福祉	0/21.4	0/0	0/14.3	0/7.1	50/0	0/42.9	0/7.1	50/7.1	2/14
短大・高専・専門—人文・芸術・文化・教養	13.3/10	0/0	33.3/26.7	20/20	20/23.3	6.7/16.7	6.7/3.3	0/0	15/30
短大・高専・専門—社会科学・商業実務	8/8.1	4/8.1	44/35.1	16/16.2	8/10.8	12/13.5	4/8.1	4/0	25/37
短大･高専・専門—工業･農業	20.2/11.2	7.9/4.5	20.2/11.2	10.1/6.7	24.7/37.4	10.1/14.5	2.2/8.4	4.5/6.1	89/179
短大・高専・専門—医療・衛生・服飾・家政	39.3/43.1	7.1/2	3.6/7.8	3.6/2	42.9/43.1	0/2	3.6/0	0/0	28/51
大学・大学院—教育	73.1/54.3	11.5/2.2	15.4/19.6	0/13	0/8.7	0/2.2	0/0	0/0	26/46
大学･大学院—芸術･人文科学	33.3/38.4	8.9/1.4	22.2/24.7	24.4/21.9	6.7/5.5	2.2/4.1	2.2/4.1	0/0	45/73
大学・大学院—社会科学	11.5/18.8	28/6.2	27.6/32.7	22.2/24.6	5.8/5.9	2.1/4.8	1.2/4.4	1.6/2.6	243/272
大学・大学院—自然科学	57.1/60	14.3/0	28.6/12	0/0	0/12	0/12	0/4	0/0	14/25
大学・大学院—工学・農学	47.7/46.7	13.5/6.6	13.5/19.3	8.4/8.5	11/8.5	1.9/6.6	2.6/2.4	1.3/1.4	155/212
大学・大学院—保健・家政	90.9/88	0/0	9.1/8	0/4	0/0	0/0	0/0	0/0	22/25
高校計	3.1/5	6.7/2.5	12.7/14.8	11.1/12.6	32.3/30	22.2/23.7	7.1/8.5	4.7/3	675/637
短大・高専・専門計	20.8/16.4	6.3/3.9	22/15.1	10.7/8.4	25.2/32.2	8.2/13.8	3.1/6.4	3.8/3.9	159/311
大学・大学院計	32.5/36.8	19.4/5.1	21.4/24.8	15.4/16.5	6.7/6.9	1.8/5.2	1.6/3.2	1.2/1.5	505/653
男性計	14.9/19.5	10.8/3.7	15.9/18.4	12.2/13.2	23.5/21.8	13.7/14.4	5.2/6.5	3.8/2.5	1465/1658
女性	専門	管理	事務	販売	熟練B	半熟練B	非熟練B	農業	N
中学	2.7/7.7	0/0	12.3/5.1	5.5/23.1	17.8/23.1	34.2/17.9	15.1/23.1	12.3/0	73/39
高校—普通科	5.2/7.5	0.3/0.6	32.5/30.1	18.2/20.6	9.4/9.9	20.7/23.9	10.6/6	3/1.5	329/335
高校—職業科	3.9/8.6	0.7/0	35.8/34	15.4/20.5	10/9.6	19/22.1	10.8/3.3	4.3/2	279/303
短大・高専・専門—教育・社会福祉	44.4/53.6	0.9/0	25/14.3	13/8.9	2.8/1.8	3.7/13.4	10.2/6.2	0/1.8	108/112
短大・高専・専門—人文・芸術・文化・教養	15.9/14	1.2/0	54.9/47.3	13.4/20.2	7.3/7	2.4/4.7	4.9/6.2	0/0.8	82/129
短大・高専・専門—社会科学・商業実務	3.5/12.3	0/0	66.7/46.6	17.5/12.3	1.8/4.1	5.3/15.1	3.5/9.6	1.8/0	57/73
短大･高専･専門—工業･農業	4.5/20.7	0/0	50/41.4	18.2/27.6	4.5/3.4	18.2/6.9	4.5/0	0/0	22/29
短大・高専・専門—医療・衛生・服飾・家政	44.7/44.9	0.8/0.4	20.3/18.8	9.7/12.9	12.2/13.2	5.5/7.4	5.1/2.6	1.7/0	237/272
大学・大学院—教育	68.8/63	3.1/1.9	25/24.1	3.1/7.4	0/0	0/3.7	0/0	0/0	32/54
大学･大学院—芸術･人文科学	39.7/31	2.9/0	41.2/50	7.4/8.5	7.4/2.8	0/5.6	1.5/1.4	0/0.7	68/142
大学・大学院—社会科学	32.5/10.8	0/2.2	52.5/60.2	12.5/8.6	0/4.3	0/8.6	2.5/4.3	0/1.1	40/93
大学・大学院—自然科学	66.7/77.8	0/0	33.3/11.1	0/0	0/3	0/11.1	0/0	0/0	6/9
大学・大学院—工学・農学	100/42.9	0/3.6	0/28.6	0/10.7	0/0	0/7.1	0/0	0/7.1	2/28

大学・大学院―保健・家政	75/75.5	0/0	15.6/15.1	6.2/9.4	3.1/0	0/0	0/0	0/0	32/53
高校計	4.6/8	0.5/0.3	34/32	16.9/20.5	9.7/9.7	19.9/23	10.7/4.7	3.6/1.7	608/638
短大・高専・専門計	33.6/35	0.8/0.2	33.4/28.3	12.3/14.3	7.9/8.3	5.1/8.8	5.9/4.7	1/0.5	506/615
大学・大学院計	51.1/38.8	1.7/1.1	35.6/41.4	7.2/8.4	3.3/2.1	0/5.5	1.1/1.6	0/1.1	180/379
女性計	21.4/24.9	0.7/0.4	32.8/32.1	13.3/15.6	8.6/7.8	12.6/13.7	7.9/4.4	2.6/1.1	1367/1671

注：各セルの左側が2005年，右側が2015年の値を示している。年齢の分布は以下の通りである。
2005年男性：平均値40.6，中央値41，標準偏差9.4　2005年女性：平均値40.5，中央値42，標準偏差9.9
2015年男性：平均値40.4，中央値41，標準偏差9.1　2015年女性：平均値40.6，中央値41，標準偏差9.4

表１には，２時点における学歴小分類ごとの職業の割合を示した（表中各セルの左側が2005年，右側が2015年）。学科・専攻分野を区別した際にケース数がかなり少ないカテゴリーもあることには注意が必要だが，同一学歴内であっても職業の分布にはかなりの異質性があることが示されている。なお，各時点の男女ごとの年齢分布は表の下部に示しており，２時点で類似している。

表２　相互情報量指数による学歴―職業の連関（学歴ごとの分解）

	男性				女性			
学歴大分類	M	S.E.	L	S.E.	M	S.E.	L	S.E.
中学	.022	.003	.381	.051	.017	.003	.473	.080
高校	.051	.004	.122	.010	.049	.004	.119	.010
短大・高専・専門	.002	.002	.016	.011	.015	.003	.042	.008
大学・大学院	.089	.006	.239	.016	.035	.005	.190	.025
（A）学歴段階間の連関	.164	.008			.117	.008		
学歴小分類	M	S.E.	L	S.E.	M	S.E.	L	S.E.
中学	.023	.003	.396	.050	.017	.003	.467	.079
高校								
普通科	.020	.003	.115	.015	.027	.004	.124	.017
職業科	.032	.005	.133	.018	.021	.003	.109	.017
短大・高専・専門								
教育・社会福祉	.001	.001	.139	.249	.013	.003	.109	.017
人文科学・芸術・文化・教養	.001	.001	.101	.070	.007	.002	.176	.035
社会科学・商業実務	.003	.002	.128	.087	.006	.002	.103	.032
工業・農業	.003	.002	.036	.021	.001	.001	.145	.048
医療・衛生・服飾・家政	.011	.003	.428	.088	.024	.004	.062	.067
大学・大学院								
教育	.013	.003	.566	.109	.015	.003	.514	.092
芸術・人文科学	.011	.002	.280	.059	.010	.002	.138	.033
社会科学	.045	.005	.272	.029	.006	.002	.133	.044
理学	.006	.002	.520	.139	.003	.001	.634	.214
工学・農学	.034	.004	.283	.035	.003	.001	.252	.129

保健・家政	.020	.003	1.327	.122	.018	.003	.661	.086
(B) 学歴小分類を考慮した全体連関	.223	.011			.171	.010		
学歴段階内の寄与 (B-A)	.058	.007			.054	.007		
学歴段階内の寄与割合	26.0%				31.8%			
N		3123				3038		

注：M は相互情報量指数，L は局所連関，S.E. はそれぞれのブートストラップ標準誤差（N=100）の値

2時点間では，2005年から2015年にかけて大学以上の学歴を持つ人々が男性では34.5%→39.4%，女性では13.2%→22.7%と増加している。特定の学歴と職業の対応では，男性の大学以上における管理職割合の低下（19.4%→5.1%）や，女性の大学以上における専門職割合の低下（51.1%→38.8%）などがみられる。

表2は相互情報量指数 M による学歴と職業の連関を示した結果である[(9)]。まず，上段には学歴の大分類による結果を示している。M の値をみると男性では0.164，女性では0.117である。M を学歴ごとの寄与に分解すると，たとえば男性では学歴段階間の連関0.164のうち0.022が中卒者から来ている。学歴段階間の連関にもっとも寄与しているのは男性では大学・大学院，女性では高校である。

ただし上述したように，M は高卒者がサンプル中に多いという構成割合の影響も受ける。そのため構造的連関の指標として，M に対する各グループの寄与を構成割合で割った局所連関 L の値も見ると，男女ともに（1）中学，（2）大学・大学院，（3）高校，（4）短大・高専・専門の順で値が大きい。中卒者の値がもっとも大きくなっているのは，このグループにいてブルーカラー職および農業に就く人々が多いことを反映している。しかし表1に示したように，中卒者はサンプル中に男女とも5%前後しかいないため，M への寄与は小さい。

表2の中段以降には14の学歴小分類ごとの M の値を示した。これらを合計した値が全体の連関の強さを示しており，男性では0.223，女性では0.171であった。個別の学科・専攻分野に注目すると，男性では大学・大学院の社会科学，次いで工学・農学の値が大きい。女性では高校の普通科，次いで短期高等教育の医療・衛生・服飾・家政の値が大きい。各グループの構成割合で割った局所連関でみると，男性では大学・大学院における保健・家政，教育，理学の順で値が大きく，女性では大学・大学院における保健・家政，理学，教育の順で値が大きい。

(5)式に基づいて全体の連関を学歴段階間と学歴段階内の加重平均に分解することで，学歴段階内の寄与が計算できる。これを全体に占める割合で示すと，男性は26.0%（0.058/0.223），女性は31.8%（0.054/0.171）であった。学歴と職業の連関の

うち3割前後が学科・専攻分野から来ており，無視できない割合である。

表3には，Mを職業側から分解した結果を示した。それぞれの職業ごとのMを足し合わせると，その値は表2と一致する。すなわち男性では0.223，女性では0.171である。男女ともにもっとも全体の連関に寄与しているのは専門職であり，男性では0.088，女性では0.085である。各職業の構成割合で割った局所連関の値でも男女ともに専門職がもっとも大きく，男性で0.511と女性で0.363である。専門職のMの値が全体の連関に占める割合は，男性では約40%（0.088/0.223），女性では約50%（0.085/0.171）である。表1で示したように，男女の専門職の割合は男女それぞれ約17%と約23%であるため，専門職の教育との連関の強さが際立っていると言える。女性においては専門職に次いで農業の局所連関の値も0.298と高い値である。表1に見られるように，2005年では中卒者のうち12.3%が農業に従事していることによるものが大きい。しかし，2015年では中卒者の農業割合は0％であり，学歴による農業との結びつきは近年ほど弱まっている可能性がある。

表3　相互情報量指数による学歴―職業の連関（職業ごとの分解）

	男性				女性			
	M	S.E.	L	S.E.	M	S.E.	L	S.E.
専門	.088	.007	.511	.036	.085	.006	.363	.024
管理	.013	.003	.182	.041	0.000	.001	.046	.212
事務	.018	.003	.102	.019	.024	.003	.074	.010
販売	.013	.003	.104	.023	.006	.002	.039	.017
熟練ブルー	.045	.004	.198	.018	.013	.003	.156	.033
半熟練ブルー	.034	.004	.241	.028	.027	.004	.208	.028
非熟練ブルー	.009	.003	.150	.043	.010	.002	.173	.035
農業	.007	.002	.211	.047	.005	.002	.298	.109
計	.223	.011			.171	.010		
N	3123				3038			

注：M は相互情報量指数，L は局所連関，S.E. はブートストラップ標準誤差（N=100）

4.2.　2時点間での構造的変化

表4は，2時点間での学歴と職業間の連関の変化を検討した結果である。表中の（A）と（B）が，2015年と2005年のデータをそれぞれ用いた場合のMの観察値である。（A）から（B）を引いた値は男性では -0.055，女性では -0.035とどちらも負であり，2005年から2015年にかけて学歴と職業の連関は男女ともに弱まっている。

また，学歴段階内の寄与の値は男性では25.0%→29.0%，女性では23.4%→42.9%と，特に女性では大きく上昇している。

ただし，この変化には2時点間で生じた学歴と職業の構造的な連関の変化だけでなく，学歴・職業の分布の変化も含まれる。そこで学歴と職業の周辺分布が2015年と一致するように調整した，反実仮想的な2005年の M の値（C）を用いる。構造的変化を示す（A−C）の値は，男性では −0.071，女性では −0.062であり，どちらも観察値にくらべてより大きな負の値を示している。これに対して，周辺分布に起因する変化（C−B）は，男女ともに正の値である。これらの結果は，大卒者や専門職の増加が全体の連関の増大に寄与した一方で，その効果を上回って個別の学歴・職業間の構造的な連関が弱まったことを意味している。なお補足的な分析として大学・大学院における2時点間の L の変化を調べると，男性では0.306→0.196，女性では0.377→0.131と，ともに低下していた（表は省略）。

さらに構造的変化を分解すると，男女ともに学歴段階間でより大きな負の変化を示している。これは高等教育の拡大によって，高学歴者がそれまでは就く傾向にあった職業に就けなくなったという，教育過剰（overeducation）が起きていることを示しているのかもしれない[10]。ただし教育過剰とは一般的に，労働需要側の求める学歴に対して，労働供給側の学歴が過剰であることによって生じる。本稿では労働需要側の要因は考慮できていないため，2時点間で労働供給側・需要側の選好は大きく変化しておらず，構造的連関の弱まりは両者のミスマッチを表しているという仮定の下で，教育過剰が進んだと解釈することができる。

表4　反実仮想的な分布を用いた2時点間の比較

	男性				女性			
	全体	学歴段階間	学歴段階内	段階内の寄与	全体	学歴段階間	学歴段階内	段階内の寄与
(A) M (t = 2015)	0.205	0.145	0.059	29.0%	0.166	0.095	0.071	42.9%
(B) M (t = 2005)	0.259	0.195	0.065	25.0%	0.201	0.154	0.047	23.4%
(C) M (t′= 2005)	0.276	0.189	0.087	31.6%	0.227	0.166	0.062	27.2%
観察値（A−B）	−0.055	−0.049	−0.005		−0.035	−0.059	0.024	
構造的変化（A−C）	−0.071	−0.043	−0.028		−0.062	−0.071	0.009	
周辺的変化（C−B）	0.016	−0.006	0.022		0.027	0.012	0.015	

5. 考察と結論

5.1. 分析から得られた主な知見

本論文では学歴と職業の連関が，異なる学歴段階間・学歴段階内にそれぞれどの程度に存在するかを分析し，マッチングの問題に新たな視点からアプローチした。主な知見は次のとおりである。

第一に，学歴段階別にみると職業との連関にもっとも寄与しているのは，男性では大学・大学院，女性では高校である。ただし，この結果にはそれぞれのグループの構成割合も影響している。各グループの構成割合を考慮した局所連関でみると，男女ともに（1）中学，（2）大学・大学院，（3）高校，（4）短大・高専・専門の順で職業との連関が強い。仮説1－1では学歴が上がるほど職業との連関が強くなると予想したが，そのようにはならなかった。中卒者と職業の連関が強いのは，ブルーカラーおよび農業に偏って従事しやすいためである。

第二に，個別の学科・専攻分野に注目すると，男性では大学・大学院の社会科学，次いで工学・農学の値が大きい。女性では高校の普通科，次いで短期高等教育の医療・衛生・服飾・家政の値が大きい。局所連関でみると，男性では大学・大学院における保健・家政，教育，理学の順で値が大きく，女性では大学・大学院における保健・家政，理学，教育の順で値が大きくなっている。仮説1－2で予想したように，教育や保健系など職業資格と結びついた専攻分野における連関が強い。

第三に，全体の連関に占める学歴段階内の寄与は3割前後であり，女性においてより大きい[11]。先行研究では女性の方が人的資本を活かしにくいという議論があったが（山本・安井 2016），仮説3の予想に反して女性の方が学歴段階内の寄与割合が高かった。本論文は中学から大学院までの幅広い学歴段階を扱い，また高等教育の専攻分野も詳細なものを用いたために，異なる知見が得られたと考えられる。

第四に，職業ごとに見た場合に全体の連関にもっとも寄与しているのは男女ともに専門職であり，男性では約4割，女性では約5割を説明している。女性の高等教育進学率が男性に追いついてきた中で，そのキャリアとして専門職の占める比重の大きさが表れている結果だと解釈できる。また局所連関の値で見た場合にも，男女ともに専門職が教育ともっとも強い連関を示した。

第五に，2005年から2015年にかけて学歴と職業の連関は男女ともに弱くなっている。反実仮想的なアプローチを用いた分析では，2005年から2015年にかけて学歴と職業の連関は，男女ともに観察値よりも小さくなった。全体として学歴と職業の連関は強まっていると予想した仮説２－１とは反する結果であった。これは大卒者や専門職の増加が全体の連関の増大に寄与した一方で，その効果を上回って個別の学歴・職業間の構造的な連関が弱まった（仮説２－２は支持）ことによる。

5.2. 得られた知見の意義・示唆

次に，分析から得られた知見の意義について考察を深めたい。第一に，個別の学科・専攻分野と職業との連関には相当な異質性が存在する。全体の連関に占める学歴段階内の寄与は３割前後であり，女性ではより大きな値を示した。2015年に限定すれば，女性における学歴段階内の寄与は４割を超えている。これは学科・専攻分野を区別しない場合には，特に女性における学歴と職業の連関を過小評価してしまうということであり，性別職業分離などジェンダー間の不平等を考慮する上でも，本稿の方法は意義を持つことを示している。専攻分野によって職業と異なる連関があることは豊永（2018）でも指摘されているが，異なる学歴段階の連関とくらべた際に，どの程度の規模を占めるのかを示せたのは，本稿の貢献点である。

第二に，本田編（2018）で述べられるように，大学の人文社会系の専攻分野と職業の結びつきは弱いという言説が見られてきた。これに関して本稿では，男性の大学・大学院において芸術・人文科学と社会科学は工学・農学にくらべて局所連関の値は同程度であることなどを示した。このような関連の強さを教育の職業的意義と同一視することには注意が必要であるものの，「人文社会系の専攻分野は職業との関連が弱いゆえに不要である」という主張に対する反論の根拠となりえるものであり，実践的・政策的な示唆をもたらすものである。

第三に，２時点の比較で見たように，構造的な連関は近年ほど弱まっていたことから，高学歴者がそれまでは就く傾向にあった職業に就けなくなったケースが増加したという，教育過剰が起きている可能性を明らかにした。Di Stasio et al.（2016）によれば，職業教育の弱い教育システムを持つ国々ほど教育過剰が起きやすい。この研究は日本をデータに含めていないものの，このような特徴に整合する変化が生じたのかもしれない。古田（2018）は，大卒者の専門職率は維持されていることなどから学歴インフレが継続的に進行した証拠は見られなかったと述べている。古田は長期的な趨勢を扱っており本稿の分析とは単純な比較ができない部分もあるものの，高卒・大卒という２つの学歴のみを対象としたこと，大卒内部の違いには注目しなかったことから，本稿とは異なる結果が導かれた可能性がある。

5.3. 課題と展望

本論文における分析戦略・方法上の課題についても述べたい。第一に，データの節でも述べたようにサンプルサイズの制約により，職業をより細かい分類では検討できなかった。しかし，専門職の中でもどの職業の寄与が大きいのか，あるいは特定の専攻分野と連関が強いのかといったことは今後検討する必要がある。

第二に，学歴の分類についてもグループ内の異質性が存在すると考えられるグループを統合しなければならない面があった。たとえば専門学校と短大や，保健と家政を同一のカテゴリーにしてよいのかである(12)。表2において短大・高専・専門の連関の値が小さかったのは，こうした操作化が影響している可能性がある。

さらに同一の学科・専攻分野でも入学偏差値などの選抜度による異質性がありえるものの，本稿では上述した通り，学歴と職業の連関を個別の学科・専攻分野の詳細なパターンとして記述的に捉え，そのことによって学歴と職業に関するマッチングの理解を拡げることを目的とした。他の変数を扱っていないという限界を乗り越える方法としては，たとえば賃金を従属変数とした分析において今回得られた学科・専攻分野ごとの局所連関を独立変数として，偏差値と同時に回帰分析に投入することなどが考えられる。ただし職業との連関が強い学科・専攻分野ほど労働市場において有利であるという知見がある一方で，特定の職業と対応した学科・専攻分野のスキルは陳腐化しやすく，ライフコース全体では不利になるという主張もあり（DiPrete et al. 2017），さらなる実証研究の蓄積が求められている。

〈注〉

(1) 職業との連関が弱い場合に教育は特定のスキルを身につけるためではなく，仕事待ち行列の中における相対的に有利な位置のために求められるものとなり，そのような学科・専攻分野は教育過剰が起きやすくなるという問題意識である。

(2) 選抜度を同時に考慮した分析も理論的には考えられる。しかし学歴において高校以上のカテゴリーが13あるため，選抜度を上下に分けただけでも，カテゴリーがさらに13増え，安定した推定を行うことが困難となる。これはクロス表分析などのノンパラメトリックな手法に共通する「次元の呪い」（curse of dimensionality）と呼ばれる問題である。すなわち，このような手法においては変数間の関係に特定の仮定を置かずに各カテゴリー間の関係を詳細に理解できる一方で，多数の変数を同時に考慮することが難しいというトレードオフがある。

(3) SSM 調査は1955年から10年おきに実施されているが，1995年以前の調査は専門学校を独立した学歴として尋ねていないため，本稿では使用しない。

(4) 中退は卒業と同じとみなした。職業に関連する資格を取得するために卒業が要件となる学科・専攻分野の存在を踏まえると卒業と同様に扱うのは望ましくないが，サンプルサイズの確保の点からこのような手続きとした。

(5) 総合学科は職業科として分類した。

(6) 学校教育による仕事とのマッチングという観点からは，初期的なキャリアの分析が関心となることもありえる。分析を20代に限定した場合や，初職を用いた分析とした場合，あるいは従業上の地位と企業規模を組み合わせたSSM職業総合分類を用いた場合も，分析結果に大きな違いはなかった。

(7) 学科・専攻分野と無業の関連も関心となりえるが，移動表分析や職業分離の先行研究では就業者に限定されているものも多く，本稿もそれに従った。

(8) 1時点目の学歴の周辺分布を2時点目と一致するようにクロス表の各行を定数倍する→1時点目の職業の周辺分布を2時点目と一致するようにクロス表の各列を定数倍する→再び1時点目の学歴の周辺分布を2時点目と一致するようにクロス表の各行を定数倍する，という手続きを一定の誤差の範囲内に収まるまで行う。

(9) Mの計算には，Rのsegregationパッケージを用いた（Elbers 2023)。

(10) 表1の通り，2時点間で男性では大卒者の管理職割合が10%ポイント以上減少し（他の学歴では微減)，女性では大卒者の専門職割合が10%ポイント以上減少している（他の学歴では微増)。もし2時点間で学歴と職業の分布が変わらなければ，これらの学歴と職業の連関がより強くなっていたと考えられる。

(11) 時点間の比較と同様に女性の学歴・職業の周辺分布を男性に一致させて比較したところ，全体の連関の値では女性が男性を上回るようになり，また女性における学歴段階内の連関による寄与は約47%に上昇した（結果は省略)。

(12) 分類をより細かくすれば学歴段階内による説明割合は増えるため，分析結果で得られた学科・専攻分野の寄与割合は保守的な値を示しているとも言える。

〈引用文献〉

Allmendinger, Jutta. 1989. "Educational Systems and Labor Market Outcomes," *European Sociological Review*, Vol.5, No.3, pp.231-250.

Di Stasio, Valentina, Thijs Bol, and Herman G. Van de Werfhorst, 2016, "What Makes Education Positional? Institutions, Overeducation and the Competition for Jobs," *Research in Social Stratification and Mobility*, Vol.43, pp.53-63.

DiPrete, Thomas A., Christina Ciocca Eller, Thijs Bol, and Herman G. Van de Werfhorst, 2017, "School-to-Work Linkages in the United States, Germany, and France," *American Journal of Sociology*, Vol.62, No.3, pp.1869-1938.

Elbers, Benjamin, 2023, "A Method for Studying Differences in Segregation Across Time and Space," *Sociological Methods & Research*, Vol.52, No.1, pp.5-42.

古田和久，2018,「高学歴社会における学歴と職業的地位の関連」『理論と方法』第33巻２号，pp.234-246.

本田由紀編，2018,『文系大学教育は仕事の役に立つのか―職業的レリバンスの検討』ナカニシヤ出版.

近藤博之，2017,「ジニ分離指数を用いた学歴－職業関連の分析」『大阪大学大学院人間科学研究科紀要』43巻，pp.85-102.

Mora, Ricardo, and Javier Ruiz-Castillo, 2011, "Entropy-Based Segregation Indices," *Sociological Methodology*, Vol.41, No.1, pp.159-194.

Reimer, David, Clemens Noelke, and Aleksander Kucel, 2008, "Labor Market Effects of Field of Study in Comparative Perspective: An Analysis of 22 European Countries," *International Journal of Comparative Sociology*, Vol.49, No.4/5, pp.233-256.

高松里江，2008,「非正規雇用の規定要因としての高等教育専攻分野―水平的性別専攻分離の職域分離への転化に注目して」『年報人間科学』第29巻２号，pp.75-89.

竹内洋，1995,『日本のメリトクラシー―構造と心性』東京大学出版会.

多喜弘文，2019,「既婚女性の就業選択と専門学校学歴―就業構造基本調査の世帯情報を用いた検討」『社会科学研究』第70巻１号，pp.31-49.

豊永耕平，2018,「出身大学の学校歴と専攻分野が初職に与える影響の男女比較分析―学校歴効果の限定性と専攻間トラッキング」『社会学評論』第69巻２号，pp.162-178.

Van de Werfhorst, Herman G., 2004, "Systems of Educational Specialization and Labor Market Outcomes in Norway, Australia, and the Netherlands," *International Journal of Comparative Sociology*, Vol.45, No.5, pp.315-335.

Wolbers, Maarten H. J., 2007, "Patterns of Labour Market Entry: A Comparative Perspective on School-to-Work Transitions in 11 European Countries," *Acta*

Sociologica, Vol.50, No.3, pp.189–210.
山本耕平・安井大輔，2016，「大卒女性における専攻間賃金格差の分析―理工系出身女性の賃金抑制要因に注目して」『ソシオロジ』第61巻１号，pp.63–81.

〈謝辞〉
データの使用にあたっては，2015年 SSM 調査データ管理委員会の許可を得た。

ABSTRACT

Linkages between Education and Occupations by Field of Study: A Decomposition Analysis of Between-Education and Within-Education Effects Using the Mutual Information Index

The purpose of this paper is to shed new light on the linkage between education and jobs in Japan from individual-level survey data. The author analyzes to what extent linkages exist between- and within-educational level and fields.

The Mutual Information Index, which is a class of entropy-based segregation measure, is applied to the 2005 and 2015 Social Stratification and Social Mobility Surveys in Japan. The analysis also employs a counterfactual framework and decomposes the change in linkage strength between the two time points into the structural and marginal components.

The results observe the followings. (1) University contributes the most to the association with occupation for males, and high school for females. The structural linkage, which purges the effect of composition ratio, shows that for both men and women, junior high school has the strongest linkage, followed by university, high school, and junior college. (2) Within-education groups explain approximately 30% of the total linkage strength and their contribution is higher for women than men. It means that fields of study account for non-negligible portion of the association with occupation. (3) A counterfactual comparison between 2005 and 2015 shows that the linkage strength in 2015 is smaller than that in 2005, which is interpreted as a structural weakening in the linkage. The results imply overeducation by which increasing number of highly-educated individuals cannot attain jobs that match their fields of study.

Keywords: education, field of study, labor market

教育社会学研究第114集（2024）

学校と学習塾の〈境界〉

――学習指導をめぐる教師の専門性の構築過程――

溝脇　克弥

【要旨】

本稿の目的は，Fournier（2000）のバウンダリー・ワーク論の視点から，教師が学校と学習塾，教師と塾講師の違いについて語ることを通じて境界を創出し，自らに「固有」の専門性を構築していく過程を明らかにすることである。

今日，学習塾は日本社会に受容されている。これは同じく学習指導にかかわる教師にとってその専門性を揺るがす事態といえるが，教師＝専門職論はこの問題を等閑視してきた。そこで本稿では，「専門職の社会学」に示唆を得，教師と塾講師を共に学習指導の「管轄権」（Abbott 1988）をめぐって競合する専門職として位置付け，その葛藤関係の内に立ち上がる教師の専門性を筆者が実施したインタビュー調査のデータを基に検討した。

主な知見は，次の通りである。第一に，研究参加者は学習塾を肯定し，学習指導における塾講師の管轄権の領有を認めていた。一方で第二に，学習指導をめぐる職務領域を〈学力向上〉と〈人格形成〉に分割して境界を創出し，管轄権の重心を後者に移動させる特殊な形態のバウンダリー・ワークを実践することで，教師に「固有」の専門性を見出していた。第三に，語りを通じて呈示される教師の専門性は日々の実践を規定する制度的枠組みとの間に矛盾をきたしうるが，それは境界再編の契機にはなり得ず，境界は維持されていた。

以上を踏まえ，教師＝専門職論における「下から」のアプローチの展開可能性と，学校外の「他者」に関心を向けることの重要性を指摘した。

キーワード：学校と学習塾，教師＝専門職論，バウンダリー・ワーク

名古屋大学大学院

1. 問題の所在

今日の教育には，学校に限らず様々な組織集団が関与している。その筆頭が，学習塾である。学習塾は1980年代に社会に定着を見せたものの，教育界からは長らく批判の対象であり続けてきた。しかし，文部省（当時）は1999年の生涯学習審議会の答申を契機として学習塾に対する態度を転換し，2002年の「確かな学力向上のための2002アピール『学びのすすめ』」をもって学校と学習塾の共存へと舵を切る（岩瀬　2006，高嶋　2019）。こうして現在，学習塾は日本社会に受容され，子どもの学習指導の面で大きな存在感を放っている。

このことは，教師にとって特に重大な意味を持つ。なぜならそれは学習指導に携わる職業集団としての教師の独占的地位を喪失させ，教師と塾講師の違いは何処にあるのか，教師に特有の専門性は何かという問いをかれらに突き付けるからである。学習塾の社会的受容は，教師の専門性を揺り動かしている。

しかしながら，教育社会学領域における教師研究，とりわけ教師＝専門職論はその豊富な知見の蓄積にもかかわらず上記の事態を看過してきた。この背景には，教師＝専門職論におけるまなざしの偏りが指摘できる。従来の教師＝専門職論は，詳細は後述するが，教師の「あるべき姿」として「専門職」を位置づけ，教師に備わっている（べき）とされる専門（職）性の実在や不在を論じることに主眼を置いてきた。そのため，教師自身によって見出される教師の専門性を，それも他者との関わりの中に論じていく視点はこれまで殆ど持ち合わせてこなかったのである。

それでは実際，今日の教師たちは学習塾や塾講師をどのように受け止め，またそれはかれらの専門性の在り方とどのように関わっているのだろうか。この問いに答えるための示唆を与えてくれるのが，「専門職の社会学」（sociology of professions）である。専門職の社会学は「専門職」に緩い定義を与えた上で，特定の職務領域に係る「管轄権」（jurisdiction）（Abbott 1988）をめぐる専門職間の葛藤に議論の照準を合わせる。この視座に立つならば，教師と塾講師の双方を共に専門職として位置付け，学習指導の管轄権をめぐる塾講師との葛藤関係の内に立ち上がる教師の専門性に光を当てることができる。

以上を踏まえて，本稿では専門職の社会学の立場から教師＝専門職論へと接近していく。具体的には，Fournier（2000）のバウンダリー・ワーク論を分析枠組みに採用し，教師が学校と学習塾，教師と塾講師の違いを語る――境界線を引くことによって，自らの専門性を構築していく過程を明らかにする。この点で本稿は，塾講師との関係を事例として，教師＝専門職論の射程を拡げる試みとなる。

本稿の構成は以下の通りである。まず２節で国内における教師＝専門職論の展開と専門職の社会学の視座に立つ教師研究を検討し，課題を導出した上で，３節で分析視角を提示する。４節ではデータの概要を述べ，続く５節から７節にかけて分析を進めていく。最後に８節で知見の整理を行い，本稿の意義と課題を述べる。

2. 先行研究の検討

2.1. 国内における教師＝専門職論の展開

教師の在り方をめぐる議論として，教育社会学領域において一つの大きな争点となってきたのが，教師＝専門職論である（越智・紅林　2010）。教師＝専門職論は，教師の専門職としての地位を論じる「専門職性」の議論と，専門職としての役割や実践，あるいはそのために必要な知識・技術を論じる「専門性」の議論とに大別される（今津　2017）。

専門職性論では，一般化・抽象化された「専門職」概念が教師の目指すべき理想像として掲げられ，その要件を教師がどれだけ具備しているかが問われてきた（名越　1993）。この立場からは，教師の職業的特質や制度的実態，意識構造の検討を通じて完全な「専門職」にはなりきれない「準（半）専門職」としての教師の位置が示され（天野　1969，市川　1969，伊藤　1971，竹内　1972），教育という重大な社会機能の担い手としてさらなる専門職化が志向されることとなる。しかし，国外において脱専門職論が展開され，また国内においても教師の専門職化が有する逆機能が指摘（永井　1988など）されるようになると，教師＝専門職論の主眼は次第に教師に特有の「専門性」の探究へと移行していく。

こうして教師＝専門職論の中心となった専門性論では，教師がいかなる性質をもつ専門職である（べき）かが論じられてきた。D・ショーンによる新たな専門職像――「省察的実践家」の提唱を一つの画期として，「学びの専門家」（佐藤　2015）や「考える教師」（紅林　2014），「援助専門職」（今津　2017）または「対人援助の専門職」（油布　2015）など，今日では様々な教師＝専門職像が掲げられている。これらはいずれも，社会変容や学習観のパラダイム転換，学校教育制度・組織の改編等を背景に，教師の役割が変化しつつあるとの問題意識を共有している。

同時に，近年では教師の「脱専門職化」も指摘される。専門職性の観点からは，新自由主義的イデオロギーの浸透による官僚主義的統制の強化と，それに伴う教師の自律性の縮減が指摘される（佐藤ほか編　2016，油布ほか　2010）。一方で専門性の観点からは，教師の多忙化を受けて授業準備や研修に割かれる時間が相対的に減少し，脱専門化が進行していることが問題視される（佐藤ほか編　2016）。つまり「脱専門職化」論は，専門職であるべきはずの教師が専門（職）性を失いつつあることを問題化し，政策批判と教師教育の改善を図ることに主眼を置く議論である。

以上に鑑みると，国内の教師＝専門職論は殆ど一貫して専門職を教師の「あるべき姿」として掲げ，教職に備わるとされる特質に専門（職）性を見出しながら，それを鍛え上げることを志向してきた。この点で従来の教師＝専門職論は，規範的性格の強い「上から」のアプローチであったといえよう。このような視角からは，学校教育制度の外側に位置する学習塾（塾講師）のような他者との関わりの中に，教師の専門性の問題が見出されることはなかった。

2.2.　専門職の社会学の視座

他方，「専門職」に対して教師＝専門職論とは異なる見方を提出するのが，欧米を中心に知見の蓄積が進む「専門職の社会学」，とりわけ Abbott（1988）に代表される新ウェーバー派のアプローチである。

新ウェーバー派アプローチは，M. ウェーバーの論じた「社会的閉鎖」（social closure）概念を発展させ，専門職であることを，その専門職が位置する社会空間における他の職業集団との葛藤関係の中に見出す点に特徴がある（Sacks 2010）。中でも，Abbott の議論は近年重視される。というのも，Abbott（1988）は「幾分抽象的な知識を特定の事例に適用する排他的な職業集団」（p. 8）と，従来よりも緩やかに「専門職」を定義した上で，専門職同士を排他的であるがゆえに相互に依存する関係にあるとみなす独創的な議論を展開したからである。Abbott の枠組みでは，専門職と特定の職務との結びつきを指す「管轄権」概念が鍵となる。専門職はこの管轄権の領有をめぐって様々な戦略を展開し，葛藤を繰り広げるのである。

Abbott の議論を教師に適用した国内の研究に，保田（2014，2022）がある。保田は，近年「チーム学校」の旗印の下で協働を求められるスクールカウンセラー（SC）やスクールソーシャルワーカー（SSW）と教師の関係に着目し，フィールドワーク（保田　2014）や質問紙調査（保田　2022）を通じて，教師が他の専門職と職務を重ねながらどのような部分で管轄権を領有し，いかなる役割を果たしているかを明らかにした。彼女の研究は教師の在り方を他の専門職との相互関係の中に見出す道を切り拓き，教師研究の射程を拡げた点で重要な試みと言える。

一方で，保田（2014，2022）には教師＝専門職論に通底する二つの限界もまた指摘できる。一つは，学校内へのまなざしの偏りである。保田（2014，2022）では，専門職として扱われる対象が学校教育に参画する職業集団（教師・SC・SSW）に限られている。しかしAbbottの枠組みの強みは，「専門職」を緩く定義することで一般には専門職とみなされ難い職業集団をも同じ地平上に並べて論じられる点にある（丸山　2008）。このことに鑑みれば，専門職の社会学の視座に立つ教師研究は，塾講師を筆頭に教育に関わる様々な職業集団を広く「教育専門職」として位置付け，それらの相互関係の内に教師の在り方を問うていく必要がある[(1)]。

もう一つは，教師の専門性が本質的に扱われている点である。保田（2014）は専門職間の協働における役割の重複を検討するが，その際に各専門職が持つアイデンティティや専門性については所与のものとされている。だが実際には，こうした他者との役割交渉を通じて教師が担うべき職務領域の輪郭が縁どられ，教師の専門性が構築されていく側面もあるのではないだろうか。

そこで本稿では，教師と塾講師を学習指導に係る管轄権をめぐって競合する専門職として位置づけ，その関わりの中で教師が自らの専門性をいかに構築していくのかを検討していく。この点で本稿は，教師＝専門職論の視野を学校外まで拡張するとともに，教師自らによって構築されていく専門性を記述する「下から」の教師＝専門職論を展開する試みとなる。

3.　分析視角――Fournierのバウンダリー・ワーク論

教師の専門性の構築というプロセスを論じるにあたって，本稿では構築主義の立場からAbbottの管轄権をめぐる議論に再解釈を加えた，Fournier（2000）のバウンダリー・ワーク論に着目する。

Fournier（2000）によれば，専門職は「労働の分業」（the division of labour）の成果ではなく，「分業の労働」（the labour of division）によって創り上げられるものとして捉え直される必要がある（p.73）。つまり，各職業集団が管轄権を領有し専門性を発揮する職務領域（以下，管轄領域）は個々に固有のものではなく，特定の職務領域を他から区別して「他者」（other）を排除し，独自の管轄権を主張する過程を通じて構築されるものなのである。しかし，このように創出された他者との境界は不確実で可鍛性のあるものであるから，維持するために絶え間ない努力を必要とする。したがって専門職であることは，境界の創出と維持に費やされる分業の労働――「バウンダリー・ワーク」（boundary work）に依存することとなる（p.77）。専門職は他者との間に境界線を引くことで独自の管轄領域を見出し，自らを卓越化させることで「固有」の専門性を創り上げていくのである。

バウンダリー・ワーク論はその後さまざまな分野・職業に応用され，精緻化が進められているが，近年では特に葛藤を伴わないバウンダリー・ワークの形態に関心が寄せられている。他者と対峙するとき，専門職は必ずしもFournier（2000）が言うように排除を志向するわけではなく，自らの管轄権の縮小＝「脱専門職化」（de-professionalization）を受容したり（Andrews & Wærness 2011），積極的に他者を自らの境界内に歓迎したり（Van Bochove et al. 2018）することもあるのだ。本稿ではこうした議論の動向も踏まえつつ，バウンダリー・ワークの視点から，学校（教師）と学習塾（塾講師）の違いを語ることで教師が境界を創出・維持し，自らに「固有」の専門性を構築する過程を明らかにしていく。

なお，ここで語りに着目するのは教師–塾講師関係の特殊性に由来する。バウンダリー・ワーク概念を用いた実証研究にはフィールドワークに基づくものも多いが，それは先行研究の関心が職場を共有する職業集団間の葛藤や協調に向けられる傾向にあるためである（Van Bochove et al. 2018など）。一方で，教師と塾講師の場合には一般に職場を共にする機会はなく，教師はあくまで子どもや保護者を通じて間接的に塾講師の存在を看取するに止まる。したがって，教師によって塾講師との間に実践されるバウンダリー・ワークは本来，内的に遂行されるプロセスとなる。

その上でそのプロセスが顕在化しうるのは，教師が他者とりわけ「素人」に対して塾講師との差異を示し，自らの専門性を呈示する＝語る必要に迫られたときである。本稿ではインタビュー場面の相互行為を，素人（＝筆者）に対して，研究参加者が専門職（＝教師）として自己呈示する実践の場として捉える。つまり，教師が学校と学習塾，教師と塾講師の違いを語る行為それ自体がバウンダリー・ワークの実践であり，教師の専門性が構築されていく一つのプロセスであると理解していく。

4. データの概要

筆者は，2019年６月頃から現在にかけて，Ｘ県の公立小・中・高校教師を対象に不定期かつ継続的にインタビュー調査を行なってきた。研究参加者は筆者の知人や知人の紹介を受けて知り合い，研究参加の同意を得られた教師で，現時点で延べ16名（うち小学校３名，中学校11名，高校２名）となっている。インタビューは学習塾や塾講師，通塾に対する認識や態度などについて自由に語ってもらう半構造化形式をとり，所要時間はそれぞれ約１～２時間であった。

研究参加者の最大の特色は，2000年代以降に被教育期を過ごしている点にある。

先述の通り，日本の教育における学習塾の位置づけは2000年前後に一つの転換点を迎えた。つまりかれらは学習塾に対して特に受容的な社会に育ち，教育を受けてきたコーホート的特色を有している。また勤務校の状況についても，学力水準は平均かやや低い程度で，概ね共通している。

表１　研究参加者の概要

仮名	生年	教科	通塾歴	塾講師バイト歴	調査日	教職経験（調査時点）
A	1994	国語	中３（集団／進学）	大１－大４（個別／補習）	2019/８/２	３年目
B	1995	英語	無	無	2023/７/９	６年目
C	1995	英語	中３（集団／進学）	大１－大４（個別／補習）	2023/７/16	５年目
D	1995	理科	小５－中３（集団／補習）	大１（集団／補習）	2023/６/26	６年目
E	1996	数学	中３（個別／補習）	大１－大４（個別／補習）	2019/８/22	１年目

本稿では，特に表1[(2)]に記載した中学校教師５名を事例に検討を進めていく。中学校教師に対象を絞る理由は，中学生が最も通塾率が高く[(3)]，日常的に学習塾を意識せざるを得ないからだ。実際，本稿で検討する研究参加者が受け持つ学級では，学年によらず過半数の生徒が通塾していると認識されていた[(4)]。

その上で，学習塾についての語りを規定しうる特性には，教師自身の通塾・塾講師バイト経験が想定できる。しかし実際に調査を進める中で浮上したのは，むしろそのような学習塾経験に左右されない語りの共通性であった。そのため，本稿では学習塾経験の有無，そして経験者についてはさらに通って／働いていた学習塾の形態や目的，担当教科といった経歴・属性に偏りがないよう５名を取り上げ，その多様性に留意しながらもかれらの語りに共通する部分を中心に検討を進めていくこととしたい。

次節からは，実際に分析に入っていく[(5)]。５節でまず研究参加者が学習塾に対していかなる態度を示すかについて確認した上で，６節ではかれらが特殊な形態のバウンダリー・ワークを実践して境界を創出するプロセスを，そして７節では６節で創出された境界の維持が図られる様相を示していく。

なお，語りの中では「学校」と「教師」，「学習塾」と「塾講師」が互換的に用いられることも多い。研究参加者にとって，学校／学習塾の意義と教師／塾講師の役割は不可分なものと捉えられているからである。したがって分析に際しては，文脈を踏まえつつこれらの語句を適宜使い分けて検討していく。

5. 学習塾の肯定

5.1. 塾通いの肯定と被教育期の経験

教師によって実践されるバウンダリー・ワークを検討していく上で，まずは教師たちの学習塾や塾講師に対する態度について確認しておきたい。教師と塾講師はどちらも学習指導に携わり，したがって管轄権をめぐり競合する関係にあることを思えば，相互に批判的な態度を有していてもおかしくはない。実際のところ，かつて実施された意識調査では，当時の教師たちは学習塾や塾講師に対して概ね批判的であることが明らかになっている（結城・佐藤・橋迫 1987）。

しかしながら，本研究の参加者は異なる姿勢を示す。あくまで家庭の経済的な要件はクリアしているという前提の上ではあるが，「どんどん通ってほしい」（A），「行けたら行った方がいい」（C），「少しプッシュ」（D）と，かれらは程度の差はあれ生徒の通塾を肯定するのである。このような姿勢は，以下に見るように学習塾経験のないB先生にも共有されている。

＊：〔生徒が〕塾に行くこと自体は，良いことだと思う？

B：良いことなはずだけど，良いことにできてない子どもが一番悪いと思う。…学びたいっていう気持ちがあって，一人じゃ学びきれないから教えてほしいって塾に行ってる人だったら，とってもためになってると思うから。塾自体を強く否定する気は一切ない。むしろ「ありがとう」って思ってる。

B先生は，生徒にとって通塾は「良いことなはず」であり，学習塾に対しては「『ありがとう』って思ってる」と好意的に評価する。このとき，彼が通塾を「良いことにできていない子ども」，つまり通塾の効果が見られない生徒の存在に触れながら，その要因を本人の学習意欲の欠如に見出す点は重要である。「塾に行っただけで効果があるわけじゃない」（A）というように，通塾の効果が一見して不確かな実態を認めつつ，その責を生徒個人の問題に帰して「塾自体」への否定的な評価を回避するこの論理は，すべての研究参加者に共通して語られるものであった。

それでは，なぜかれらは学習塾を肯定するのか。その背景の一つには，被教育期の経験がある。通塾への態度について，「それは自分の経験に基づいてのやつですね」と述べるA先生のように，通塾の是非をめぐる語りには自らの経験が積極的に参照される。それは学習塾経験がある場合には，「自分も生徒として集団塾行ってた身だから，そこでちゃんと力もついたし」（C）や「学校での躓きを〔塾講師の〕僕が拗ってあげて，いい感じに成績が上がっていく」（E）といった，生徒／塾講師として通塾が自身／生徒の学力向上に結実した成功体験であることが多い。

他方，学習塾経験のない場合に語られるのは，学習塾に通わなかった経験であった。B先生によれば，学生時代，彼は通塾している周囲の友人をライバル視していたが，学業成績において「教科によっては勝てる」ものの「やっぱり総合では負け」ていたという。つまり，ここでは自身が通塾していなかったからこそ感じられた通塾者の有利を語ることをもって，学習塾を評価する根拠とされている。結局のところ，学習塾が普及した今日的状況にあっては，たとえ通塾したり塾講師バイトをしたりせずとも学習塾の存在を等閑視はできない。被教育期を通じて学習塾についての情報を見聞きし，また場合によっては学習塾経験者と自らとを比較する中で，学習塾に対する肯定的な態度が形成される可能性は誰しもに開かれているのである。

5.2. 塾講師の専門性と教師の限界

こうして，研究参加者は個々の学習塾経験によらず学習塾を評価し，生徒の塾通いを肯定している。これはすなわち，学習指導に係る塾講師の管轄権の領有が承認されていることを意味する。それでは，このとき塾講師に認められる専門性とは何か。それは既に触れられているように，生徒の学力の向上である。

例えばA先生は次の語りで，やはり生徒自身の学習意欲の高さを前提としつつも，さらなる学力の向上を目的とする通塾について特に積極的な姿勢を示す。

A：普段から継続的に頑張ってる子がさらにプラスアルファで勉強したいって言うんなら，それはもう是非是非。集団授業のところとか勧めますけどね。…授業力を上げるってことに関しては，プロの塾講師の方がはるかに努力してるし，リソースも割いてるので絶対。

ここでいう「プロの塾講師」とは，授業や入試について日頃から「研究」している集団塾の正規講師である。彼によれば，塾講師は「学力っていうものにちゃんと向き合っている」一方で，教師は「勉強の面で言えば余計な仕事も滅茶苦茶ある」ために，生徒の「学力の面倒を見切れていない」。要するに，教科指導力の面では，教師はそれに特化する塾講師にかなわない。したがって生徒が高い学習意欲を持っているならば，それを発揮する場として，より「質の高い授業」が期待される集団塾に通うことが望ましいと考えられているのである。

他方，以下のC先生の語りでは，学力が低い生徒へのサポートが個別塾に求められる。限られた時間の中で教室移動や授業準備などを行う必要がある教師には，生徒一人ひとりの質問に応じることは難しい。こうした現実を前に，彼は自身が担いきれない補習指導を個別塾の講師に託すのである。

C：〔学力が〕低い子とかは，塾行ってるんだったらもう「塾頑張って」っていうのは思う。

＊：やっぱり個別にそういう子にサポートとか，なかなか学校ではしづらい？

C：学校では絶対できない。…子どもの話聞いたりとか，質問受けてる余裕は正直無いからね。なかなか個別指導ってできないから。

A 先生や C 先生の語りに見るように，いかなる形態・目的の学習塾にとりわけ強調点が置かれるかは研究参加者それぞれに異なる。しかしいずれにせよ，結局は生徒の学力を向上させるという一点において，塾講師の専門性は認められている。

ところで，このように塾講師の専門性が語られるのは，5.1. で見たようにかれら自身の経験ももちろんであるが，それ以上に生徒や保護者，同僚との日々のやりとりに依るところが大きい。「〔生徒と〕『学習塾行ってるの？』っていう話はちょくちょくする」（C），「〔生徒が〕日記に書いてくる」（E），「〔保護者から〕よく個別懇談会とかで聞かれる」（D），「教員界隈でも割と話題にはなる」（B）と，生徒たちが現に通っている学習塾についての情報は教師の周りに溢れている。したがってかれらは，「イメージ的に塾講師は学力あげるとか，〔偏差値が〕高いとこ入れるとか，学力系がメインというか仕事」（D）というように，自らの経験からというよりは，むしろ生徒が通う様々な学習塾の最大公約数的な「イメージ」を創り上げ，それに基づき塾講師の専門性を語るのである。このことはおそらく，研究参加者の語りに経歴や属性を超えた共通性が見られる要因の一つにもなっている。

その上で，塾講師の卓越性を示す際に学校現場の構造的制約が言及される重要性は強調しておきたい。Van Bochove et al.（2018）は，仕事上の重圧やタイトなスケジュールといった構造的特徴は専門職が管轄領域内に他者を歓迎する誘因となることを指摘している。これに鑑みると，研究参加者が学力向上に係る塾講師の専門性を認める背景には，教師の限界をめぐる認識が深く関わっている。かれらは純粋に生徒の学力向上を図る上では制約の多いことを自覚するがゆえに，「教科指導のエキスパート」（B）たりうる塾講師に専門性の発揮を期待するのである。

以上，本節では研究参加者が学習塾に対して肯定的な態度を表明することを確認してきた。しかし，それは「学力の向上に関して」という条件付きのものであることには注意がいる。なぜ，このような条件が付されるのか。次節ではかれらが学習塾を肯定する一方で展開する，バウンダリー・ワークの様相を明らかにしていく。

6. 境界の創出

6.1. 学習指導をめぐる職務領域の分割——〈学力向上〉と〈人格形成〉

前節で確認したように，研究参加者は学習塾を肯定し，学習指導における塾講師の管轄権の領有を認めている。だがこれは，同じく学習指導に携わる教師にとっては自らの「脱専門職化」(Andrews & Wærness 2011)，すなわち管轄権を縮小させ，専門性を脅かす行為でもありうる。

この問題は，E 先生の語りに象徴的に表れる。以下の語りに見るように，生徒の通塾について尋ねられた際，彼は学習塾の価値や通塾の効果を強く肯定してみせるが，このことは学校の存在意義に対する疑念を招くこととなる。

E：〔学習塾は〕すごい良いものなんだろうなっていう風には思いますね。絶対成績上がると思いますし。…学校の授業で，またさらに塾でその内容を完璧にした方が絶対良いんだろうなっていう風には思いますけど。だったらもう学校いらないんじゃないかっていう風にも考えちゃって。

ここで E 先生が吐露した「学校いらないんじゃないか」という懐疑は，学習指導において塾講師の管轄権の領有を認めることが，翻って当該領域に係る教師の管轄権の正当性を脅かすものであることを物語っている。しかし，彼はこの直後から学習指導に学力向上とは異なる意味を与え，新たな職務領域の構築とそこにおける管轄権を主張し始める。先の引用に続けて，E 先生は次のように語る。

E：学校は結局，勉強を教える場所じゃないと思ってるんで，特に小中は。義務教育は結局人も育てていかないといけないので。…塾は本当に点数アップとか，内申点アップのためにやってるのかなっていう風に思いますね。…学校は「○○さん気づいたら隣の子に教えてたよ」っていうところの方が価値は高いと思いますし。苦手な子も，50分の中で数学を考えることによって，たとえ内容が理解できなくても合格点なのかなっていう風に思いますね。

E 先生によれば，学習塾は専ら学業成績の向上を目指す場であるのに対して，学校は「勉強」よりもむしろ自発的に教え合う主体性や協調性，学びに向かう姿勢といった「人」を育てるための場である。つまり，ここで彼は学習指導に対して新たに人格形成という意味を付与することで，学習指導をめぐる職務領域を〈学力向上〉の領域と〈人格形成〉の領域とに分割する。併せて，前者には塾講師を，後者には教師をあてがうことで，両者の間に境界を創出するのである。

このような境界線の引かれ方は，他のどの研究参加者にも共通していた。ただし，E先生のように語りにおいて教師の管轄権の正当性に対する疑念が顕在化することは稀であって，殆どの場合，かれらはごく当たり前のように学校と学習塾の違いを語る。ここで5.2.を振り返るならば，かれらは自ら創り上げた「イメージ」の下に，塾講師一般の専門性として生徒の学力向上を見出していた。それはなぜか。教師が〈人格形成〉において「固有」の管轄権を主張するためには，逆説的に学習塾は〈学力向上〉の場でなくてはならないからである。研究参加者は学習塾の実態が多様であることを知っている。にもかかわらず，かれらが一様に，そして一概に塾講師の専門性を語るのは，学校と学習塾の境界をめぐる葛藤の裡に学習塾をめぐる「イメージ」から〈学力向上〉に係る以外の事柄が捨象されるからだと考えられる。

なお，E先生が「人も育てていかないといけない」と述べるように，このとき〈学力向上〉の管轄権が放棄されていないことには注意がいる。教師がどれだけ学習塾を肯定しようと，それはあくまで私的教育サービスに過ぎず，公教育を請負う教師たちがその任を解かれることはない。〈学力向上〉に係る教師の管轄権は制度的に守られ，かつ義務付けられている。したがって，かれらは〈人格形成〉へと完全に撤退するわけではないのである。

6.2. 教師の専門性と管轄権の重心移動

では，このような管轄領域の布置関係の中で立ち上がる教師の専門性とはどのようなものであろうか。以下に，典型的な事例としてC先生の語りを取りあげる。日頃の授業実践をめぐる筆者とのやりとりの中で，彼は塾講師の教え方と教師のそれとを比較しながら，教師に備わる専門性を対話の重視や意欲・関心の形成に見出す。

C：〔学校は〕相談したり，ペアワークしたり，一緒に学びあう空間だから一方通行じゃないよね。子ども同士の対話だし，先生と子どもとの対話。…塾はさ，入試に合格するためとか，テストで点数を取るための教え方じゃん。でも学校の教え方はそうじゃないから。問題集をひたすら解きまくるような授業には絶対ならないし。学びの楽しさとか，題材への興味とか。

このとき，教師の実践に関して〈学力向上〉に係る事柄は触れられず，受験対策やテスト対策などはあくまで塾講師の実践の範疇にあると主張される点は重要である。教師たちは〈学力向上〉の管轄権を放棄しないけれども，そこでは自らに固有の価値や卓越性は見出されない。ゆえに，かれらは教師の専門性を呈示する段になって専ら〈人格形成〉に係る事柄を強調し，塾講師との境界を明確化するのである。

またさらに言えば，ここでは塾講師に対する教師の卓越化も図られている。一方では塾講師の実践を「点数を取るための教え方」として単純化しながら，他方で教師の実践がただ問題を解くだけでなく，「学びの楽しさ」や「題材への興味」といった抽象的次元での達成に主眼を置くものとする語りは，教師の実践が塾講師のそれに比してより複雑な営みであることを示し，教師の卓越化に貢献している。

以上を踏まえると，研究参加者に実践されるバウンダリー・ワークは単なる他者の排除や，脱専門職化の受容ではなく，Van Bochove et al.（2018）が指摘した「分割ワーク」（demarcation work）や「歓迎ワーク」（welcoming work）に近いものといえよう。Van Bochove et al. はオランダの介護福祉の現場を事例に，専門職が分割ワークを実践してボランティア集団との差異化を図りながら，特定のスキルなどを有した信頼のおける個人に限って自らの境界内に積極的に招き入れる歓迎ワークを実践する場合があることを指摘した。歓迎ワークは一見して脱専門職化を引き起こすが，その実むしろ専門職の果たす役割をより特殊な職務に重点化し，質の高いサービスの維持を可能にする点でさらなる「専門職化」が図られている。

しかし，本稿に見る事例とはいくつかの点で違いもある。第一に，研究参加者が歓迎するのは特定の個人ではなく，職業集団そのものである。また第二に，教師は塾講師を歓迎するからといって実際に職務範囲を限定できるわけではない。したがってここで行われているのは，他の職業集団を自らの職務領域内に歓迎し，ある部分では共存を図りながら，同時にそれとは異なる独自の職務領域において「固有」の管轄権を積極的に主張し，卓越化を図る――「管轄権の重心移動」とでも呼ぶべき特殊な形態のバウンダリー・ワークなのである。教師たちは管轄権の重心を〈人格形成〉に移動させることで，〈学力向上〉における塾講師との葛藤を回避し，学習塾の肯定と学校の肯定とを両立させている。

7. 境界の維持

7.1. 目標における境界の曖昧化

とはいえ，繰り返しになるが教師は実際に〈人格形成〉に専念できるわけではない。むしろ今日では，「確かな学力」が謳われるように〈学力向上〉の重要性もまた強調されている。加えて研究参加者はひときわ対話を強調するけれども，教師の実践には「協働的な学び」と共に「個別最適な学び」が求められるようにもなっている。であれば，こうして制度的に枠づけられる実践（目標の実現，評価の実施など）とかれらの語りとの間には，矛盾が生じはしないだろうか。

まず検討したいのは，「個別最適な学び」の要請に伴い境界の曖昧化が生じる事例である。例えばＢ先生は，「個別最適化」やそれにかかわる個性の伸長は学校の役割を逸脱していると批判する。次の引用に見るように，彼は個性の違いを受容するような協調性を育むための場であると，やはり学校に〈人格形成〉に係る役割を見出しながら，一方で個性の伸長を強調する「個別最適化」を塾講師の管轄権の範疇として位置付け，教師に求められるべきものではないことを強く主張する。

B：個別最適化とか，もうなんか学校とは違う方面の話じゃん？…一人ひとりの個性を伸ばすためにあるんじゃなくて，多分学校って，色んな個性の奴が集まってきて，違っていいよねっていう価値観を認識するための場所ではあると思うんだけど。…個別最適化を強く求めてくるんだったら，それこそ「俺はそれは知らん！塾行け！」って。

Ｂ先生は「個別最適化」について，「一番楽で，シンプルで，『個別最適化』らしいのは自習」であって，「個別最適を進めていくと，『協働的な学び』とはかけ離れてい」くと説明した。すなわち彼にとって，「個別最適化」の追求は教師が専門性を発揮しうる「対話的」な実践を放棄し，塾講師らしい「一方通行」的な実践へと接近していくことを意味している。であるならば，「個別最適化」の要求は教師の専門性を棄損しかねないものであり，とても受け入れ難い。「俺はそれは知らん！塾行け！」という彼の言葉には，教師と塾講師の境界を曖昧化しうる制度的枠組みを斥け，境界の維持を図るバウンダリー・ワークの様相が端的に表れている。

7.2.　評価方法における〈学力向上〉の優越

続いて，学習指導要領に示される評価方法と研究参加者の語りとの間に矛盾が生じる事例を検討していきたい。ここで主題化されるのは，観点別評価における〈人格形成〉に対する〈学力向上〉の優越である。

次の引用は，教師の実践に関して「学力を上げる」ことや「勉強させる」ことが二の次であると語る，つまり〈学力向上〉から〈人格形成〉へと重心移動を図るＤ先生に対して，生徒の学力を評価し，成績を付けねばならない実態との間に齟齬がないかと筆者が疑問を投げかけた場面である。彼女は筆者の疑念の正当性を認め，おそらく教師一般においては専門性の自認と実態との間に筆者の言う「ズレ」は生じていないのだろうと説明するが，その上でなお個人的な態度として，自身は

「基本的な生活習慣」すなわち人格形成を重視してしまうのだと語る。

＊：〔D 先生の語りと実態との間に〕ちょっとズレがあるのかな，みたいな。

D：んー，まぁ確かに。でも，もちろん多分多くの先生は授業するのが仕事だから，…成績が上がるようになるのを仕事って考えてると思うんですけど。でも個人的には，勉強ももちろんしっかりやらせなきゃいけないなと思うけど，本当に基本的な生活習慣というか，そっちの方が大事かなってちょっと思っちゃうところがあって。

とはいえ，結局は成績を付けなければならない。その際，彼女によれば現在の観点別評価の方針では，いかに意欲や態度が備わっていようと学力が低い生徒には総じて低い評価を与えざるを得ないという。彼女はこうした現状をして，低学力の生徒は「どんなに頑張っても，もう駄目。…かわいそう」と表現する。

このように，D 先生が呈示するような教師の専門性に見合う評価の仕方と制度的に枠づけられる評価方法は矛盾を孕んでいる。だがそれは語りの訂正，教師の専門性の再定位といった境界の再編に繋がることなく，あくまで矛盾としておかれ，かつ否定的に語られるのである。

ところで，こうした学力を基盤とする評価方法を受容することは，教師に対する塾講師の優位を認めることにもなりうる。なぜなら前節までに見てきたように，〈学力向上〉において卓越性が認められるのは塾講師であるからだ。この点について考える上では，以下の B 先生の語りが示唆的である。彼は今日の学校の評価方法について，D 先生と同様の説明を行いながら，やはり意欲や態度を十分に評価しない，低学力の生徒を切り捨てるやり方であると批判する。しかし一方で，実際に成績を付ける際には，そのような評価方法は決して徹底されていないのだとも述べる。

B：その評価の仕方って，バカを捨ててるって感じ。一生懸命やってるバカは切り捨てる評価になっちゃうから，そうはできない。学校の先生はそんなに厳密にできない。

B 先生によれば，「基準に基づいて正しく評価がされてるかと言われると定かじゃない」。彼はこのような「実情」を語ることで，そもそも筆者が指摘するような矛盾はあくまで学習指導要領に厳密に基づき評価が行われる場合に初めて生じる問題であって，現実にはそのようになっていないことを主張する。こうして，観点別評価における〈人格形成〉に対する〈学力向上〉の優越は決定的なものではなくなり，教師により創出された境界は制度的枠組みに優先され，維持される。

8. 結論

本稿では，バウンダリー・ワーク論の視角から教師が学校と学習塾，教師と塾講師の違いを語ることを通じて自らの専門性を構築する過程を明らかにしてきた。

知見を整理すると，まず研究参加者は自身の学習塾経験によらず学習塾を肯定し，塾講師の専門性を認めていた（5節）。それは教師にとって「脱専門職化」を招きかねない事態であるものの，かれらは学習指導をめぐる職務領域を〈学力向上〉と〈人格形成〉とに分割して境界を創出し，前者から後者へと管轄権の重心を移動させることで教師に「固有」の専門性を見出していた（6節）。また，ここで示される専門性は日々の実践を規定する制度的枠組みとの間に矛盾をきたしうるが，それは境界再編の契機にはなり得ず，境界の維持が図られていた（7節）。

Van Bochove et al.（2018）は，分割ワーク・歓迎ワーク概念を用いて，専門職が他の職業集団に属する特定の個人を自らの管轄領域内に招き入れる場合があること，そしてそれがかえってかれらの専門職化に結び付くことを論じている。これとよく似た構造が，本稿の事例にも見出せる。研究参加者は〈学力向上〉において塾講師が果たす役割を歓迎するが，同時にそれを単純な職務とみなし，自らはより複雑で抽象的な〈人格形成〉の職務に重点化することで専門職化を達成する。しかし本稿の場合，塾講師が教師の境界内に招き入れられるのは専門職化を図ってのことではなく，研究参加者が学習塾の価値をそもそも認めているからに他ならない。学習塾を歓迎することは，バウンダリー・ワークの前提になっているのである。このとき，研究参加者のコーホート的特色を念頭に，学習塾が受容された今日の社会状況が教育界からの批判との長い葛藤の末に学習塾が勝ち得たものであることに鑑みれば，バウンダリー・ワークの実践は当事者間の一時的な利害関係に止まらず，社会的・歴史的文脈を踏まえて検討される必要があるといえよう。

本稿の意義は，以下の二点において教師＝専門職論の射程を拡げた点にある。

第一に，本稿の知見は教師自身によって構築される専門性を記述していく「下から」の教師＝専門職論の展開可能性を主張する。研究参加者が塾講師との間に境界を創出する中で見出す教師に「固有」の管轄領域や専門性は，「生きる力」や「主体的・対話的で深い学び」，「協働的な学び」といった，制度的枠組みの中で従来強調されてきた目標・理念と重なるところがある。だがその一方で，「確かな学力」，「個別最適な学び」等については研究参加者の側から殆ど触れられることは無く，筆者から問われて漸く，それも批判的に語られた。要するに，バウンダリー・ワークを通じた専門性の構築は現場に固有の論理で展開される自律的な側面を持ち，教師は必ずしも「上から」示される枠組みに則り専門職化を果たすわけではない。

もちろん，本稿が検討してきたのはあくまで語りの中で構築される専門性であって，現場の実践とは距離がある。しかし分析でも触れたように，研究参加者によれば日常的に生徒の通塾は顕在化しており，また親子から通塾について相談を受けることも多々あるという。このとき，教師が学習塾や塾講師をどのような存在とみなし，翻って自らにいかなる役割を見出すかという問題は，本稿が示してきたバウンダリー・ワークのプロセスに通ずるところがある。専門職であることは，バウンダリー・ワークの実践に依存している（Fournier 2000）。であれば，今後は「下から」の教師＝専門職論もまた展開されていって然るべきであろう。

また第二に，本稿の知見は学校外の「他者」に対する教師＝専門職論の関心を喚起する。市場モデルの導入が教師の専門（職）性を脅かしている事例として，学校と学習塾の連携施策に言及されることはこれまでにもあった（加野　2010など）。しかし本稿の知見によれば，管轄権をめぐって教師と競合する塾講師は，連携の有無によらず，その存在ゆえに教師の在り方を規定している。学習塾に限らずますます多くの職業集団が教育に関与する現状に鑑みれば，今後は学校内だけでなく，学校外の様々な他者との関わりの中に教師の姿が見出されていく必要がある。

最後に，専門職を論じる上では専門職間のみならず，専門職とクライアント（ここでは子ども・保護者）との関係も重要であるが，本稿では紙幅の都合上扱うことができなかった。また6.1.にて示したＥ先生の語りに示唆されるように，学校段階の違いもやはり重要である。今後の課題としたい。

〈注〉

⑴　丸山（2017）は，Abbottの議論を日本の文脈に敷衍するにあたり，日本標準職業分類における「専門的・技術的職業」全般に「専門職」の適用を拡大することを提案している。この定義の下では，学習塾はもちろん，お稽古ごと・習い事教室の講師やスポーツクラブ指導者も専門職として扱うことが可能となる。

⑵　表１に記した学習塾の分類は，まず指導形態に関して，複数名の生徒に講義中心の指導を行うものを集団塾，一名以上の生徒に演習中心の指導を行うものを個別塾とした。また指導目的の点で，受験対策を主とするものを進学塾，学校の学習進度に応じた指導を主に行うものを補習塾としている。

⑶　文部科学省（2022）の全国調査によれば，令和３年度時点で通塾率は公立の小

学校で38.9%，中学校で70.4%，高校で33.2%となっている。

⑷ 本稿の関心は，学習塾や塾講師について語ることを通じて教師が自らの専門性をいかに構築していくのかにある。ゆえに本稿ではアプリオリに「学習塾」に厳密な定義を与えず，何を「学習塾」と扱うかは研究参加者に委ねている。

⑸ 分析において引用する語りは，個人の特定に繋がりうる箇所，わかりにくい表現については内容が損なわれない範囲で修正を施している。また，引用する際には筆者の発言を＊，語りの中略を…，筆者の補足を〔 〕で示している。

〈引用文献〉

Abbott, A., 1988, *The System of Professions: An Essay on the Division of Expert Labor*, The University of Chicago Press.

天野正子，1969,「専門職化をめぐる教師の意識構造について」『教育社会学研究』第24集，pp.140-157.

Andrews,T.M., & Wærness, K., 2011, "Deprofessionalization of a female occupation: Challenges for the sociology of professions," *Current Sociology*, Vol.59, No.1, pp.42-58.

Fournier, V., 2000, "Boundary work and the (un) making of the professions," N. Malin ed., *Professionalism, boundaries and the workplace*, Routledge, pp.67-86.

市川昭午，1969,『専門職としての教師』明治図書。

今津孝次郎，2017,『新版 変動社会の教師教育』名古屋大学出版会。

伊藤敬，1971,「教員の専門職意識の構造」『教育社会学研究』第26集，pp.152-167.

岩瀬令以子，2006,「現代日本における塾の展開―塾をめぐる社会的意味の変遷過程」『東京大学大学院教育学研究科紀要』第46巻，pp.121-130.

加野芳正，2010,「新自由主義＝市場化の進行と教職の変容」『教育社会学研究』第86集，pp.5-22.

紅林伸幸，2014,「高度専門職化と〈考える教師〉―教師文化論の視点から」『日本教師教育学会年報』第23号，pp.30-37.

丸山和昭，2008,「Andrew Abbottの専門職論―カウンセラーを中心に」『社会学年報』第37号，pp.71-81.

丸山和昭，2017,「再専門職化の時代における教員養成の方向性」『日本教育行政学会年報』第43号，pp.44-62.

文部科学省，2022,「令和３年度子供の学習費調査」(2024年２月９日取得，

https://www.mext.go.jp/b_menu/toukei/chousa03/gakushuuhi/1268091.htm).
永井聖二，1988,「教師専門職論再考―学校組織と教師文化の特性との関連から」『教育社会学研究』第43集，pp.45-55.
名越清家，1993,「教師＝専門職論の統括への視座」木原孝博・武藤孝典・熊谷一乗・藤田英典編『学校文化の社会学』福村出版，pp.213-236.
越智康詞・紅林伸幸，2010,「教師へのまなざし，教職への問い―教育社会学は変動期の教師をどう描いてきたのか」『教育社会学研究』第86集，pp.113-136.
Saks, M., 2010, "Analyzing the professions: The case for the neo-Weberian approach," *Comparative Sociology*, Vol.9, No.6, pp.887-915.
佐藤学，2015,『専門家として教師を育てる―教師教育改革のグランドデザイン』岩波書店。
佐藤学・秋田喜代美・志水宏吉・小玉重夫・北村友人編，2016,『岩波講座 教育 変革への展望 第４巻 学びの専門家としての教師』岩波書店。
高嶋真之，2019,「戦後日本の学習塾をめぐる教育政策の変容」『日本教育政策学会年報』第26号，pp.146-155.
竹内洋，1972,「準・専門職業としての教師」『ソシオロジ』第17巻，第３号，pp.72-102.
Van Bochove, M., Tonkens, E., Verplanke, L., & Roggeveen, S., 2018, "Reconstructing the professional domain: Boundary work of professionals and volunteers in the context of social service reform," *Current Sociology*, Vol.66, No.3, pp.392-411.
保田直美，2014,「学校への新しい専門職の配置と教師役割」『教育学研究』第81巻，第１号，pp.1-13.
保田直美，2022,「常勤での多職種協働と教員役割」『教育社会学研究』第110集，pp.191-211.
油布佐和子，2015,「学び続ける教師」油布佐和子編『現代日本の教師―仕事と役割』放送大学教材，pp.228-241.
油布佐和子・紅林伸幸・川村光・長谷川哲也，2010,「教職の変容―『第三の教育改革』を経て」『早稲田大学大学院教職研究科紀要』第２号，pp.51-82.
結城忠・佐藤全・橋迫和幸，1987,『学習塾―子ども・親・教師はどう見ているか』ぎょうせい。

ABSTRACT

"Boundary" between School and *Juku*: The Process of Constructing Teachers' Profession concerning Teaching

The purpose of this paper is to clarify, from the perspective of boundary work theory (Fournier 2000), the process which teachers create boundaries and construct their own "unique" professionality through talking about the differences between school and *juku*, or between teachers and *juku* instructors.

Today, *juku* has been accepted in Japanese society. This is a serious situation for teachers who are also involved in teaching, and it shakes their professionalism. This is because it removes the exclusive status of teachers as an occupational group involved in teaching and forces them to ask what the difference is between teachers and *juku* instructors, and what are the unique professional characteristics of teachers. However, the teacher profession theory, which has a wealth of accumulated knowledge about the professionalism or professionality of teachers in Japan, has neglected this issue. This paper, inspired by the "sociology of professions," positions teachers and *juku* instructors as educational professions competing for "jurisdiction" (Abbott 1988) over teaching, and examines the professionality of teachers in the context of this conflicting relationship, based on data from an interview survey conducted by the author.

The main findings are as follows. First, the study participants positively evaluated *juku* regardless of whether or not they had gone to or worked at *juku*. In other words, they approved the jurisdiction of *juku* instructors concerning teaching. Second, although this behavior could lead to the "de-professionalization" (Andrews & Wærness 2011) of teachers, the study participants created a boundary by dividing the task field of teaching into "academic achievement" and "personality development," and by shifting the center of gravity of jurisdiction from the former to the latter, they found the "unique" professionality in teachers. Third, the professionality of teachers presented in narratives could conflict with the institutional framework governing their daily practice. However, this could not be an occasion for realignment of the boundary, and it was maintained.

Based on the above findings, the significance of this paper is that it expands the scope of teacher profession theory in the following two respects. First, the findings of this paper argue for the possibility of developing "bottom-up" approaches that describe the professionalism or professionality constructed by teachers themselves. The construction of professionality through boundary work is an autonomous activity that is developed based on the logic specific to the field, and teachers do not necessarily professionalize themselves in accordance with the "top-down" framework.

Second, the findings of this paper arouse interest in the teacher profession theory of the "others" outside the school. Regardless of policies, *juku* has exerted a dynamic that defines the way teachers should be, simply by existing. Given the current situation in which more and more occupational groups, not limited to *juku*, are becoming involved in education, it will be necessary in the future to find the figure of teachers not only within the school, but also in the relationships with various others located outside of the school.

Keywords: school and *juku*, teacher profession theory, boundary work

■ 書 評 ■

山田　哲也［監修］松田　洋介，小澤　浩明［編著］

『低所得層家族の生活と教育戦略―収縮する日本型大衆社会の周縁に生きる』

大阪公立大学　西田　芳正

本書は，ある地方都市の公営住宅が集中する地域で生活する低所得層家族の生活と教育に焦点を当て，1990年から92年，2009・11年とその５年後という３次にわたって実施された共同調査の最新の成果を公刊したものである。同一地域でなされ，テーマと方法を同じくする長期にわたる調査という点で極めてユニークであり，費やされた努力の総量は非常に大きなものだったはずである。90年代の初めに，豊かさが当然視されていたなかで見えにくくされているが確かに存在する貧困，低所得家族の生活と教育に光を当てた一橋大学のメンバーによる学会発表を，評者は印象深く聞いた。「子どもの貧困」が社会問題化し制定された法律のもとで施策が展開されている30年後の状況を誰が予想できただろうか。この間の大きな変化のもとに置かれた低所得層家族の生活・教育にどのような事態が起きているのか。新しいメンバーも加わったこのグループは，継続調査によって変化と現状の課題を描き出し，今後求められる方策について特に教育を中心に提起している。

日本社会の変化のなかに低所得層家族を位置づける分析枠組みとして執筆者間で共有されているのが「日本型大衆社会統合」とその「収縮」である。企業主義的統合のもとで競争秩序が貫徹し低階層までもが競争に参与していた状況が変化するなか，低所得層固有の社会認識と生活スタイルを生活戦略と教育戦略の中に見出すことが課題とされる。

調査のメインは住民へのインタビューであり，これに質問紙調査，学校教員対象のインタビューなどを組み合わせた混合研究法を採用している。

解明すべき課題として第一にあげられるのが，生計を成り立たせるための収入源の選択である。所得増加によって経済的に好転したケースがみられたが，定期昇給ではない収入増，家族の多就業化，子どもの就労によるものであり，それは時限的で不安定なものに過ぎない。

子どもの存在が生活設計をいかに規定しているか，という第２の課題については，その存在の大きさ，就労とのバランスをはかりつつの子育ての実態が報告されている。公的扶助，特に生活保護受給についても子どもの存在が大きく関わっており，受給を選択，納得させる論理として「ケアラー的肯定」が析出された。

生活困難層家族を支えるネットワークが第３の課題として取り上げられる。「親族ネットワーク」に支えられて子育てが可能になっている実態が確認された他，「非親族ネットワーク」の重要な働きを示す事例からは，その基盤となる共感，信頼関係の存在，公的な仕組みが形成を促す可能性が指摘された。

第４の課題である教育戦略としては，近年の調査で新しくみられた「手に職・資格戦略」がその後の生活を安定させるものであり，親の生活履歴がこの戦略の選択に関わっていることも示された。

さらに学校・教員サイドについての分析では，教員が困難層の子どもを否定的に見なす要因として，子どもの置かれた状況と構造からの規定を本人の努力で乗り越え可能と捉える教員の側の「主体性志向」が存在していることが指摘される。

終章ではこれら４つの課題について得られた知見の整理がなされるが，特に後半部分で，「手に職・資格戦略」に着目しその今日的な重要性と有効性を高めるための制度要件，さらに教育のあり方そのものを変革すべきという「ペダゴジーの転換」の議論が，教職の「主体性志向」との関連にも触れつつ展開される。

本書全体で示された知見と末尾の議論は非常に意義の大きなものである。「子どもの貧困対策」も「教育格差解消」も，既存の格差構造をそのままにし，結局のところ不利な層は残されてしまう。自己を肯定し満足しつつ生活を営むことができる条件とそれを実現するための福祉と労働，そして教育のあり方を示した議論は，現実的な代替策としてさらなる検討が求められる。

ここまで本書の意義について述べてきたが，いくつかの疑問を記しておきたい。まず，調査対象となった人々は「大衆社会統合」が「縮小」する以前には「統合」されていたのだろうか。労働条件等の面ではずっと外に置かれていたと本論中幾度も指摘される。筆者たちは競争への参与をもって「統合」されていたとするが，それについてはどうだろうか。

第一次調査の結果から「母子・父子・傷病・引揚」世帯で大学・短大進学期待が語られるケースが他と比して低くないというデータが本書で示されている。しかし，その調査をもとにした著作（久富善之編1993『豊かさの底辺に生きる』青木書店）の当該部分を参照すると，10人の子どものうち７人は死別母子家庭で，「サラリーマンだった」など夫に準拠した期待が母親に抱かれている。このデータをもって，困難層が「いい高校→いい大学→一流企業」というルートに乗ろうとしているとは言えない。また，同書で困難層の青年の語りの特徴とされる「学校へのこだわりの希薄さ」も，競争からの距離を物語っている。

小熊英二が提起する「大企業型」「地元型」「残余型」という類型に依拠すれば（小熊2019『日本社会のしくみ』講談社），「大企業型」内部で生き残りや中心への上昇をかけた競争が激しさを増しており，「残余型」の一部を占める生活困難層の増加や生活のさらなる不安定化が進行，合わせて「地元型」も縮小傾向にあると言えるのではないか。本書末尾で議論される「手に職・資格戦略」を確かなものにする制度要件の整備や学校教育の転換は，「残余型」を縮小し「地元型」の生活を確かなものにするために，さらにその生活を自ら良いものに作り変えていく力を身につける場としての学校を模索しようとする点で，どのような枠組みに依拠するにせよ，その議論には高い今日的な意義がある。

最後に，教育戦略についての分析で対象者が「明言」した事例のみを分析対象としている点について。対象の限定により「手に職・資格戦略」の重要性を浮かび上がらせた点で成功していることは確かである。しかし，具体的な学校レベルや「手に職を」などの明確な言及はないとしても，子どもの将来の生活に対する思いと働きかけについて，さらにそうした願いを抱かせたそれまでの家族，学校，職場での経験（生活履歴）がインタビューで語られるケースが少なくなかったのではないか。調査者もそこを聞き取ろうと思いを伝えていたはずである。この点では，特に生活保護受給層の親について，明確な「教育戦略」というかたちではないにせよ，子どもの生活について何が語られたのか，あるいは語られなかったのか，十分な分析が不可欠であろう。

すべての語りを丹念に整理し，タイプ分けとそれぞれの特徴，課題を整理する作業に裏打ちされることで，必要な制度要件と学校教育の姿についての議論がより豊かなものになるのではないだろうか。

いくつか疑問や注文を付したが，本書で示された生活困難層の生活戦略，教育戦略とそこから導かれたさまざまな議論がもつ今日的意義が非常に大きなものであることに変わりはない。本書に続いて出版される予定の２巻の内容，さらにこの研究グループによる調査活動の今後の展開を期待して待ちたい。

◆Ａ５判　261頁　本体3,600円
明石書店　2022年３月刊

■書評■

前田　麦穂［著］

『戦後日本の教員採用―試験はなぜ始まり普及したのか』

広島大学　山田　浩之

かつて教員採用試験の難易度が非常に高かった頃，教員採用はまさに狭き門であった。とくに中学校，高等学校の教員は教科によって採用が一人あれば良い方だった。その頃，採用試験に合格した学生たちの多くは1日のうち24時間を試験勉強に費やしていた。私はその勉強量と努力に感嘆するばかりであったが，一方で，教員としての資質として，そのような性向が適切なのかどうかを疑問に感じることもあった。試験による「選抜」が果たして教員としての適性を図るものとして妥当なのだろうか。

このような日本の教員採用が特殊であることは，よく知られているはずである。免許の取得だけでは正規の教員になれず，通常は採用試験に合格しなければならない。また，採用や配属は教育委員会の管轄であり，校長の権限は限定されている。また，採用試験の難易度の高さが教員の質を保障してきたとも言える。こうした特徴ある制度にもかかわらず，これまで研究対象としての教員採用には大きな関心は払われてこなかった。少なくとも教育社会学では教員の採用，また，採用試験についてはほとんど検討されてこなかった。

本書はこうした等閑視，自明視されてきた教員採用試験に鋭く迫る意欲作である。本書の構成は次のようになっている。

序章　問題設定：「教員採用試験」のはじまりを描く
第1章　試験はいらない？：法解釈の変遷
第2章　推薦から試験へ：東京都
第3章　大都市から地方へ：富山県
第4章　地方における普及：鹿児島県
第5章　大都市と郡部の県内格差：兵庫県
第6章　試験泣き教員採用の模索：島根県
第7章　有資格者不足という困難：青森県
終章　結論：教員採用制度の形成と「動的相互依存モデル」

序章では本書の問題意識が提示され，先行研究の検討が行われている。それとともに戦後の「教員採用試験」の変化の過程がまとめられている。教員採用制度の変遷の概観だけでも詳細に検討されており，ここで教員採用試験の自明性への問いが明確にされる。第1章では本書の前提となる「選抜試験」と「選考」が法的，制度的にどのように区分され，それがいかに変化してきたのかが検討される。それらを受けて第2章から第7章では，それぞれ章タイトルに示された6つの都県の事例が検討されている。もちろん筆者も指摘しているように，これらの事例だけでは日本全国の状況を示すことはできないかもしれない。しかし，地域による制度の多様な変化を理解する上では，この事例で十分であろうし，また，適切に選択された事例でもある。これらの事例の分析結果をもとに，終章では本書の意義と示唆が提示されている。

教員採用試験の制度的な変化を検討していることもあり，本書は一見，固い文章で読みにくい印象を与えるかもしれない。しかしながら，実際には簡潔にまとめられた文章と論理的に整理された構成により，とても読みやすくわかりやすいものになっている。それは，本書の内容の面白さをさらに引き立てることにも繋がっている。

とくに興味を惹かれたのは本書が「教員採用制度の社会史」を標榜していることである。過去の教員採用の実態を明らかにすることは，実は簡単ではない。採用の過程がブラックボックスになっているため，具体的な内容を把握するのは想像以上に難しいはずである。また，法制度が存在していても，必ずしもそれに実態が従っているわけではなく，事例を一つ一つ検証する必要がある。実際に本書でも課題としてあげられている戦前の教員採用については，いまだ体系的に明らかにされているとは言い難い。

本書は，こうした問題を丹念に地方の新聞記事や教育委員会月報などを読み解くことで解決している。細かい資料を積み上げ，検証することで「教員採用試験の社会史」をまとめることに成功しているといえよう。

現在，日本の教員は職場環境の問題をはじめ，多くの課題を抱えている。教員の採用はなかでも重要な課題の一つである。本書は今後の教員をめぐる課題を検討する上で重要となろう。また，「教育行政の社会学」戦後教育の「社会史」の範を示すものでもある。教員研究に関心のある方々だけでなく，広く手に取ってもらいたい一冊である。

■ 書 評 ■

土屋　敦，藤間　公太［編著］

『社会的養護の社会学：家庭と施設の間にたたずむ子どもたち』

至誠館大学　山口　季音

社会的養護が福祉の領域だけではなく，様々な領域で注目されてからしばらく経つ。評者が社会的養護の研究をしていることもあり，ついに社会的養護の社会学と称する文献が出版されたのは感慨深いものがある。

本書は序章以降，２部で構成されている。第１部「社会的養護と家庭」では，「家庭」に着目して里親家庭や児童福祉施設における論点が提示される。第１章「母性的養育の剥奪論／愛着理論の再構築と里親委託」では，1970年から2000年代の里親関連専門紙を分析し，社会的養護においてキータームとなる「愛着」の理論が一枚岩ではないにもかかわらず，特定の養育者のみを想定する旧来型の議論のみが取り上げられてきた点が指摘される。第２章「社会的養護政策での『家庭的』の意味とその論理」では，政策面に焦点を当て，社会的養護は「家庭的」であれとする要求が強まる一方，唯一の「家庭的」なるものを説明することは困難であり，「家庭的」という用語に対して注意深くある必要性が提起される。第３章「児童養護施設が「家庭的」であること」では，児童養護施設での調査を通じて，それぞれの施設で家庭的であることの意味合いが異なることが指摘されている。

第２部「子どもの教育体制と施設内規律」では，特に児童養護施設の環境面に焦点が当てられている。第４章「児童養護施設で暮らす子どもの〈友人〉と〈仲間〉」においては，施設内での仲間関係が外部との人間関係を構築しづらくする側面が明らかにされる。第５章「児童養護施設の職員は子どもの医療化とどう向き合ったのか」では，子どもの問題行動が医療化され，問題行動を体罰で抑えるのではなく薬物療法によって統制するようになる様子と，それにともなう職員の葛藤が示される。第６章「母子生活支援施設の母親規範を問う」では，支援における母親規範に焦点を当て，現場で生活の決まりを守ることの正当化に母親規範が用いられていることが指摘されている。終章では，本書の論点のまとめと課題が提示されている。

本書の意義は多いが，２点に絞って指摘したい。第１に，社会的養護研究に関心のある者や社会的養護の社会学研究に関心がある者にとって，研究のイメージを掴みやすい丁寧な仕事が行われていることである。私見であるが，社会的養護の社会学研究は個々の専門に特化したものが多い印象を受けるため，複数の視点や方法を提示した本書は裾野を広げる役割を担うだろう。第２に，これまでの社会的養護，特に児童養護施設研究で看過されやすかった，あるいは十分に取り組まれてこなかった課題に焦点を当てている点である。「家庭的とは何か」「施設の子どもの友人関係」「子どもの問題行動の医療化」「母親規範」等，社会学的な視点からの知見が揃っている。これらの知見は，社会的養護のフィールドを調査研究する際に遭遇しやすい論点であり，後続の社会的養護研究で参照され，助けになっていくだろう。

最後に，本書を読んで感じた疑問点を述べたい。それは本書の227頁で言及されている「施設種別間比較」に関連している。本書を読んでの第一印象は，「社会的養護の社会学とあるため，施設や里親について多様な対象が分析されているのかと思ったが，児童養護施設が主な対象になっている」であった。このようにタイトルから想像した内容とは少し違ったと感じる読者もいるのではないだろうか。この点から振り返ってみると，社会的養護の社会学的研究は，児童養護施設に焦点が当たることが多いように思われる。この「社会的養護」とフィールドの対応関係は今後の課題であろう。各児童福祉の施設や里親家庭は共通する部分もありつつ，生活は異なる。しかしそれぞれが措置変更等によってつながり合っている。そのように考えていくと，本書は児童養護施設の知見に偏っていると違和感が生じてくるのではないか。

この疑問や違和感から今後の著者たちの研究展開を期待するならば，まず，社会的養護とみなされるフィールドを網羅し，それらをまとめた社会学的な知見を生み出すことだろう。途方もない労力と時間が必要とされ，想像するだけでめまいがしそうであるが，もし完成すれば「社会的養護の社会学」領域が刷新されるものとなるだろう。次にもう一つの路線を期待すると，「社会的養護」という括り自体を再考し，相対化して新たな視点あるいはインプリケーションの考え方を導出することである。社会的養護の意味は定着しているもので，再編成は難しいが，社会学的な研究の知見としてフィールドを記述するのに役立つ視点になるかもしれない。これらの展望は相互排他的ではなく，同時並行で行われていくべきものであろう。

以上のように，評者自身が児童養護施設をフィールドとする研究者であることもあり，我が身を振り返って，今後の社会的養護の社会学的な研究について考えることができた。本書は，多様な社会的養護について考え，新たな展望を切り拓くきっかけとなるものである。

I　教育社会学はいかに社会的インパクトを持てるか

司会：粕谷　圭佑（奈良教育大学）
石川　良子（立 教 大 学）
指定討論者：山田　浩之（広 島 大 学）

報告1.「複合的境界人性の視点から教育社会学のインパクトを考える
──『ジェンダーと教育』研究の経験を中心に──」

多賀　　太（関 西 大 学）

報告2.「動きやすい政治のなかの教育社会学の社会的インパクトを考える
──『9月入学』をめぐる推計作業に携わった経験とその政策過程論的検証から──」

相澤　真一（上 智 大 学）

報告3.「不登校と生きづらさの研究における教育社会学のインパクトを考える」

貴戸　理恵（関西学院大学）

学術研究の社会実装が強く求められる今日において，教育社会学もそうした要請には無関係でいられない状況へとますますなっている。このとき，教育社会学による研究はどのようにして社会的インパクトを持てるのか。意識的にしろ，無意識的にしろ，学会員一人ひとりがこの問いから逃れることはできない。

しかしながら一方で，「規範や価値」から一定の距離をとり，「事実」の解明へと向かうことに学術的意義を見出してきた教育社会学にとって，アカデミズム外部の知との対話はいかに可能となるのだろうか。「あたりまえ」を問い直し，対抗知の創出を試みるその姿勢はときに，教育が有する規範性との間で強い緊張関係を生み出すことになる。

このとき，教育社会学として研究を蓄積し，成果を発信していく上で，どのような視点や枠組み，方法が必要となるのか。上記の論点を踏まえた上で，調査・データ収集および成果公表に関わる方法的規準や戦略について議論を深めることは教育社会学にとって今まさに重要な課題でもある。そこで本課題研究では，さまざまな調査フィールドやそこから蓄積された多くの経験を有する３名の登壇者の報告を通し，「教育社会学はいかに社会的インパクトを持てるのか」という問いについて考察を行った。

第１報告の多賀太氏は，本課題研究における基本的認識をフロアで共有するため，教育社会学の研究を３つの次元から整理してみせ，それぞれの次元で境界戦略をとることの意義を論じた。一つ目の次元は「社会学と教育学の境界」である。社会学と教育学，そのどちらにも帰属し得なかった日本の教育社会学だからこそ，単に方法や対象に還元されることのない，独自の学問的立場を確立してきた，という背景がある。二つ目の次元は「アカデミズムと外部社会の境界」である。専門知だけでは十分に捉えきれない研究対象やインフォーマントのリアリティに対する感受性が，研究上の新しい発想や学問的革新，社会的インパクトをもたらす源泉になり得る。そして三つ目の次元は「異なるパラダイムや方法論の境界」である。対象に応じて方法を変更したり，あるいは同じ対象にも異なる方法でアプローチをする等，複数の理論や方法論の間を渡り歩くことでよりリアルな対象理解を模索しようとする試みこそが，今日までの教育社会学の強みとなっている。このように多様な次元で境界戦略をとることが社会的インパクトをもたらす一つのあり方として提案された。

第２報告の相澤真一氏は，９月入学をめぐる推計作業に携わった自身の具体的な経験と，その政策過程への検証から，動きやすい政治動向に対する教育社会学の社会的インパクトについて検討した。９月入学に対して，政治の世界からどのようにメッセージが発信されたのか。またそれにどのような形で世論が動くことになったのか。そして専門家集団の動向がこの短期間でいかに影響を与えたのか。そうした詳細が，作成された日表にもとづきながら明かされた。その上で，①人のコストについてのエビデンスが費用のエビデンスよりも（ニュースと政治の）インパクトがあった可能性，②構想の総論ではなく，対応する各論に対してエビデンスを出すことの可能性，③賛成でも反対でもない「価値自由」の立場からエビデンスを出す教育社会学の研究が意味を持つ可能性，という３つが示唆された。

第３報告の貴戸理恵氏は，不登校経験を解釈するうえで，「関係性の問題」と捉えようとしてきたという自身のこれまでの研究蓄積にもとづきながら，不登校および生きづらさの領域における教育社会学のインパクトを振り返るとともに，学校外の「居場所」の制度化や「個別最適な学び／支援」が進む現代に，教育社会学的視点がいかに貢献しうるのかを考察した。不登校をめぐる「リベラル人権主義」的言説の課題を論じる上で，教育社会学の議論から大きな示唆を得たという貴戸氏は，「日本社会における不登校」が有する独自の固有性を理解するためにも，教育社会学による視点が重要になること，また，そうした視点は政策レベルにおいても有効になることを強調した。現在，「居場所」の制度化が進められるその背景には，学校が子どもの社会化装置として全域性を持っているという日本的な文脈があった。そうした枠組みの成立条件を見据える教育社会学は，教育や福祉の領域にはない重要な視点を提供することに繋がる。

以上の報告を受けて，討論者の山田浩之氏は，そもそも研究がもたらす「社会的なインパクト」とはなにか，という疑問を登壇者，そしてフロアに投げかけた。また，教育社会学における多くの研究が有している影響やこれまでの成果を紹介しながら，一方で本当にそれらが世間に対して「社会的なインパクト」を残してきたのか，ということについても問いかけた。教育政策や教育改革を例に挙げれば，相澤氏が論じた9月入学以外にも高等教育における教職課程認定やコアカリキュラム，教員免許更新制，介護等体験，教職実践演習等の成果について，導入前に多くの批判があったにも関わらず，十分な検証が進んでいるわけでは決してないからである。

そうした問いを検討する手掛りとして，山田氏から登壇者それぞれへ個別の質問がなされた。相澤氏へは，「価値自由」の立場としてエビデンスを出していくことで，教育社会学が今後インパクトをどのように持てるのか。貴戸氏へは，不登校について今後教育社会学が実際にどのような貢献や物語の書き換えに寄与できるのか。そして多賀氏へは，規範学と事実学との関係を踏まえた研究の進め方やその２つの境界に対するのり越え方が問われた。

相澤氏は，エビデンス，ひいてはデータを残し，公開をし続けていくことが今後の一つの可能性になり得ること，またそのなかでもとくに，人の行動についての統計分析を積み重ねてきたことが日本の教育社会学の伝統であり，今後もそれは変わらず強みになっていくであろうと回答した。貴戸氏は，不登校をめぐる社会的な言説と当事者たちによる実際の語りが必ずしも一致するものではないことについて触れ，そうしたギャップを描き，指摘することが教育社会学には可能であり，また実際の相互作用場面を丁寧に見ていくことで，当事者の語りが意味する重層的な読み解きも実現させることができるという。そして，そうした成果は学校復帰率や就職率といった数字によって表れる指標に絡め取られることのない，多元的な評価の尺度を提供することに繋がると提案した。続く多賀氏は，特定の議論や研究の内部において，その土台をなす規範学の部分とその土台の上に展開される事実学の部分を峻別して明示する方法に加え，複数の異なる規範的立場同士の関係性を客観的に俯瞰したうえで，そこでの自らの規範的立場を開示しつつ実践的な取組みに関与していく方法を示した。

この他，フロアからも多くの質問が寄せられ，議論は活発となった。具体的には，「価値自由」なエビデンスはあり得るのかといった指摘や，社会学ではなく教育社会学であることの意義に対する問いかけ，またそこに関わる事実学と規範学をめぐる微妙なバランス感覚，他の連字符社会学との差異も議論となった。そのなかで教育に関わる問題や，教育臨床，政策科学，教養に関するインパクトを与える研究の重要性に加えて，ハード・アカデミズムとして教育社会学の意義を確立させていくことの重要性も確認された。

他方でこうしたやりとりは全て，教育社会学とは何かを改めて問い，議論することと結果的に結びついていた，ということは強調しておきたい。もちろん，研究のインパクトとは事前に想定できるものではない。本課題研究ではこのインパクトをある種肯定的なものとして扱っていたが，フロアからの意見にもあったように，それとは異なる帰結としてインパクトが残ってしまうこともあるだろう。そうした様々な立場や意見にもとづき，課題研究という場を通して，教育社会学が目指す今後の展望も含め，フロアの参加者と多くの議論ができたことは大きな成果であった。今後は本課題研究に参加した一人ひとりが今回の内容を引き受けた上で，どのようにして自らの研究と向き合い，取組んでいくのか。より具体的な成果や発展を期待したい。

（研究委員：伊勢本大）

Ⅱ　職業教育と労働市場の関係を捉えなおす

・「教育と労働の密接な無関係」の再調整
——職業教育訓練における産学官連携の意味」

福井　康貴（名古屋大学・非会員）

・「日本における短期高等教育と人的資本形成
——計量データ分析の結果から」

多喜　弘文（東　京　大　学）

・「芸術分野における初期キャリアと大学教育のレリバンス
——美術系大学卒業生への聞き取り調査をもとに」

喜始　照宣（園田学園女子大学）

教育と職業／労働市場との関係についての研究は，教育社会学においても主要なトピックの一つである。

社会階層と教育に関する研究においては，主に教育達成と社会的地位達成の関係について，さまざまな手法を用いて実証的な研究が蓄積されており，高い教育達成（学歴）が高い地位達成（社会階層，賃金など）に結びついていることが指摘されてきた。

他方で，1990年代のバブル経済の崩壊以降，若年者の雇用環境の悪化を受けて，学校教育が進学のための教育に偏っており，職業にかかわる要素が希薄であったことが指摘されるとともに，その必要性が提示されるようになってきた。教育が職業生活との接続においてレリバンスを持つことが求められるようになってきたのである。

教育と職業の関係性について考える際には，いくつかの水準を想定する必要があろう。一つは教育の内容と職業生活で用いる知識やスキルとの関連であり，職業的レリバンスは，この点に着目していると考えることが出来る。また，実態レベルでの関連があり，そのバリエーションや変化が検証されることになろう。さらに，制度的な関係性として，労働市場や学校教育におけるさまざまな制度や慣行に関する研究があろう。資格制度，学校を通じた就職といった，制度的な仕組み・枠組みに焦点を当てる研究がそれにあたる。

これらの研究は国際的にも展開されているが，日本において教育と職業について研究する際には，両者の関係が日本の労働市場の特質に埋め込まれている点に留意が必要となる。新卒一括採用などを特徴とする日本的雇用慣行は，職務（ジョブ）の定めのない雇用契約が主流とされる。欧米で一般的な，職務（ジョブ）が先にあり，ジョブを遂行できる人が選抜される「ジョブ型」の雇用とは異なっている。日本の「ジョブ」のない雇用契約を濱口は「メンバーシップ型」の雇用と呼び，そのもとでは，教育と職業は「密接な無関係」（濱口　2009）となることを指摘している。

さらに，技能形成という観点からの研究では，日本は学校ではなく企業内で技能形成がなされることから，限定された職務（ジョブ）についての知識や技能を身に着ける職業教育の持つ意味は限定されると考えられる。

とはいえ，日本社会において，教育が労働市場への参入に際して持つ意味は専門分野により異なり，高等教育進学と職業選択が重なる領域においては，新卒一括採用の慣行とは馴染まない求職や採用の仕組みが存在する。一例として，芸術系の専門教育においては組織的な労働市場だけを想定することはできない。学校で学んだ事柄が職業に生かされているとみなせるかどうかは，学校を修了したものが選んだ進路（職種）によって評価が変わることになる。また，実態としてみると，短期高等教育の多くは現在，職業教育を志向するものとなっている。これらの職業教育機関を卒業することが労働市場においてどのようなメリットとデメリットをもつのか。専門分野や教育機関の種別の違いといった視点を組み合わせることで，若者の職業への移行や地位達成とのかかわりの日本的特質を捉えなおすとともに，職業教育がそれらに対して果たす役割の可能性と限界について検討したい。

上記のような問題関心を持ち，課題研究Ⅱにおいては，「密接な無関係」とされる教育と職業の接続について，福井康貴氏，多喜弘文氏，喜始照宣氏の３名にそれぞれに発表をいただき，稲永由紀氏に指定討論をお願いした。

福井報告は，近年の経団連と大学とが対話する枠組みとして設置された「採用と大学教育の未来に関する産学協議会」の提言や高等教育および労働政策の審議会の審議について整理しながら，ジョブ型インターンシップや地域における産学連携の枠組みなど，従来主流とされてきた分断型の技能形成とは異なる集合型の技能形成の方向性が表れつつあることを示した。一部の政策文書の読み取りへの疑問も呈されたが，国家の関与から，学卒労働市場において，長期インターンシップなどを通じたジョブ型のスキルマッチングや地元産業界との協働を通じたマッチングなど新たなタイプが出現していることを示した。このように従来型とは異なる技能形成が現れることは，高等教育にとって，どのような影響を持つのかという点については，機能分化の進む可能性を示唆した。

このような制度的な環境の変化が学校から職業への移行に及ぼす影響については，今後の課題とされるだろう。

多喜報告は，『就業構造基本調査』の個票データを用いて，これまで「短期高等教育」としてひとくくりにされてきたものを「高専」「短大」「専門学校」に分けて，賃金への効果を検討した結果とその考察である。これらの短期高等教育機関は，四年制大学よりも職業的教育を行っている部分が大きく，日本社会の教育機関としては，例外的な存在である。分析の結果から，短期高等教育の「効果」が男女で異なることが指摘された。男性では日本型雇用システムの提供する文脈のもとで，学力のシグナルとなりうる高専のみが大企業への就職を通じて，賃金上のメリットに結びつく。女性では，3つの短期高等教育機関のすべてで賃金上のメリットがみられるが，それは男性とは異なり，企業規模ではなく職種を媒介したものであることが指摘された。日本的雇用のジェンダー化された周辺部分において，職業教育が一定の効果を持つこととその限界が指摘されている。

喜始報告は芸術分野の大学教育に関しての分析の報告である。職業的レリバンス，市民的レリバンス，即時的レリバンスにプラスして主体化レリバンスという多様なレリバンスに関する語りを析出している。芸術分野は，学生が明確な進路意識をもっており，実技を重視した教育が行われる反面，一般的な大学の卒業者とは異なり，「就職」するものが少ない，「特殊」な位置にある。そこから，直接的な職業的レリバンスのみに目が行きがちなレリバンスの研究をとらえることを目的として，芸術系の大学の卒業生へのインタビューから，レリバンスに関する語りを析出している。

それぞれ報告は，「密接な無関係」を前提としてきた日本社会の中核にあるメンバーシップ型の雇用環境と教育との関連性，制度の外側にあるととらえられてきた短期高等教育，そして「雇用」の外部と結びつきやすい芸術分野といった，日本的雇用慣行の周辺に着目をして教育と労働市場の関係をとらえなおそうという試みであり，それぞれに教育と職業の関係性およびその研究の新たな方向性を模索する試みであったと言えよう。

指定討論の稲永氏（筑波大学）からは，今回の発表で検討されてきたようなことの多くは，すでに高等教育研究において着手されてきた課題であることが冒頭に指摘された。また，分析の結果が，教育と職業の関係を個人的な移行としてのみ捉える，従来の教育達成と地位達成の研究の枠組みの限界を指摘している可能性を示唆し，研究のとらえ直しの必要性が指摘された。また，多面的なレリバンス評価がもたらす豊かな教育理解について評価しつつ，主体化自体は各分野特有の思考法の獲得といった一般化されたものであり，芸術領域特有のレリバンスがありうるのかという指摘がなされた。

稲永氏からはさらに，本課題研究の「(高等）教育と労働市場の関係のとらえなおし」からさらに発展して，今後「(高等）教育と労働市場の関係に関する研究のとらえなおし」が目指される必要があるという提案がなされた。

フロアからの指摘として，日本的雇用慣行が若者に優しいとされるが，実際には若者の賃金を下げ，中高年になって比較的高い賃金を得るというシステムであり，そのことの功罪についても検討がなされるべきであろうといった指摘があった。また，今回の課題研究で扱われた事例（短期高等教育，芸術系大学）がこれまでの中核に対する周辺的な部分であり，中核部分は変わっていないのではないか，また，福井報告のような変化がどこまで中核に及ぶのか，といった疑問も提出された。

「教育と労働市場の関係性」を研究することで，私たち研究者が想定する「中核部」をどう相対化できるか，本課題研究では複数の側面からそれに応えようとする試みであり，意義のあるものであったと考える。今後，芸術以外のさまざまな分野での研究の蓄積や，研究の枠組みの再構築が求められよう。

（研究委員：眞鍋倫子）

Ⅲ 「教育と福祉のクロスオーバー」を教育社会学はどう見るか――子どもの多様性と教育保障の相剋を踏まえて

司会：渋谷　真樹（日本赤十字看護大学）
討論者：仁平　典宏（東京大学）

報告1. 「多様な子どもと教育保障の相剋の歴史と現在――趣旨説明を兼ねて――」

元森絵里子（明治学院大学）

報告2. 「「教育×福祉」の歴史社会学――高知県の福祉教員制度を中心とした権力装置の展開――」

倉石　一郎（京都大学）

報告3. 「福祉国家による「包摂の中の排除」と当事者の抵抗――日本の貧困当事者運動を事例に――」

佐々木　宏（広島大学）

本課題研究は，昨今政策課題となっている教育を媒介とした生存保障を，資本主義社会・福祉国家の歴史と現在から問い直す試みである。前年度の課題研究Ⅲ「多様な子どもの『支援』を教育社会学はどう見るか――外国につながる子ども・障害をもつ子ども・不登校の子どもの研究の対話」の後継企画である。

1年目に共有されたのは，多様な子どもへの「支援」が強調され，医学・心理学的知見による個別スクリーニングとモニタリングが徹底されるようになったことで，逆に集団としてのニーズのフォローが後退していることであった。それとも関連して，「支援」のための学習支援・進路保障が，同化・同調圧力の強い学校文化と一元的な能力主義的選抜からの就労への移行を旨とする日本の学校制度における「包摂の中の排除」（倉石 2021），すなわち，不利な立場での同調と競争への参入強制と結果としての排除の正当化に帰結しているのではないかという危惧も共有された。フロアとの議論のなかでは，就労構造や社会保障体制などを視野に入れた議論の必要性も指摘された。

そこで2年目の課題研究Ⅲは，これらの論点をより広い文脈に位置づけ，子どもと教育の未来に向けて展開するために，「教育と福祉のクロスオーバー」を主題とすることとした。「人生前半期の社会保障」として，多様な子どもの教育への包摂がよきものとされ，学校をプラットフォームとするスクールソーシャルワーカーやスクールカウンセラーとの連携の重要性がクローズアップされて，しばらく経つ。しかし，それが従来型の「学力」や「進路」の保障とそこに向けた規律化に留まれば，不利な層の「包摂の中の排除」につながりうる。とはいえ，今ある社会におけるケイパビリティの保障として，教育を全否定することもまた難しい。こういった問題を考えるために，戦後福祉国家やそれ以前の差別や貧困に関わる運動・実践・言説が，子ども期の生存保障や教育保障をどう扱ってきたかを改めて振り返ったうえで，現代における生存や就労と教育・福祉システムの関係について議論する場を企画した。

第1報告の元森絵里子（研究委員）は，以上の趣旨説明を行ったうえ，続く議論の見取り図を提供した。まず，学問的な子ども理解が，20世紀終盤の近代教育批判と子どもの主体性の強調から，2000年代後半以降の非「標準」の子どもの発見と子ども期の教育保障の強調へと転換していることを確認し，教育社会学者は，その転換を主導すると同時に，「〈教育〉化する社会保障」（仁平　2015）への警鐘も鳴らして来たことを指摘した。次に，教育と福祉の制度史から，戦前期から教育は（穴だらけの）生存保障の鍵であったが，戦後福祉国家期に多数派が家族・学校から企業福祉へという「標準」に包摂されたこと，そのなかで，保証を必要とする困難層が見えづらくなったことを整理した。そのうえで，画一的教育の批判から「標準」への教育保障へという子ども理解の転換は，「標準」を支えた福祉国家の揺らぎと構造改革の逆説的な帰結であることを指摘した。これらを踏まえ，教育社会学は新たな議論のアリーナを開いていく必要があるとフロアに投げかけた。

第2報告の倉石一郎氏は，同和教育史をフーコーの権力形態論で読み解く作業から，昨今の「クロスオーバー」を照射した。それによると，まず，戦前期に，被差別部落の子どもを部落学校に一律に分離（排除）する「法的権力」の時代から，融和教育で（分離の切り札を潜在させつつも）統合のために自己規律的主体形成を促す「規律権力」の時代へと移り変わった。さらに，1950年代に長欠児童の包摂のために加配された高知県の福祉教員には，これに加えて，人口を確率論的計算に基づき統治する「セキュリティ権力」が作動していた。次に，この歴史を踏まえて，1969年の同和対策特別措置法（特措法）により国策化された同和教育全盛期を見れば，解放教育により分離志向が抑えられ，対策事業が生存保障を担うことで，教育は機能純化するという，禁欲的な「社会問題の教育化」が成立していたという見通しが示された。そのうえで，氏は，その時期と比較すれば，特措法終了（2002年）後は，特別支援や習熟度別授業という名の分離教育が復権すると同時に，教育万能薬的な「社会問題の教育化」が進行していると読み解けると警鐘を鳴らした。さらに，排除を温存した包摂にあらがうようなマイノリティとアクティビズムが連帯したかつての「教育×福祉」の再興に可能性が賭けられないかという問いかけがなされた。

第3報告の佐々木宏氏は，まず，社会保障の「教育化」という問いをめぐって，社会福祉にとって「人格や能力への教育的働きかけ」（ソーシャルワーク）は不可欠であることを確認するところから議論を始めた。そのうえで，学校教育は社会福祉的な課題が論点化する場であるにもかかわらず，戦後日本では教育と福祉が二元化された供給体制にあったことにより，政府による社会福祉は生存保障を残余的に扱い，学校教育も貧困への関心を潜在化させたことを指摘した。氏は，昨今の「クロスオーバー」は，教育と福祉の重なりが可視化され，福祉国家が普遍的生存保障に取り組み始めた点で評価できるが，規律訓練の普遍化，分配の軽視，自己責任論への矮小化という点では危うさがあるという。そして，リスター（Lister 訳書　2011）の当事者の抵抗の4類型，「反抗」（政治的シチズンシップにかかわる×日常的），「やりくり」（個人的×日常的），「脱出」（個人的×戦略的），「組織化」（政治的シチズンシップにかかわる×戦略的）を提示したうえで，当事者の「反抗」や「組織化」と真摯に向き合う「自省する福祉国家」が重要であると指摘した。と同時に，生存権保障のための貧困当事者組織「生活と健康を守る会」の要求の例を示し，その就学援助制度の拡充要求は，政府が受け入れ世間の共感も得たが，一方で生活保護受給の適正化に対して行われた不正受給は拒絶され，会も譲歩することとなったという歴史的事実に言及した。そして，このように「反抗」や「組織化」が受け入れられなかった事例を踏まえると，「自省する福祉国家」の実現は容易なことではないとフロアに投げかけた。

以上の報告を受けて，仁平典宏氏の指定討論は，まず，分配的平等を担保していた日本型生活保障システムが揺らぎ，人的資本の養成がリスクヘッジの要となっていると指摘したうえで，それは，差別を忌避する関係的平等の先鋭化（個人化）と緊張関係にあるという形で，本課題研究の問いを再整理した。そして氏は，教育と福祉の二元体制内部で教育による貧困からの「脱出」ばかり論じてきた教育社会学に，この問題意識が届くのかと報告者とフロアに問いかけた。さらに，既存の構造の変容のために補完し合う「教育と福祉のクロスオーバー」はいかにして可能か，生活保障を外部化して教育は多様性を保障する場に純化するか，はたまた教育によるリベラルな社会を担う人材を作り出すことと，それを通した自立保障を手放さないかなどの論点を議論していくことの重要性を打ち出した。

また氏は，各報告から，1）子ども期の解放か保障かの二者択一ではなく，人権の語彙を教育に入れるという昨今の言説に可能性はないか，2）法のネガティブな権力作用のみならず，差別禁止などポジティブなものに転嫁する機能に目を向けて考えていくことはできないか，3）自省する福祉国家を担うエイジェンシーの社会化という（これまでの教育社会学研究のメインストリームとは別の）教育の機能を論じていく必要はないかなど，ポジティブな「クロスオーバー」の萌芽となりえる論点を掬い出し，教育社会学の貢献可能性に議論を開いた。

これらの指定討論者からの問いやフロアからの質問への応答からは，多岐にわたる論点が浮かび上がったが，企画者から見て，それらはすべて，「自省する教育や福祉とはどのようなもので，それをどのようにしてつくり出すのか」という問いに収斂していたように思われる。つまり，第一に，子ども期の教育と労働（雇用）と社会保障（再分配）という緊密に結びついたシステムをめぐって，経済成長か教育による社会保障かという二元論に陥らず，それぞれに他のシステムの論理をどう引き受けながらポジティブな社会構想に向けて変わっていくのかを論じていく必要が繰り返し語られた。第二に，そのポジティブな自省の担い手をめぐって，国家権力による上からの統治か下からのアクティビズムかという極論ではなく，遍在する権力のなかで今あるエージェントをどう機能させ，新たなエージェントを社会化するかという論点が開かれた。

厳しい資源配分の現状や，国家権力による法の濫用とアクティビズムの日和見の歴史を考えれば，ポジティブな回路への道筋は狭く険しいことも明らかになった。だが，スクールソーシャルワーカーや教師などの現存するエージェントや，当事者と連帯したアクティビズムの蓄積，何よりマジョリティの社会化機関としての学校教育の可能性を，教育社会学者が検証していく必要性も見えてきた。本課題研究が教育社会学に新たな議論のアリーナを開くことを願う。

引用文献

倉石一郎，2021，『教育福祉の社会学――〈排除と包摂〉を超えるメタ理論』明石書店。

Lister Ruth, 2004, *Poverty*, Polity Press（＝2010, 松本伊智朗監訳『貧困とは何か――概念・言説・ポリティクス』明石書店）.

仁平典宏, 2015,「〈教育〉化する社会保障――ワークフェア・人的資本・統治性」『教育社会学研究』第96集, pp.175-196.

（研究委員：元森絵里子, 渋谷真樹, 越川葉子）

学会賞選考委員会報告

日本教育社会学会奨励賞要綱および審査内規に基づき，日本教育社会学会第10回奨励賞（著書の部）（2022学会年度）の選考を行いましたので，結果を以下にご報告いたします。

日本教育社会学会奨励賞選考委員会
委員長　油布佐和子

⑴　選考結果

著書の部　2点（敬称略）（五十音順）

都島　梨紗
『非行からの立ち直りとは何か　少年院教育と非行経験者の語りから』晃洋書房，2021

濱　貴子
『職業婦人の歴史社会学』晃洋書房，2022

⑵　選考経過

1）選考対象
2021年1月1日から2022年12月31日までに刊行された研究業績（著書）

2）推薦（自薦　他薦）状況
他薦4点，自薦6点，合計10点

3）推薦期間
2023年1月1日から2023年3月7日

4）選考方法
日本教育社会学会奨励賞要綱および審査内規に基づき，資格審査を行った結果，10本すべてが資格要件を満たしていた。その後，業績審査を行い，第一次審査で候補作を3本に絞り込み，さらにこの3本について第二次審査を行い，最終的に2点を受賞作と決定した。

⑶　選考委員（五十音順）

委員長　油布佐和子
副委員長　倉石　一郎
委員
荒牧　草平　井上　好人
田中　理恵　堀　有喜衣
間山　広朗　村澤　昌崇
湯川　やよい

⑷　選考理由

■都島梨紗『非行からの立ち直りとは何か　少年院教育と非行経験者の語りから』
晃洋書房　2021

本書は，少年院での長期にわたる授業の参与観察と，少年院経験者への直接的かつ継続的なインタビューにもとづき，非行少年の「立ち直り」について考察した優れた実証研究である。

少年院など矯正施設での公的な処遇についての研究が，近年散見されるようになったが，当事者の側からの，少年院での処遇と出院後の経験を聞き取った研究は少なく，この研究領域において本書が切り開いた新たな知見や，さらなる研究可能性への貢献が高く評価された。

とくに非行少年の「立ち直り」とは何かについての知見は，通常の理解を超えて新たな視点を明示した点で意義がある。

非行少年の「立ち直り」は，「ある時点から犯罪行動を一切しなくなること」ととらえる立場と，「生活の回復を図り『よき人生を送る』こと」という異なった立場がある。本書は，後者に軸足を置きつつも，非行少年のインタビューから，当事者にとって「よき人生」は多様であること，また，否定的ラベルから解放され，傷ついたアイデンティティを回復する過程なども含まれることを明らかにし，「立ち直り」とは自らの生活スタイルをコントロールする主体になっていくプロセスであると指摘した。矯正施設との関係だけでなく，非行少年の立ち直りを，当事者の生活の側面から広く考察し，位置づけた点で，これまでの少年非行研究に新たな展開をもたらしたといえる。

また注目すべき知見は，こうした「立ち直り」の定義にとどまらない。

興味深いのは，第一に，非行少年にとっての仲間集団の意味が，重層的に示された点である。少年院では，自己の無力化と再編成を通した「健全な」アイデンティティの変容を目指した矯正教育が行われるが，非行少年の態度の変容は，必ずしもこのようなフォーマルなカリキュラムによるものではなく，それは仲間集団を意識下に置いたタクティクス＝偽装であることが示される。一方で，非行少年にとって，少年院への入所は〈通過儀礼〉であると位置づけられ，少年刑務所に入るのとは区別されている。また，出院後には，就職や生活などで互いに支えあい，さらには，同じような境遇の子どものモデルとして自己の役割を見出す点など，非行少年にとって仲間集団のもつ両義的意義が浮き彫りにされた。

第二に，加害者である非行少年の一部は，彼らの基本財を剥奪される虐待のような関係性を過去に経験しており，加害者であると同時に被害者でもあることも明示された点である。加害者－被害者のカテゴリーが状況に応じて変動的であることが示され，非行少年に「加害者」を意識させるだけの教育では一面的にすぎないという，矯正教育への捉え返しも指摘されている。

自己を語ることに多弁ではないと想像される非行少年へのインタビューは，ラポール形成も含めて非常に難しかっただろうと思われるが，上述してきたような知見を導いたことは，非行少年研究での新たな局面を切り開いた貴重な研究であると確信する。

以上の事から，委員会では，本書が，日本教育社会学会奨励賞にふさわしい業績であると認め，受賞作と決定した。

■濱貴子　『職業婦人の歴史社会学』
晃洋書房　2022

本書は，戦前に登場した女子労働者である「職業婦人」について，先行研究を踏まえた明確な課題設定の下に，長年にわたって大量の資料と格闘し，緻密な分析を積み重ね，豊富な知見を導いた秀逸な研究の成果である。

この領域では，すでに「良妻賢母主義」や「女性解放」の研究，また現実に働く女性についての研究が多数存在している。こうした先行研究を整理し，本書は，「職業婦人イメージの形成と，良妻賢母主義との関係」という未開の分野に踏み込んだ。

本書の第Ⅰ部では，各種統計を用いた，女性の就業や学歴，特に高等女学校卒業者の就職率の分析等，中流女性と職業をめぐるマクロな社会状況を明らかにした点で意義がある。とくに，第二章では，比較的高い教育を受けた中流女性も存在した初期に比べ，職業婦人の位置づけに対する行政側の対応が，次第に「職業婦人」を労働市場における周辺的な位置に追いやりジェンダー秩序の形成へと水路づけた知見が示され，Ⅱ部の言説分析にもつながる説得力を付与する基盤となっている。

第Ⅱ部では，大正中期から日中戦争開始までの期間を対象に，中流から下層中流の，読者層が多少異なる三種類の雑誌と新聞の悩み相談を対象とした「職業婦人」についての言説分析が行われた。「職業婦人」は，主として公務自由業や商業分野の職業に就く女性であるが，それを「たしなみ系」「学術教養系」「事務・サービス系」に分類し，どのような言説が形成され，変容を遂げたかを明らかにしている。その際，同一の雑誌において必ずしも一枚岩的な「職業婦人像」が示されているわけではなく，「論説」「手記」「レポート」などで，記事内容は異なっている。本書は，こうした目配りも怠らない。分析にあたってのこの労力が，何にもまして，学術書としての本書の価値を盤石なものとしていることを強調しておかねばならない。

雑誌は，「職業婦人」の成功イメージを，あるいはリスクを，読者に訴える。「事務・サービス系」が，職場での異性からの誘惑やトラブルと結びつけられて語られるのに対して，必ずしも職業へと直結しない「たしなみ系」や「専門・技術系」は，その先にある「結婚＝幸せな主婦」につなげて，その「成功」イメージを付与される。また，新聞の悩み分析の記事からも，職場の悩みの社会問題化が回避され，非政治化し，恋愛・結婚に集約されることが示される。

こうした言説は，女性解放運動が一定の高揚を見た第一期から，社会運動が弾圧され戦争へと向かう中で，好景気を背景として女性の労働機会が広がる第二期に，変容する。職業に就く女性は増加しても周辺労働にとどまり，また，公領域から排除しようとする傾向が強まる。同時に，職業婦人の「成功」が家庭に回帰することであるという「良妻賢母」主義に接続し，女性のアスピレーションも，そこに包摂されていったという指摘は，現在の日本の女性の地位の源流を示すものであり，こうした結論に至る考察は示唆に富む。

女性の働き方に関する仕組みや世間の反応は，今なお，研究対象とされた時代と大きく異なってはいない。生きづらい女性が，状況を変えるための声を持つ契機の一つとして取り組んだというこの研究が，研究においても現状に対しても「水滴石を穿つ」役割を果たすことを期待したい。

以上の事から，委員会では，本書が，日本教育社会学会奨励賞にふさわしい業績であると認め，受賞作と決定した。

●投稿規定

『教育社会学研究』に投稿する論文は，次の規定に従うものとする。

1．投稿者は，日本教育社会学会の会員であること。

2．日本教育社会学会倫理規程に則り，論文を投稿すること。

3．論文は未発表のもので，かつ内容がオリジナルなものであること。ただし，口頭発表及びその配布資料はこの限りでない。投稿論文と目的・方法・知見等の面で重複している論文，調査報告，ディスカッション・ペーパー等をすでに発表（予定を含む）している場合は，そのPDFファイルをすべて添付した上で投稿すること（第9項(4)(5)を参照）。

4．「拙著」「拙稿」などの表現や，研究助成，共同研究者への謝辞など，投稿者名や所属機関が判明，推測できるような表現は控える。ただし，これらの記載が必要な場合は，採択決定後に加筆することができる。

5．論文原稿は日本語，横書きとし，ワープロで作成するものとする。作成にあたっては，学会ホームページ（http://www.gakkai.ne.jp/jses/）のテンプレートも参考に，次の点を厳守すること。

(1) 本文，図，表，注，引用文献を含めてA4判（37字×32行）で18頁以内とする。なお，論文題目は，これらとは別の要旨ファイルに記載すること（第9項(1)(2)を参照）。

(2) 全角文字の大きさは10～11ポイントとし，余白を「上30ミリ，下40ミリ，左右30ミリ」取ること。

(3) 書式は『教育社会学研究』に従って，1頁目以降「37字×32行」として執筆し，ページ番号をつける。ただし要旨は頁数にカウントしない。

(4) 本文には，適宜，見出しおよび小見出しをつける。見出しの前後には1行のスペースを入れ，小見出しの場合には，前に1行のスペースを入れる。

(5)「注」および「引用文献」の前にも1行のスペースを入れる。

(6)「本文」「注」および「引用文献」は，全角文字を使用する。

(7) 欧文，および算用数字は，半角文字を使用する。

(8) 図，表は，本文中の適切な箇所に，自らレイアウトし作成すること（「画像としての貼り付けも可」）。なお，図表のある頁も，(2)における余白指定に従うこと。

(9) 規定枚数を超過した論文は受理しない。

6．注（引用文献は除く）は文中の該当箇所に，(1)，(2)，……と表記し，論文原稿末尾にまとめて記載する。

7．引用文献の提示方法は，原則として次の形式に従うこと。

(1) 本文中では，次のように表示する。

「しかし，有田（1990，p.25）も強調しているように……」

「……という調査結果もある（Chiba 1989，Honda 1990a）」

「デュルケームによれば『……ではない』（Durkheim 訳書 1981，pp.45-46）」

(2) 同一著者の同一年の文献については（Honda 1990a, 1990b）のようにa，b，c，……を付ける。

(3) 文献は，邦文，欧文を含めてアルファベット順とし，以下の例に従って注の後にまとめて記載する。翻訳書・翻訳論文については，原典の書誌情報を記載する。

有田祐子，1990，『教育社会学』西洋館出版。

Chiba, Masao, 1989, *Sociology of Education in Japan*, US Press.

Durkheim, Emile, 1938, *L'évolution pédagogique en France*, Librairie Félix Alcan, 2 vols.（=1981，小関藤一郎訳『フランス教育思想史』行路社）.

Honda, Naoki, 1990a, *Sociology of Education*, Tokyo Press.

——— 1990b, *Sociology of school*, Japan Press.

井上敏子，1990，「教育社会学の展望」『教育社会学研究』第50集，pp. 10-25.

Maeda, Taichi, 1990, "Schooling in Japan," *American journal of sociology*, Vol. 62, No. 3, pp. 5-18.

Tachibana, Kaoru, 1990, "Recent Trends in the Sociological Studies of Education," T. Yamada ed., *Sociology of Education*, UK Press, pp. 17-28.

東洋一郎，1990，「教育社会学の反省」山田太郎編『教育社会学講座1　教育社会学の方法』南洋館出版，pp. 10-25.

8．締切日時は5月10日および11月10日とする（日本時間23：59まで有効）。

9．論文は，学会ホームページの「オンライン投稿システム」からログインし，指示に従って投稿する。投稿に必要な提出物は以下の通りとする（要旨は日本語と英語の両方が，『教育社会学研究』に掲載される）。なお，提出物に不備のある場合は受理しない。

(1) 要旨：　日本語の論文題目・要旨600字以内・キーワード3語，および英語の論文題目・要旨500語程度・キーワード3語を，それぞれ記載する。

(2) 論文原稿：　ページ番号をつける。ただし(1)の要旨は頁数にカウントしない。

(3) 連絡先：　日本語と英語の両方で，名前・所属機関名・連絡先（郵便番号，電子メールアドレスを含む）を記載する。

(4) 投稿論文と目的・方法・知見等の面で重複している論文，調査報告，ディスカッション・ペーパー等をすでに発表（予定）している場合は，そのPDFファイル（第3項を参照）。

(5) 上記(4)に相当する論文等がある場合には，投稿論文におけるそれらとの共通点・相違点について説明した書面のPDFファイル（A4判1枚）。

10．原稿は返却しない。

11．本誌に掲載された論文等の著作権については，本学会に帰属する。また，著作者自身が，自己の著作物を利用する場合には，本学会の許諾を必要としない。採択された論文等は科学技術振興機構J-STAGEに公開される。

12．問い合わせ先：〒113-0021　東京都文京区本駒込5-16-7
東洋館出版社内　日本教育社会学会編集委員会
Tel：03-3823-9207　E-mail: kyosha@toyokan.co.jp

＊本誌の英文要旨はSociological Abstracts 等に収録され，英文要旨の著作権は同誌が保有する。ただし，収録の際に同誌で英語表現の修正や短縮などを行う場合がある。

日本教育社会学会　研究倫理宣言

日本教育社会学会および会員は，人間の尊厳を重視し，基本的人権を尊重すべき責任を有している。その活動は，人間の幸福と社会の福祉に貢献することを目的とする。

会員は，学問水準の維持向上に努めるのみならず，教育という人間にとって枢要な営みを対象としていることを深く自覚し，自らの行為に倫理的責任をもたなければならない。

会員は，学問的誠実性の原理にもとづき，正直であること，公正であることに努め，他者の権利とその成果を尊重しなければならない。

会員は，専門家としての行為が，個人と社会に対して影響があることを認識し，責任ある行動をとらなければならない。

学会および会員は，この宣言を尊重して行動し，宣言の精神を広く浸透させるよう努めなければならない。

2001年10月８日
日本教育社会学会

編集後記

『教育社会学研究』第114集をお届けいたします。本号には40本の投稿論文が寄せられました。慎重に審査した結果，６本を掲載することができました。なお，投稿規定を遵守していないケースが散見されましたので，投稿される前にはくれぐれも，分量のチェック（１頁37字×32行で18頁以内）をお願いします。使用ソフトの仕様や動作環境によっては微妙に字数に狂いが出てくる場合もありますので，細心の注意をお願いいたします。

日本学術会議の法人化問題や国立大学の学費値上げが話題となり，学術研究のあり方やその基盤である高等教育が動揺するなか，特集「学問の自由・大学の自治」には，こうしたアクチュアルな問題を考える上でも有益な力作が寄せられました。論稿とあわせお読みいただければ幸いです。

（紀要編集委員長：倉石　一郎）

教育社会学研究（きょういくしゃかいがくけんきゅう）　第114集（だい しゅう）

2024年７月１日

編　者　一般社団法人 日本教育社会学会
編集委員会委員長　倉 石 一 郎

発行者　一般社団法人 日本教育社会学会
会　長　酒　井　朗
東京都豊島区東池袋2-39-2-401（〒170-0013）
ガリレオ学会業務情報化センター内
TEL. 03（5981）9824, FAX. 03（5981）9852
振替 00160-3-515784
URL.https://jses-web.jp

発行所　株式会社 東洋館出版社
東京都千代田区神田錦町2-9-1（〒101-0054）
コンフォール安田ビル2階
Tel. 03（6778）7278, Fax. 03（5281）8092
振替00180－7－96823
URL.https://www.toyokan.co.jp

印刷・製本　藤原印刷株式会社　ISBN978-4-491-05618-0
Printed in Japan